Jimmy Wales
Trust

Jimmy Wales

TRUST

DIE 7 REGELN DES VERTRAUENS

oder

Wie man Dinge von Dauer schafft

Aus dem amerikanischen Englisch von
Ursula Held, Oliver Lingner und Hans Freundl

PIPER

Mehr über unsere Autorinnen, Autoren und Bücher:
www.piper.de

Inhalte fremder Webseiten, auf die in diesem Buch (etwa durch Links) hingewiesen wird, macht sich der Verlag nicht zu eigen. Eine Haftung dafür übernimmt der Verlag nicht. Wir behalten uns eine Nutzung des Werks für Text und Data Mining im Sinne von § 44b UrhG vor.

FSC www.fsc.org
MIX
Papier | Fördert gute Waldnutzung
FSC® C014496

PRODUZIERT MIT VERANTWORTUNG

ISBN 978-3-492-07276-2
Die Originalausgabe erschien 2025 unter dem Titel *The Seven Rules of Trust* bei Crown Currency, an imprint of the Crown Publishing Group, a division of Penguin Random House LLC, New York. Die Rechtevermittlung erfolgte durch InkWell Management LLC, New York, und deren Sub-Agent Mohrbooks AG Literary Agency, Zürich.

Für einen direkten Kontakt und Fragen zum Produkt wenden Sie sich bitte an: *info@piper.de*
Herstellung und Satz: Sieveking Agentur, München
Gesetzt aus der Adobe Garamond und Arial Nova
Litho: Lorenz & Zeller, Inning am Ammersee
Druck und Bindung: GGP Media GmbH, Pößneck
Printed in Germany

Für die Wikipedianer,
ohne die ich *dieses* Buch nicht schreiben hätte können.

Und für meine Mädels,
ohne die ich *überhaupt* kein Buch schreiben hätte können.

Inhalt

EINLEITUNG

Von einem Witz zu weltweitem Vertrauen

Vor vielen Jahren, als die Welt noch dabei war, diese seltsame neue Sache namens Wikipedia kennenzulernen, waren die meisten Beobachter überzeugt, dass es sich dabei um eine verrückte Idee handelte.

Eine Online-Enzyklopädie, bei der sich *jeder* als Autor oder Bearbeiter betätigen kann? Diese Prämisse schien jeglicher Logik zu widersprechen. Wie konnten die Leser sicher sein, dass die darin enthaltenen Fakten auch tatsächlich Fakten sind und nicht irgendein Unsinn, der von Laien oder Witzbolden verbreitet wurde? Die Öffentlichkeit würde Wikipedia niemals vertrauen. Und ohne Vertrauen wäre Wikipedia nichts. Früher oder später würde Wikipedia scheitern und in Vergessenheit geraten, wie so viele andere hirnrissige Ideen im Internet. Das Ganze war einfach lächerlich. Ein Witz.

Der US-amerikanische Komiker Stephen Colbert verkündete in seiner viel gesehenen Fernsehsendung *The Colbert Report*: »Nun, Leute, ich bin kein Fan von Reality-TV und auch kein Fan von Enzyklopädien.« Das war im Jahr 2006. Die Sendung war eine Satire im Kabelfernsehen, und Colbert spielte sich als großspuriger Populist auf.

»Ich habe es schon einmal gesagt. Wer ist die *Britannica*, dass sie mir sagt, dass George Washington Sklaven hielt, wenn ich sagen will, dass er keine hatte? Das ist mein Recht. Und jetzt, dank Wikipedia« – Colbert griff sich eine Tastatur und drückte die Entertaste – »ist es auch eine Tatsache.«

Das Publikum lachte.

»Sehen Sie, jeder Nutzer kann jeden beliebigen Eintrag ändern, und wenn genug andere damit einverstanden sind, wird es wahr.« Dies sei besser als die Realität, erklärte Colbert. Es sei »Wikiality«.

Ich zuckte zusammen. So funktioniert Wikipedia nicht wirklich, dachte ich, als ich die Sendung sah. Und Wikiality? Aua!

Colbert war noch nicht fertig. Alle lieben Elefanten, fuhr er fort und strahlte dabei übers ganze Gesicht. Wäre es nicht toll, wenn die Population der afrikanischen Elefanten wachsen würde? Kein Problem! Schreib es in Wikipedia, und es wird wahr.

»Wir demokratisieren das Wissen«, erklärte Colbert. »Wir werden wie eine riesige Herde Elefanten in Afrika durch das Internet stürmen. Damit können wir anfangen. Sucht die Seite über Elefanten in Wikipedia und erstellt einen Eintrag, der besagt, dass sich die Zahl der Elefanten in den letzten sechs Monaten verdreifacht hat. Das ist das Mindeste, was wir tun können, um dieses edle Tier zu retten. Gemeinsam können wir eine Realität schaffen, auf die wir uns alle einigen können – nämlich jene Realität, auf die wir uns gerade geeinigt haben.«

Colberts Darstellung mag satirisch gemeint gewesen sein, aber die Folgen seines Monologs waren ganz real. Kaum war die Sendung ausgestrahlt worden, wurde Wikipedia von neuen Benutzern überschwemmt, die alles bearbeiteten, was mit Elefanten zu tun hatte, sogar den Artikel über die Figur Babar, den kleinen Elefanten.

Dann stürzten die Server ab.[1]

EINE VERRÜCKTE IDEE

Ich bin ein unverbesserlicher Optimist. Ich wusste, dass es etwas Gutes hatte, wenn ein berühmter Komiker sich über meine geliebte Wikipedia lustig machte. Das bedeutete, dass Wikipedia einmal richtig groß werden würde.

Wir hatten Wikipedia erst fünf Jahre vorher ins Leben gerufen. Am 15. Januar 2001 schrieb ich den ersten Eintrag und tippte, gemäß einer alten Tradition der Computerprogrammierer die Worte ein: »Hello, world«.

Nur, die Welt antwortete nicht. Noch nicht. Am Anfang war die typische Reaktion eher Belustigung. Fast jeden Tag führte ich eine Unterhaltung, die ähnlich ablief wie folgende:

»Es ist eine Enzyklopädie«, erklärte ich.

Verstehe.

»Aber sie ist online.«

Eine Enzyklopädie im Internet? Das ist was anderes.

»Ja, und jeder kann Artikel beitragen.«

Jeder? Man muss kein Experte sein? Wirklich jeder?

»Doch, jeder. Das gilt auch für das Bearbeiten. Jeder kann bearbeiten, was andere geschrieben haben.«

Aber wer entscheidet, was bleibt und was gestrichen wird? Wer ist dafür zuständig?

»Ich, nehme ich an. Oder eigentlich *jeder*. Wir haben das noch nicht endgültig ausgearbeitet. Aber die Leute sollten imstande sein, miteinander zu reden und die meisten Meinungsverschiedenheiten unter sich zu klären, findest du nicht?«

Die übliche Reaktion auf diese Beschreibung war ein Grinsen, das bedeutete: »Viel Glück dabei.« Doch einige Leute verstanden es schon – und sie ermutigten mich, weiterzumachen. Es war eine Zeit, in der das Internet noch jung war und unendliche Möglichkeiten bot. Es gab weniger Zynismus, und die Menschen hatten wirklich das Gefühl, dass das Internet die Welt verändern würde, auch wenn sie noch nicht genau wussten, auf welche Weise. Die Menschen waren offen für neue Ideen. Selbst für Ideen, die ein wenig verrückt klangen.

Freiwillige meldeten sich, um Wikipedia auszuprobieren. Sie fanden, dass es Spaß machte, etwas zu tun, das sie noch nie zuvor gemacht hatten. Sie stellten fest, dass das Schreiben und das Bearbeiten überraschend einfach waren. Nach nur wenigen Monaten hatten wir Hunderte von aktiven Freiwilligen, täglich strömten Dutzende von Artikeln ins Internet.

Einer der ersten Medienberichte über Wikipedia wurde am 4. September 2001 in der *MIT Technology Review* veröffentlicht. Darin wurde Wikipedia als »freilaufende Internet-Enzyklopädie« bezeichnet, zu der jeder beitragen könne.

»Angenommen, Sie sind Experte für Fibonacci-Zahlen«, hieß es in dem Artikel. »Vielleicht haben Sie keinen akademischen Abschluss, der etwas mit Fibonacci-Zahlen zu tun hat. Vielleicht haben Sie noch nie etwas über Fibonacci-Zahlen geschrieben. Aber Sie lieben sie, Sie sammeln sie, Sie träumen von ihnen. Sie wollten schon immer einmal etwas über sie schreiben. Wikipedia ist Ihre Chance. Sie müssen nur die Wiki-Website aufrufen und mit dem Schreiben beginnen. Und Sie müssen nicht einmal Ihren richtigen Namen angeben.«[2]

Der unbeschwerte Ton dieses Artikels war typisch für die ersten Jahre. Ich verstand, warum. Neue Autoren und Mitarbeiter schrieben über das, was sie kannten oder was sie begeisterte, nicht unbedingt über das, was eine traditionelle Enzyklopädie als besonders wichtig erachtete. Während also unsere Artikel über Shakespeare vielleicht etwas dünn waren, war unsere Berichterstattung über Pokémon tiefschürfend und beeindruckend. Nur wenige Beobachter nahmen Wikipedia wirklich ernst, auch wenn sie sich für seine offene und transparente Struktur interessierten.

Das änderte sich allmählich dank der unglaublichen Wachstumsrate von Wikipedia. Als der *MIT*-Artikel veröffentlicht wurde, acht Monate nach dem Start, gab es bereits rund 8000 Artikel. Je nachdem, welche Version man heranzog, umfasste die gesamte *Encyclopædia Britannica* – der alte Platzhirsch unter den Enzyklopädien, deren viele Bände ganze Bücherregale füllten – rund 75 000 Artikel. Mir wurde klar, dass Wikipedia, wenn sie in diesem Tempo weiterwachsen würde, in nur sechs Jahren größer sein würde als die *Britannica.* Und das mit wenig finanzieller Unterstützung. Und fast alles wurde von Freiwilligen getragen.

Das war eine erstaunliche Vorstellung. Die *Encyclopædia Britannica* stützte sich nicht nur auf ein großes Netzwerk engagierter Fachleute und Experten, sie war auch seit Jahrhunderten in gedruckter Form erhältlich. Im wahrsten Sinne des Wortes hatte es viele Generationen harter Arbeit von Redakteuren bedurft, um die *Encyclopædia Britannica* zu dem zu machen, was sie war.

Und ich wusste aus erster Hand, wie schwer die Arbeit an einer Enzyklopädie wirklich ist. Ein paar Jahre zuvor hatte ich Nupedia ins Leben gerufen. Auch das war eine Online-Enzyklopädie, die sich auf Freiwillige stützte, aber damit endeten auch schon die Gemeinsamkeiten mit Wikipedia. Um bei Nupedia mitzuarbeiten, mussten die Leute einen Lebenslauf einreichen, um nachzuweisen, dass sie echte Experten für das Thema waren, über das sie schreiben wollten. Wir erwarteten, dass es sich dabei hauptsächlich um Professoren und andere Personen mit Doktortitel handeln würde. Außerdem mussten sie einen siebenstufigen Prozess durchlaufen, der sorgfältig ausgearbeitet worden war, um sicherzustellen, dass nur qualitativ hochwertige Texte auf der Website erschienen. Alles sollte von oben streng kontrolliert werden. Ich versuchte, einen Beitrag über Robert Merton, den Nobelpreisträger für Wirtschaftswissenschaften, zu schreiben. Ich fand den Prozess, gelinde gesagt, mühsam. So ging es allen. Nach einem Jahr harter Arbeit vieler Menschen hatte Nupedia insgesamt ganze 21 Artikel. Mit neuen Technologien auf alte Weise zu arbeiten war ganz offensichtlich zum Scheitern verurteilt. Neue Technologien erforderten ein neues Denken, auch wenn alles zunächst ein wenig verrückt erschien.

Im Gegensatz zu Nupedias Schneckentempo hatte Wikipedia nur zwei Jahre nach ihrer Gründung mehr Artikel als die *Britannica.* Das war atemberaubend. Aber wir dachten, dass sie unmöglich so schnell weiterwachsen könne. Wie sich herausstellte, wuchs Wikipedia auch nicht in diesem Tempo weiter. Vielmehr beschleunigte sich ihre Wachstumsrate. Anfang 2007, sechs Jahre nach dem Start, hatte Wikipedia zwei Millionen Artikel und war damit etwas mehr als 26-mal so groß wie die ehrwürdige *Britannica.*[3] Und die Leserschaft wurde in *Milliarden* gemessen.

Als Wikipedia in der Liste der meistbesuchten Websites der Welt stetig nach oben kletterte, hörten die Zeitungsartikel auf, zu erklären, was sie war. Die meisten Leser wussten das bereits. Journalisten begannen sogar, Wikipedia als Quelle zu zitieren, zumindest für grundlegende, unumstrittene Informationen. Und die Studenten liebten sie. »Wikipedia« – ein seltsames und exotisches Wort, das noch wenige Jahre zuvor unbekannt war – tauchte plötzlich in den Fußnoten unzähliger Schul- und Studienarbeiten auf.

Aber viele Leute teilten meine Begeisterung nicht.

»Arbeitet diese Online-Enzyklopädie eigentlich korrekt?«, fragten sie verständlicherweise. Es ist eine Sache, eine große Anzahl von Artikeln zu veröffentlichen, aber wenn sie nicht korrekt sind und die Angaben nicht stimmen, sind sie nur ein Haufen Worte. Sollen wir wirklich einer Enzyklopädie vertrauen, die von Unbekannten, die sich zufällig zusammengefunden haben, geschrieben und redigiert wird?

Die Antwort von unzähligen Lehrern, Bibliothekaren, Professoren und Journalisten war ein klares *Nein*. Die Website sei unzuverlässig. Ein Witz. Manche Kritiker gingen noch wesentlich weiter und bezeichneten Wikipedia als Angriff auf Expertentum und Fachwissen. Wikipedia sei »ein anti-intellektuelles Projekt«, erklärte ein Journalist.[4] Wikipedia könne »den jahrhundertelangen Fortschritt beim Austausch von überprüfbarem Wissen schnell zunichtemachen, dessen höchstes Ziel die Vermittlung echter Fakten ist«, schrieb ein anderer. Wikipedia sei »die treibende Kraft für die Verflachung des Weltwissens«.[5]

Ein ehemaliger Chefredakteur der *Encyclopædia Britannica* fällte ein weniger episches, aber umso bösartigeres Urteil. »Wie genau ein Wikipedia-Artikel zu einem bestimmten Zeitpunkt auch sein mag, er bleibt stets offen für die Einmischung uninformierter oder halbgebildeter Wichtigtuer«, stellte er fest. »Ein Benutzer, der Wikipedia aufsucht, um etwas über ein bestimmtes Thema zu erfahren oder eine Tatsache zu überprüfen, befindet sich gewissermaßen in der Lage eines Besuchers einer öffentlichen Toilette. Sie kann offenkundig verdreckt sein, sodass er weiß, dass er höchste Vorsicht walten lassen muss, sie kann aber auch durchaus sauber erscheinen, sodass er sich in falscher Sicherheit wiegt. Was er mit Sicherheit nicht weiß, ist, wer die Einrichtung vor ihm benutzt hat.«[6]

Der Vergleich von Wikipedia mit einer öffentlichen Toilette war ein Tiefpunkt. Aber es ging *noch tiefer.*

Das war der Augenblick, glaube ich, als jemand Wikipedia benutzte, um einen unschuldigen Mann für die Kennedy-Morde verantwortlich zu machen.

EIN GEJAGTER WAL

»Dies ist eine sehr persönliche Geschichte über Rufmord im Internet«, hieß es in einem Artikel der Zeitung *USA Today* vom November 2005. »Es könnte auch Ihre Geschichte sein.« Der Autor war John Seigenthaler, ein angesehener Journalist, über Jahrzehnte Herausgeber und Redakteur von *The Tennessean*, der auflagenstärksten Zeitung in Nashville und Redakteur bei *USA Today.* Zwischen 1960 und 1962 hatte er auch als Verwaltungsassistent unter Robert F. Kennedy gearbeitet.

Diese Fakten kann man heute in Seigenthalers Wikipedia-Artikel lesen. Doch 2005 standen dort noch andere Informationen: »Für kurze Zeit wurde er verdächtigt, unmittelbar an den Attentaten sowohl auf John F. Kennedy als auch seinen Bruder Bobby beteiligt gewesen zu sein.« Reine Erfindung! Um noch eins draufzusetzen: »John Seigenthaler zog 1971 in die Sowjetunion und kehrte 1984 in die Vereinigten Staaten zurück. Kurz darauf gründete er eine der größten PR-Agenturen des Landes.« Nichts davon stimmt.

Als Seigenthaler diese Lügen auf Wikipedia entdeckte und erfuhr, dass sie seit 132 Tagen auf einer der beliebtesten Websites der Welt standen, war er verständlicherweise außer sich vor Wut. Jeder wäre wütend, wenn er mit zwei der berüchtigtsten Verbrechen der US-amerikanischen Geschichte in Verbindung gebracht würde, aber für Seigenthaler hatte es auch noch eine persönlichere Note: Er war Sargträger bei Bobby Kennedys Beerdigung gewesen. »Mit meinen 78 Jahren dachte ich, dass ich mich über nichts mehr wundern oder mich durch negative Äußerungen über mich nicht mehr verletzt fühlen könnte«, schrieb Seigenthaler.

Wir haben die Lügen gelöscht, sobald wir darauf aufmerksam gemacht wurden. Aber wie Seigenthaler richtig bemerkte, konnten wir ihm nicht einmal sagen, wer dafür verantwortlich war. Wir wussten es schlicht nicht. Niemand wusste es.

Ich habe damals mit Seigenthaler gesprochen, und er hat mich in seinem Artikel zitiert. »Wir haben immer wieder Probleme mit Leuten, die beleidigende Dinge posten«, erklärte ich. »Wir sperren ihre IP-Adressen, aber sie schleichen sich auf andere Weise ein. Deshalb wenden wir uns an die Service Provider, aber die sind oft nicht sehr kooperativ.«

Dieser Skandal hat den Wikipedianern geschadet. Er hat mir persönlich geschadet. Dass unsere geliebte Enzyklopädie den Namen eines unschuldigen Mannes in den Schmutz zog, das war das Letzte, was wir wollten. Aber wir hatten es versäumt, einen anonymen Autor daran zu hindern, Wikipedia dazu zu missbrauchen, genau das zu tun, und dass wir hier versagt hatten, war eine große Nachricht in den Vereinigten Staaten und auf der ganzen Welt.

Der Täter bekannte sich schließlich in einem Brief an Seigenthaler, aber das löste das Problem nicht. Eher machte es die Sache noch schlimmer. Der Schuldige war ein gewöhnlicher 38-jähriger Mann, der als Betriebsleiter bei einem Lieferdienst in Nashville arbeitete. Er hielt Wikipedia gewissermaßen für einen Scherz, für eine »Gag«-Website. Er hatte diese Zeilen nicht aus Bosheit zu Seigenthalers Biografie hinzugefügt, sondern weil Seigenthaler in Nashville berühmt war und er einen Kollegen zum Lachen bringen wollte. Als er erfuhr, wie sehr sein Streich Seigenthaler verletzt hatte, tat es ihm leid.[7]

Dies war ein gewöhnlicher Mensch. Ein Mann mit einem Gewissen. Dennoch hatte er Wikipedia geschadet und einen unschuldigen Menschen verletzt. Wir sollten aus dieser düsteren Episode viel lernen, es war aber nicht das letzte Mal, dass das offene Modell von Wikipedia ernsthaft infrage gestellt wurde.

In jenen Jahren tauchte der Begriff »Troll« – jemand, der seinen Kick daraus bezieht, andere Leute im Internet zu schockieren und zur Weißglut zu treiben – erst vereinzelt im Sprachgebrauch auf, aber jeder kannte diesen Typus. Einige wenige machten sich einen Spaß daraus, zu zerstören, was andere aufgebaut hatten. Die Auswirkungen des Seigenthaler-Skandals waren offensichtlich: Wenn ein gewöhnlicher Mensch wie dieser Angestellte in Nashville Wikipedia nutzen konnte, um etwas so Widerwärtiges zu tun, was konnten dann erst wirkliche Soziopathen anrichten?

Und Einzelgänger mit dunklen Trieben waren bei Weitem nicht die einzige Bedrohung für die Integrität von Wikipedia.

Man denke nur an Politiker. Wenn etwa ein US-Kongressabgeordneter durch seine Äußerungen zu einem wichtigen Thema bei einigen Leuten aneckte, konnten seine Mitarbeiter in der Mittagspause in wenigen Minuten die Äußerungen löschen oder sogar auf links drehen. Natürlich haben wir niemals absichtliche Fälschungen zugelassen, und wenn wir jemanden dabei erwischen, deaktivieren wir die Konten oder sperren, falls erforderlich, vorübergehend oder auch dauerhaft seine IP-Adresse.

Dann gibt es noch die großen Konzerne. Sie unterhalten ganze Abteilungen, die sich mit Öffentlichkeitsarbeit befassen, und nichts könnte das Image eines Unternehmens schneller und billiger verbessern, als an den Fakten in Wikipedia herumzudoktern. Als wir die Firmen daran hinderten, suchten sie nach Umgehungsmöglichkeiten. Einmal berichteten Zeitungen, dass Microsoft einen Blogger dafür bezahlt habe, Änderungen am Wikipedia-Eintrag über die Firma vorzunehmen. Das lieferte Stephen Colbert den Stoff für eine weitere bissige Bemerkung: Es sei toll, dass Microsoft für PR auf Wikipedia bezahle, erklärte er mit einem Augenzwinkern. So funktioniere eben der freie Markt! Jetzt sollten Microsofts Konkurrenten einfach nachziehen. »Die Realität ist zu einer Ware geworden!«

Neben Politikern und Unternehmen kamen noch viele andere hinzu. Regierungen. Militärs. Geheimdienste. Nichtregierungsorganisationen. Aktivisten. Ideologen. Fanatiker und Spinner. Denken Sie daran, wie groß die PR-Branche ist. Denken Sie an die Heerscharen von Lobbyisten in den Hauptstädten. Sie alle sind damit beschäftigt, die öffentliche Meinung zu beeinflussen und zu lenken, und als die Menschen begannen, Wikipedia in Scharen zu lesen, entwickelten sie alle plötzlich großes Interesse an der Plattform.

Diese Bedrohung ist viel tiefgreifender, als den meisten Menschen bewusst ist. Es gibt eine Wikipedia-Seite, auf der all jene Wikipedia-Artikel aufgelistet sind, die immer wieder Gegenstand heftiger Auseinandersetzungen und entschlossener Bemühungen sind, sie in die eine oder andere Richtung zu lenken.[8] Diese Liste umfasst Hunderte von Einträgen. Viele davon betreffen Themen, von denen man erwarten darf, dass sie kontrovers sind, wie Abtreibung, Völkermord, Evolution und Sexualität, und dazu kommt noch alles, was offenkundig mit Politik zu tun hat. Aber es gibt viele andere Themen, bei denen man eigentlich vermuten würde, dass sie überhaupt nicht umstritten sind. Baltoslawische Sprachen. Gatorade. Elton John. Ja, Elton John. Was ist umstritten an Elton John? Ich habe keine Ahnung. Aber anscheinend gibt es Leute, die entschlossen sind, die Welt von ihrer Sichtweise in der dringenden Angelegenheit Elton John zu überzeugen.

Als Wikipedia noch klein und unbekannt war, mussten wir uns darüber keine Gedanken machen. Doch ab 2007 war Wikipedia der größte Wal im Ozean. Und die Harpunen flogen.

Manche bezweifelten, dass Wikipedia überleben würde.

Ende 2005 kam ein Rechtsprofessor namens Eric Goldman zu dem Schluss, dass das Open-Source-Modell von Wikipedia in den Anfängen sehr gut funktioniert habe, aber jetzt, da Wikipedia ein Gigant sei und eine Vielzahl von Menschen und Organisationen ein Interesse daran hätten, es für ihre eigenen Zwecke zu nutzen, werde dieses Modell zusammenbrechen. Dies sei unvermeidlich.

In einem viel beachteten Artikel stellte Goldman zu Recht fest, dass Wikipedia nur dann einen Wert für die Benutzer biete, wenn diese sich einig seien, dass die Inhalte im Allgemeinen korrekt seien. Wenn die Seiten von Wikipedia mit Propaganda durchsetzt würden, wäre die Enzyklopädie erledigt. Die engagierte Arbeit der Wikipedianer habe dies bislang verhindert. Goldman merkte jedoch an, dass die Propagandisten oder »Vermarkter«, wie er sie nannte, mit dem Wachstum von Wikipedia nur noch entschlossener werden würden. Sie würden immer raffinierter zu Werke gehen. Sie würden zunehmend automatisierte Tools einsetzen.

»Wikipedianer werden zunehmend mehr Zeit damit verbringen müssen, die Vermarkter zu bekämpfen«, schrieb Goldman. »Die repetitive und unbefriedigende Natur dieser Aufgaben wird bei vielen Wikipedianern Enttäuschung und Frustration erzeugen, und sie werden sich nach und nach dafür entscheiden, ihre Zeit anderweitig zu investieren.« Mit sinkender Qualität von Wikipedia, so prognostizierte Goldman, werde auch der Stolz der Wikipedianer auf ihre Arbeit Schaden nehmen, was die Leute vermehrt dazu bringen werde, das Schiff zu verlassen. »So wird Wikipedia in eine Todesspirale abgleiten, in der die Rate an Müll schnell zunehmen wird, bis die Website zu einer trostlosen Ödnis verkommen wird.«

Der einzige Weg, diese Todesspirale zu vermeiden, bestehe darin, sich vom offenen Zugang und den Freiwilligen zu trennen, die das erstaunliche Wachstum vorangetrieben haben und das Herz und die Seele des Projekts gewesen seien. So oder so, schloss Goldman, werde Wikipedia, wie wir sie kennen, in vier bis fünf Jahren tot sein.[9]

Goldman war kein Wikipedia-Hasser. »Ich mag Wikipedia sehr und nutze sie auch ziemlich häufig«, schrieb er. Aber die Welt könne grausam sein. Und dem Wundervollen, das so viele Freiwillige gemeinsam geschaffen hatten, werde keine lange Lebensdauer beschieden sein.

EINE VERTRAUENSWÜRDIGE INSTITUTION

Das war vor zwanzig Jahren. Bis jetzt habe ich noch immer nicht an der Beerdigung von Wikipedia teilgenommen.

Ich möchte betonen, dass ich mich nicht über Goldmans fehlgeschlagene Vorhersage lustig mache. Seine Überlegungen waren angesichts der damaligen Erkenntnisse durchaus nachvollziehbar. Es war vernünftig, anzunehmen, dass Wikipedia zum Scheitern verurteilt war. Und doch hat Wikipedia nicht nur überlebt, sondern ist weiter gewachsen.

Anfang 2025 gibt es fast sieben Millionen Artikel in der englischsprachigen Wikipedia. Erinnern Sie sich noch an die *Encyclopædia*

Britannica? Als sie gedruckt und gebunden war, wog sie eine Tonne, nahm mehrere Meter Bücherregal ein und enthielt etwa 75 000 Artikel. Die englischsprachige Wikipedia ist heute etwa *93-mal* so groß.

Ein weiteres Maß für die Größe von Wikipedia ist die Anzahl der gelesenen Seiten. Diese Zahlen muten an, als wären sie einem Artikel über Astrophysik entnommen worden: In einem einzigen Monat hatte die englischsprachige Wikipedia etwa elf *Milliarden* Seitenaufrufe. Über ein Jahr hinweg beliefen sich die Seitenaufrufe auf insgesamt 130 Milliarden. Beeindruckend, vor allem wenn man bedenkt, dass die Anzahl der Sterne in der Milchstraße auf 100 bis 400 Milliarden geschätzt wird. Und das ist nur die englischsprachige Wikipedia. Es gibt mehr als 300 Wikipedias in anderen Sprachen. Jede wird unabhängig geschrieben und bearbeitet. Rechnet man alle zusammen, auch mit allen anderen Wiki-Projekten – Wikiquote, Wiktionary usw. –, die Teil der Wikipedia-Familie sind, beläuft sich die Gesamtzahl der Seitenaufrufe pro Monat auf 26 Milliarden. Im Jahr sind das 300 Milliarden. Auf einem Planeten mit acht Milliarden Menschen, von denen ein Drittel keinen Zugang zum Internet hat.

Eine Zahl, die unverkennbar gesunken ist, ist die Anzahl der Nachrichten über Wikipedia. Sie erreichte 2007 ihren Höhepunkt und ist seitdem stetig und erheblich zurückgegangen.[10] Das sind gute Nachrichten. Eine Bank, die ausgeraubt wird, ihre Kunden betrügt oder pleite geht, über die wird berichtet, aber eine Bank, die ihren Kunden zuverlässig guten Service bietet, kommt in den Nachrichten nicht vor. Der deutliche Rückgang der Nachrichten über Wikipedia zeigt, dass Wikipedia keine verrückte neue Idee mehr ist. Sie wird nicht mehr diskutiert oder lächerlich gemacht. Sie ist nicht in Skandale verwickelt. Wikipedia wird einfach von einer immensen Anzahl von Menschen gelesen, die den Informationen vertrauen, die sie bereitstellt.

Erinnern Sie sich, als Sie das letzte Mal einen Artikel auf Wikipedia gelesen haben. Haben Sie dabei über die Website nachgedacht, darüber, wie sie sich entwickelt hat, und über die Menschen und Organisationen, die dahinter stehen? Haben Sie darüber nachgedacht, wer Wikipedia schreibt und bearbeitet? Haben Sie sich Gedanken darüber gemacht, ob die Informationen vertrauenswürdig sind? Ich bin mir ziemlich sicher, dass Sie diese Überlegungen nicht beschäftigt haben. Sie hatten einfach eine konkrete Frage – über den Missouri-Kompromiss, das elektromagnetische Spektrum, die wirtschaftliche Lage Islands oder die Familie von Taylor Swift –, also haben Sie die entsprechende Seite aufgerufen und gelesen.

Sie tun das wahrscheinlich oft, vielleicht sogar routinemäßig. Vielleicht nutzen Sie Wikipedia jeden Tag. Oder mehrmals am Tag. Möglicherweise lesen Sie Wikipedia so oft, dass Sie gar nicht bemerken, dass Sie gerade Wikipedia lesen. Vielleicht denken Sie sogar, dass das, was Sie lesen, nicht aus Wikipedia stammt, obwohl es doch so ist – denn wenn man bei Google eine Frage wie etwa »Wie alt ist Tom Cruise?« eingibt, erhält man eine Antwort, die für einen Laien so aussieht, als stamme die Information von Google selbst, und nur bei genauerer Betrachtung entdeckt man den Link zur Wikipedia-Seite, welche die eigentliche Quelle ist. Die Modedesignerin Diane von Fürstenberg sagte mir einmal: »Wir alle nutzen Wikipedia öfter, als wir auf die Toilette gehen.« Das bringt es sehr schön auf den Punkt.

Aber überlegen wir einmal, was das bedeutet. Das Kennzeichen einer hervorragenden Versorgungsleistung – Strom, Trinkwasser, Kanalisation – ist, dass die Menschen sie ständig nutzen, aber nicht darüber nachdenken. Haben Sie heute Strom benutzt? Natürlich haben Sie das. Aber wenn Sie in einem Land leben, in dem Strom selbstverständlich ist, haben Sie nicht gedacht: »Hoffentlich funktioniert der Strom.« Sie haben überhaupt nicht an Strom gedacht. Sie haben an Licht gedacht und deshalb den Lichtschalter betätigt. Nur in den sehr seltenen Fällen, in denen man den Lichtschalter betätigt und nichts passiert, denkt man überhaupt an Strom.

Nicht über etwas nachzudenken, auf das man sich verlässt, ist der ultimative Ausdruck von Vertrauen. Weltweit hat Wikipedia dieses Maß an Vertrauen bei einer immensen Anzahl von Menschen erreicht.

Und das ist, das muss ich sagen, die Erfüllung meines ganz persönlichen Traums.

Knapp einen Monat vor dem Start von Wikipedia wurde meine Tochter Kira geboren. Die beiden Ereignisse hängen zusammen. Kira kam schwer krank zur Welt, weil sie während der Geburt kontaminiertes Fruchtwasser eingeatmet hatte. Die traditionelle Behandlung dieses sogenannten Mekoniumaspirationssyndroms bestand damals lediglich darin, den Babys die normale Grundversorgung zu geben und zu hoffen, dass sie durchkommen würden. Aber in San Diego, wo wir lebten, hatte ein Arzt eine neue Behandlungsmethode entwickelt, bei der die Atmung des Babys gestoppt wird, sein Blut zur Sauerstoffanreicherung durch eine Maschine geleitet wird, seine Lungen viermal mit einer neuartigen Flüssigkeit auf Proteinbasis gefüllt werden, und sein Blut anschließend wieder in seinen winzigen, zerbrechlichen Körper zurückgeführt wird. Kiras Mutter und ich wurden gefragt, ob wir das für Kira wollten. Und wir mussten schnell entscheiden.

Wir hatten von dem Ganzen keine Ahnung. Was ist »Mekonium«? Was ist das »Mekoniumaspirationssyndrom«? Wie gefährlich ist das? Die Ärzte taten ihr Möglichstes, um es uns zu erklären, aber ich wollte die wichtigste Entscheidung meines Lebens nicht treffen, ohne besser informiert zu sein, also suchte ich im Internet und suchte und suchte, fand aber nur vereinzelte Informationsfetzen. Einige davon stammten aus Beiträgen von völlig unbekannten Menschen. Ich hatte keine Möglichkeit zu beurteilen, ob diese Informationen zuverlässig waren. Weitere Informationen gab es in wissenschaftlichen Zeitschriften, und die sahen wesentlich vertrauenswürdiger aus, aber ich war nicht im Entferntesten in der Lage, sie zu lesen und zu verstehen. Zwischen diesen beiden Extremen gab es nichts. Es war qualvoll. Die Informationen, die ich brauchte, waren wahrscheinlich irgendwo da draußen vorhanden, aber die Suche danach war wie das Durchsuchen der Trümmer einer zerbombten Bibliothek. Und wir mussten eine Entscheidung treffen.

Obwohl wir uns völlig im Ungewissen fühlten, gaben Kiras Mutter und ich unsere Zustimmung.

Es funktionierte. Kira überlebte und entwickelte sich wie ein normales Kind. Wir hatten Glück.

Zu dieser Zeit war ich noch damit beschäftigt, Nupedia zum Laufen zu bringen, doch ich spürte bereits, dass es nie klappen würde. Aber die Tortur um Kiras Geburt spornte mich noch mehr an. Dieses Projekt war nicht nur auf irgendeine abstrakte Weise eine gute Idee. Das Internet konnte nicht einerseits aus Beiträgen von irgendwelchen beliebigen Personen bestehen, deren Zuverlässigkeit nicht überprüft werden kann, und andererseits aus wissenschaftlichen Abhandlungen, die für Laien unverständlich sind. Es brauchte eine zuverlässige Online-Enzyklopädie, die jeder lesen und verstehen kann. Nachdem ich mit Kira nach Hause gefahren war, beerdigte ich Nupedia und startete Wikipedia.

Und wissen Sie was? Besorgte Eltern werden heute nie mehr eine ähnliche Erfahrung machen müssen, denn Wikipedia bietet ausgezeichnete Artikel über den Themenkomplex Mekonium, Mekoniumaspirationssyndrom, Fruchtwasser, vorgeburtliche Entwicklung und eine Vielzahl anderer medizinischer Themen. Jeder auf der Welt kann all diese Informationen kostenlos, sofort und überall abrufen.

Natürlich ist Wikipedia bei Weitem nicht die letzte Instanz in Fragen der Gesundheit. Und auch nicht auf anderen Gebieten. Wie jedes menschliche Werk hat auch Wikipedia Mängel und Fehler. Niemand weiß das besser als die Menschen, die Wikipedia redigieren, nach diesen Mängeln und Fehlern suchen und unermüdlich daran arbeiten, die Artikel zu verbessern. Und doch ist Wikipedia in Bezug auf schlichte Fakten – »Wie alt ist Tom Cruise?« – wirklich hervorragend. Und auch als Ausgangspunkt für schwierigere Themen, um sich zu orientieren, gute Quellen zu finden und mit der Recherche zu beginnen, eignet sich Wikipedia wunderbar – zu fast jedem Thema unter der Sonne, vom Trivialen bis zum Tiefgründigen.

Wie ein Großteil der Weltbevölkerung aus eigener Erfahrung weiß.

DIES IST EIN BUCH ÜBER VERTRAUEN

In etwas mehr als zwei Jahrzehnten hat sich Wikipedia von einer belächelten Idee, die nie und nimmer funktionieren konnte, zu einer weltweit vertrauenswürdigen Informationsquelle entwickelt.

Wie ist das geschehen? Der Schlüssel dazu steckt bereits im vorhergehenden Satz: durch Vertrauen.

Lange bevor Wikipedia zur größten Wissenssammlung der Weltgeschichte wurde, bevor Wikipedia zur umfassendsten Enzyklopädie aller Zeiten wurde, musste es seine größte Herausforderung bewältigen: Wikipedia musste Fremde im Internet dazu bringen, miteinander zu sprechen und zusammenzuarbeiten. Dazu mussten diese Fremden einander vertrauen. Sie mussten darauf vertrauen, dass andere sie nicht beleidigen oder unhöflich behandeln würden. Sie mussten darauf vertrauen, dass andere ihre Beiträge nicht ohne Rücksicht oder Erklärung ändern oder löschen würden. Sie mussten darauf vertrauen, dass andere ihnen aufrichtig zuhören und wirklich darüber nachdenken würden, was sie zu sagen hatten. Sie mussten darauf vertrauen, dass sie, selbst wenn andere nicht mit ihnen übereinstimmten und ihre Ansichten nicht akzeptierten, zumindest fair behandelt werden würden. Nur wenn dieses Vertrauen zwischen Menschen, die sich nicht kannten, hergestellt war – nur wenn es *internes* Vertrauen gab –, konnte Wikipedia überhaupt entstehen.

In diesem Buch werde ich erzählen, wie dies geschah.

Aber ich möchte auch den Blickwinkel erweitern. Schließlich war Wikipedia nicht die einzige Onlineplattform, auf der Vertrauen zwischen Fremden aufgebaut wurde und die zu einem globalen Phänomen heranreifte. Gleiches gilt für eBay, Uber, Lyft, Airbnb und die anderen Giganten der sogenannten Sharing Economy. Als diese Unternehmen gegründet wurden, erschienen auch sie den meisten Menschen zunächst eher lächerlich.

Schauen wir uns die Welt im Jahr 1995 an, als eBay gegründet wurde. Stellen wir uns nun Folgendes vor: Ein beliebiger Fremder veröffentlicht ein verpixeltes Foto seiner Baseballkartensammlung. Er behauptet, sie sei in neuwertigem Zustand. Wenn Sie Ihre Kreditkarte zücken und die Nummern in den Computer eingeben – was weder Sie noch jemand, den Sie kennen, jemals zuvor getan hat –, können Sie die Sammlung erwerben. Dazu müssen Sie darauf vertrauen, dass dieser Fremde sie Ihnen zusendet. Sie müssen darauf vertrauen, dass die Sendung bei ihrer Ankunft die vom fremden Verkäufer versprochenen Karten enthält und dass die Karten in neuwertigem Zustand sind, wie beschrieben. Und Sie müssen darauf vertrauen, dass Ihre Kreditkartendaten nicht gestohlen werden. Warum sollte jemand so etwas tun – im Jahr 1995, als all dies neu und seltsam war? Und doch war eBay bereits Ende der 1990er-Jahre ein wachsender Riese.

Andere Unternehmen vollbrachten sogar noch beeindruckendere Leistungen beim Aufbau von Vertrauen. Uber (gegründet 2009) und Lyft (2012) überzeugten Millionen von Menschen davon, dass es vollkommen sicher ist, spät in der Nacht in das Auto eines Fremden einzusteigen. Airbnb (2008) überzeugte die Menschen sogar davon, in den Häusern von Fremden zu nächtigen – und Fremde in ihren Häusern schlafen zu lassen. Das mag heute keine große Sache mehr sein, aber vor nicht allzu langer Zeit erschien das absurd. Ein potenzieller Investor von Airbnb lehnte das Ansinnen der jungen Unternehmensgründer ab und gab ihnen nach dem Treffen eine ernste Warnung mit auf den Weg. »Sie vermieten ein Zimmer in jemandes Haus, während dieser noch dort wohnt?«, sagte er Jahre später in einem Interview. »Da wird in dem Haus jemand vergewaltigt oder ermordet, und dann klebt das Blut an Ihren Händen. Das kann unmöglich funktionieren.«[11] Zum Zeitpunkt der Abfassung dieses Buches ist Airbnb ein globales Unternehmen mit einem Jahresumsatz von fast 10 Milliarden Dollar.

Wikipedia ist eine gemeinnützige Enzyklopädie, die von Freiwilligen geschrieben und redigiert wird. Die Giganten der Sharing Economy sind gewinnorientierte Unternehmen mit vielen bezahlten Mitarbeitern. Sie unterscheiden sich stark voneinander. Doch im Kern haben sie die wesentliche Voraussetzung für ihren Erfolg – das Vertrauen – mit ähnlichen Methoden kultiviert. Der Grund dafür liegt meiner Meinung nach darin, dass diese Methoden weniger aus

Geschäftsmodellen hervorgehen als aus der menschlichen Natur. Und die menschliche Natur ist universell.

Das erklärt auch den Titel dieses Buches. Ich habe lange darüber nachgedacht, wie Vertrauen bei Wikipedia funktioniert, und auch einiges von anderen gelernt. Die »Regeln des Vertrauens« sind jene Methoden, die von Wikipedia und anderen verwendet werden, um Menschen dazu zu bewegen, sich aufeinander zu verlassen und zusammenzuarbeiten, um etwas so Gutes und Zuverlässiges aufzubauen, dass andere nicht einen Moment zögern, es jeden Tag zu nutzen. Diese Regeln können für gemeinnützige Organisationen, für Unternehmen oder auch Regierungen funktionieren. Oder für jeden, der das Vertrauen anderer Menschen gewinnen muss, um seine Ziele zu erreichen. Das gilt so ziemlich für uns alle. Oder zumindest für jeden, der nicht in einer Hütte im Wald haust. Vertrauen ist wirklich fundamental für alles, was Menschen tun und anstreben.

»Vertrauen ist für uns als Menschen von enormer Bedeutung«, erklärte mir der britische Psychologe und Soziologe David Halpern. »Aber wir nehmen es fast als selbstverständlich hin. Wir sprechen nicht genug darüber.« Halpern gab eine Festanstellung an der University of Cambridge auf, um für vier britische Premierminister politische Strategien zu entwickeln, und ist heute Berater von Regierungen und Unternehmen auf der ganzen Welt. Seine Arbeit zielt darauf, echte Veränderungen in der Welt zu ermöglichen. Und das kann nicht ohne Vertrauen geschehen.

Die Beweise dafür sind überwältigend. Seit den 1950er-Jahren haben Forscher in Ländern auf der ganzen Welt Menschen gefragt: »Würden Sie generell sagen, dass man den meisten Menschen vertrauen kann oder dass man im Umgang mit Menschen nicht vorsichtig genug sein kann?« Wie die Leute diese einfache Frage beantworten, hängt mit einer Vielzahl wichtiger sozialer Marker zusammen, mit Kriminalitätsraten zum Beispiel oder dem Bildungsniveau. Das liegt zum Teil daran, dass man, wenn man glaubt, dass sich die meisten anderen Menschen ans Gesetz halten, ihre Steuern zahlen und anderen helfen, selbst auch eher dazu neigt, sich ans Gesetz zu halten, seine Steuern zu zahlen und anderen zu helfen. Ein hohes

Maß an Vertrauen verbessert sogar die Leistung der Regierung, weil es für Regierungen viel einfacher ist, zu funktionieren, wenn die Menschen nicht ständig nach Möglichkeiten suchen, das System und einander zu betrügen. Für die Wirtschaft ist Vertrauen ebenfalls unverzichtbar. »Praktisch jede kommerzielle Transaktion beinhaltet ein Element von Vertrauen, vor allem jede Transaktion, die über einen gewissen Zeitraum vollzogen wird«, schrieb der Wirtschaftsprofessor und Nobelpreisträger Kenneth Arrow.[12] Ökonomen haben sogar gezeigt, dass es einen Zusammenhang gibt zwischen dem Vertrauen in andere und dem Bruttoinlandsprodukt von Ländern: je stärker das Vertrauen, desto mehr Wohlstand.[13]

Vertrauen ist ein Schatz. Aber es ist kein lebloses Gut wie Gold oder Edelsteine. Vertrauen ist etwas Lebendiges, das gepflegt und gefördert werden kann, wie schöne rote Tomaten im Garten. Dieses Buch zeigt, wie das gehen kann. Es beginnt mit grundlegenden Regeln darüber, wie wir über die menschliche Natur denken sollten. Es befasst sich mit Regeln, die festlegen, wie Menschen miteinander umgehen sollten, um das zwischenmenschliche Vertrauen zu pflegen, das Zusammenarbeit überhaupt erst ermöglicht. Und schließlich befasst es sich mit den Regeln, die Organisationen brauchen, um das Vertrauen von Lesern, Verbrauchern oder Bürgern gewinnen und erhalten zu können.

Nun würde ich mir wünschen, dass dies das Ende der Einleitung wäre. Aber das ist es nicht. Das kann es nicht sein.

DIE GLOBALE VERTRAUENSKRISE

Wenn die Geschichte über das Vertrauen in Wikipedia und seine erfolgreichen gewinnorientierten Verwandten in der Sharing Economy eine Geschichte des Wachstums ist, dann ist die Geschichte über Vertrauen in so viele andere Organisationen und Institutionen, online wie offline, eine Geschichte des Niedergangs.

Wir befinden uns in einer globalen Vertrauenskrise, und nirgendwo ist der Niedergang schlimmer als in den Vereinigten Staaten.

Im Jahr 2001 – dem Gründungsjahr von Wikipedia – gab die Hälfte der US-Amerikaner an, dass sie darauf vertrauen, dass ihre Bundesregierung immer oder meistens das Richtige tun würde. Im Jahr 2023 sagten dies nur noch 16 Prozent.[14]

Im Jahr 2001 gaben 53 Prozent der US-Amerikaner an, dass sie großes oder ein gewisses Maß an Vertrauen in die Nachrichtenmedien hätten. Bis 2023 war dieser Wert auf 32 Prozent zurückgegangen. Der Anteil der US-Amerikaner, die angaben, überhaupt kein Vertrauen in die Nachrichtenmedien zu haben, stieg von 14 Prozent im Jahr 2001 auf 39 Prozent im Jahr 2023.[15]

Das Vertrauen hat sogar bezüglich der Einstellung der US-Amerikaner gegenüber anderen Menschen im Allgemeinen abgenommen, dem grundlegendsten Maßstab. Im Jahr 2000 gaben 35 Prozent an, dass man »den meisten Menschen vertrauen kann.« Bis 2022 war dieser Anteil auf 25 Prozent gesunken.[16]

Wer glaubt, dass dies alles die Schuld dieses oder jenes Präsidenten sei oder dass ein aktuelles Ereignis die Ursache dafür sei, sollte bedenken, dass diese Trends nur eine Fortsetzung eines sehr langfristigen Rückgangs sind. In den 1950er und 1960er-Jahren war das Vertrauen der US-Amerikaner allgemein noch sehr hoch, aber seit Ende der 1960er-Jahre begann es, zu sinken. In Zeiten einer starken Wirtschaft in den 1980er und 1990er-Jahren nahm das Vertrauen zwar moderat zu, aber seit vielen Jahrzehnten befindet es sich kontinuierlich auf Talfahrt. US-Amerikaner, die auf solche Dinge achten, machen sich mindestens seit der Veröffentlichung des bahnbrechenden Buches *Bowling Alone* des Politikwissenschaftlers Robert Putnam im Jahr 2000 Sorgen über den Vertrauensverlust.[17]

Das Vertrauen wird weltweit untersucht, aber die Entwicklung des Vertrauens außerhalb der Vereinigten Staaten lässt sich aufgrund der großen Unterschiede zwischen den Ländern nur schwer verallgemeinern. In nordeuropäischen Ländern wie Dänemark ist das Vertrauen meist hoch und steigt weiter an, während Schwellenländer wie Brasilien weiterhin mit einem extrem niedrigen Vertrauensniveau zu kämpfen haben.[18] Die Trends variieren auch stark von Land zu Land. Das Vereinigte Königreich beispielsweise folgte lange Zeit dem gleichen Abwärtstrend wie die Vereinigten Staaten, doch in den letzten Jahren ist das Vertrauen der Menschen in andere Menschen – wenn auch nicht in die Regierung – wieder gestiegen.[19]

Die ungewöhnliche Schwere der Vertrauenskrise in den Vereinigten Staaten hilft, zu erklären, warum unter den Industrieländern nur die USA eine solch starke politische Polarisierung erlebt haben. Wenn man heute in den Vereinigten Staaten überzeugter Republikaner ist, vertraut man wahrscheinlich Fox News und hält dagegen CNN für hoffnungslos voreingenommen; wenn man überzeugter Demokrat ist, denkt man genau umgekehrt. Ähnliche Wahrnehmungsunterschiede gibt es heute in Bezug auf fast alle Nachrichtenquellen. Ich bin in den USA der 1960er-Jahre geboren, als so ziemlich jeder den Fernsehjournalisten Walter Cronkite kannte. Heute gibt es keine einzige häufig konsultierte Nachrichtenquelle mehr, die mehr als 25 Prozent der amerikanischen Bevölkerung erreicht.[20] Infolgedessen nutzen Republikaner und Demokraten selten dieselben Nachrichtenquellen, sodass sie nicht nur Fakten unterschiedlich bewerten – wie es Parteigänger schon immer getan haben –, sondern sich oft sogar über die Fakten uneinig sind.

Der Vertrauensverlust in die traditionellen Nachrichtenmedien ging einher mit dem Aufstieg von Social Media – Facebook, Twitter/X, Instagram und anderen. Sie versprachen, Menschen zusammenzubringen und das Verständnis füreinander zu verbessern. Sie haben Menschen tatsächlich zusammengebracht. Aber sie haben auch den Begriff »Hellscape« populär gemacht, als Millionen Menschen lernten, andere oder die Welt im Allgemeinen wütend anzuschreien. Die Sozialen Medien förderten Stammesdenken, Extremismus, Empörung, Hass, Fehlinformationen, Desinformation und schlicht und einfach Lügen. Empathie, Neugier und Gespräche in gutem Glauben wurden ebenso selten wie allgemeine Höflichkeit. Und was Vertrauen angeht, so mag es innerhalb politischer Stämme viel *blindes* Vertrauen geben – unreflektiertes, reflexartiges Vertrauen. Aber über die Stammesgrenzen hinweg? Auf diesen Plattformen stirbt das Vertrauen. Und das ist überall von Bedeutung, denn was online gelernt wird, das wird nicht vergessen, wenn wir unsere

Handys weglegen. Arbeitsplätze, an denen Menschen ehrliche Gespräche fürchten, sind weniger effektiv. Versammlungen, bei denen Menschen nur andere anprangern und nicht zuhören wollen, sind schlechte Versammlungen. Gesellschaften, in denen sich Menschen weigern, Fremden, Nachbarn oder sogar Familienmitgliedern Vertrauen entgegenzubringen, bis sie sicher sind, dass diese zur richtigen politischen Gruppe gehören, sind schwächere Gesellschaften.

Ende der 2010er-Jahre war das Ansehen der Sozialen Medien so stark gesunken, während das Ansehen von Wikipedia immer weiter stieg, dass Beobachter häufig auf diesen Kontrast hinwiesen.

»In einer hysterischen Welt ist Wikipedia ein Lichtblick«, lautete eine Überschrift im *Guardian.*[21] Wikipedia sei der »gute Polizist des Internets«, fügte die *Washington Post* hinzu.[22] Wikipedia sei »die letzte Bastion der gemeinsamen Realität«, erklärte *The Atlantic.*[23] Es war schön, freundliche Worte über Wikipedia zu lesen, aber dass »Wikipedia zumindest nicht so ein Chaos ist wie alles andere«, das ist nicht unbedingt die schöne Zukunft, die ich mir 2001 vorgestellt hatte.

Und während ich dies schreibe, Anfang 2025, gibt es wenig Grund zu der Annahme, dass sich die Dinge zum Besseren wenden. »Die Amerikaner haben nicht nur unterschiedliche Meinungen«, berichtete die *New York Times,* »sie leben auch in unterschiedlichen Realitäten, jede mit ihrer eigenen sich selbst verstärkenden Internet- und Medienökosphäre.«[24] Als wir Wikipedia ins Leben riefen, hätte diese Feststellung wie ein Satz aus einem dystopischen Roman geklungen. Heute ist er eine alltägliche Beobachtung.

In den Vereinigten Staaten sollte die Wiederherstellung des Vertrauens als nichts weniger als ein nationaler Notfall behandelt werden. Die Situation ist nicht weniger dringlich in armen Ländern, wo die Schaffung von Vertrauen ein wesentlicher Schritt auf dem Weg aus der Armut ist. Und es gibt auch keinen Grund zur Selbstzufriedenheit in Ländern, die heute noch mit hohem und stabilem Vertrauen gesegnet sind. Was wachsen und gedeihen kann, das kann auch verwelken und sterben, wie die Vereinigten Staaten der Welt gezeigt haben.

Von Nachbarschaften bis hin zu Nationen – überall müssen wir uns ernsthaft mit der Frage des Vertrauens auseinandersetzen. Das beginnt damit, dass wir verstehen, was Vertrauen ist. Und was Menschen sind.

KAPITEL EINS

Machen Sie es zu einer persönlichen Sache

> **Regel #1**
>
> Vertrauen wird zwischen Menschen gewonnen und verloren. Betrachten Sie Vertrauen immer unter diesem persönlichen Gesichtspunkt, unabhängig davon, auf welchem Niveau Sie arbeiten.

Ich möchte mit einer einfachen Frage beginnen: Wie entscheiden wir eigentlich, ob wir jemandem vertrauen wollen? Oder ihm unser Vertrauen verweigern? Wir alle haben diese Entscheidungen schon unzählige Male getroffen. Aber für die meisten von uns sind es keine bewussten, kalkulierten Entscheidungen. Meistens entscheiden wir nach Gefühl. Und so verbringen wir vielleicht unser ganzes Leben, ohne jemals wirklich darüber nachzudenken, wie wir uns entscheiden, anderen zu vertrauen oder nicht.

Tun wir das jetzt einmal.

Wir haben bereits ein Beispiel dafür gesehen, wie Menschen eine Entscheidung darüber treffen, ob sie anderen vertrauen. Das war in der Einleitung, als ich über die Geburt meiner Tochter Kira berichtete. Und ich versichere Ihnen, diese Entscheidung war nicht leicht. Kiras Mutter und ich wussten, dass ihr Leben aufgrund eines Mekoniumaspirationssyndroms in Gefahr war. Wir wussten, dass die herkömmliche Behandlung nur darin bestand, das Baby zu versorgen und auf das Beste zu hoffen. Und wir wussten, dass ein Arzt in San Diego eine neue Behandlungsmethode entwickelt hatte, bei der das Blut des Babys durch eine Maschine geleitet und mit Sauerstoff angereichert wird, während eine spezielle Proteinflüssigkeit verwendet wird, um die winzigen Lungen des Babys zu spülen. Aber darüber hinaus? Wir wussten fast nichts.

Vor allem wussten wir nicht, wie wahrscheinlich es war, dass die Behandlung anschlagen würde. Oder welche Risiken damit verbunden waren. Niemand wusste das. Die Behandlungsoption war noch nicht durch strenge wissenschaftliche Tests validiert worden. Der Arzt, der die Therapie entwickelt hatte, befand sich mitten in einer Doppelblindstudie, was bedeutete, dass die Behandlung Kira nicht formell angeboten wurde. Ihr wurde vielmehr die Möglichkeit geboten, an der Studie teilzunehmen. Wenn wir zustimmten, würde eine Zufallsauswahl darüber entscheiden, ob Kira die neue Behandlung oder die herkömmliche Therapie erhalten würde.

Der Arzt, der diese neue Behandlung entwickelt hatte, hieß Graham Bernstein. Wir trafen uns und sprachen miteinander. Wir waren diesem Arzt noch nie begegnet und hatten auch noch nie von ihm gehört. Nun wurden wir gebeten, unsere kleine Tochter buchstäblich in seine Hände zu legen. Für ein Experiment.

Wir sagten Ja. Die Zufallsauswahl wies Kira die Therapie zu. Und sie wirkte.

Aber *warum* haben wir Ja gesagt? Weshalb haben wir uns dazu entschlossen, Dr. Bernstein zu vertrauen?

DAS DREIECK DES VERTRAUENS: AUTHENTIZITÄT, EMPATHIE, LOGIK

Vertrauen ist entscheidend für alles, was wir tun. Wissenschaftler aus verschiedenen Bereichen – aus Soziologie, Psychologie, Volks- oder Betriebswirtschaft – haben ihre Karriere damit zugebracht, über Vertrauen zu forschen und verschiedene Theorien und Modelle zu seiner Funktionsweise zu entwickeln.

Ein bestimmtes Rahmenkonzept zum Nachdenken über Vertrauensentscheidungen spricht mich vor dem Hintergrund meiner Erfahrungen besonders an. Ich finde es nützlich und aufschlussreich. Außerdem ist es einfach. Unglaublich einfach.

Hier ist es:

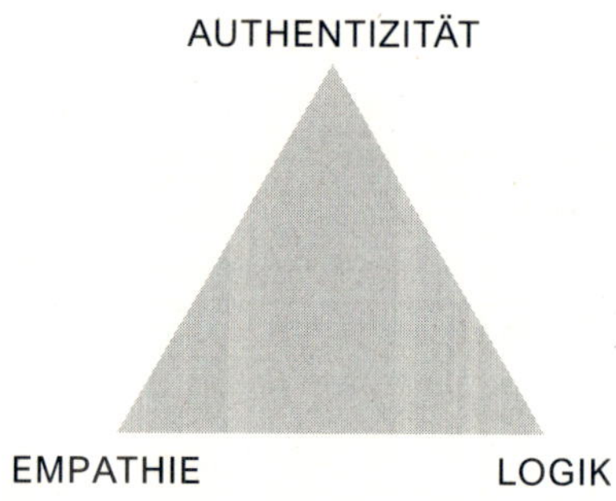

Diese Version des Modells stammt aus der Arbeit von Frances Frei, einer Professorin an der Harvard Business School. »Immer wenn Vertrauen besteht, sind diese drei Elemente vorhanden«, erklärte mir Frei, als wir uns 2024 unterhielten. »Und immer wenn es gebrochen wird, kann ich es auf eines dieser drei Elemente zurückführen.«

Da Akademiker nun einmal Akademiker sind, gibt es eine Debatte darüber, welche Etikettierungen den drei Punkten des Dreiecks am besten zuzuordnen sind. Aber abgesehen von Wortklaubereien besteht weitgehende Einigkeit über die Grundlagen des Modells. Und darüber, was dafür sorgt, dass es funktioniert.

Was Frei als »Authentizität« bezeichnet, könnte man auch »Ehrlichkeit«, »Integrität« oder »Charakter« nennen. Wenn Menschen die Authentizität eines anderen beurteilen, achten sie auf drei Dinge: Was denkt die Person? Was sagt sie? Wie handelt sie? »Wenn diese drei Dinge übereinstimmen«, erklärt Frei, »erlebt man einen Menschen als authentisch.« Wenn ich jemanden für authentisch halte und diese Person verspricht, etwas Bestimmtes zu tun, vertraue ich darauf, dass sie sich nach Kräften bemühen wird, ihr Versprechen zu halten. Denn das macht authentische Menschen aus.

Während es bei »Authentizität« um einen selbst geht, handelt es sich bei »Empathie« darum, was ein Mensch gegenüber anderen empfindet. Sind sie ihm wichtig? Wünscht er ihnen Erfolg und Wohlergehen? Hört er ihnen wirklich zu? Lautet die Antwort Ja, erscheint der andere noch vertrauenswürdiger. »Empathie« könnte man auch als »Wohlwollen« oder »Fürsorge« bezeichnen.

Das dritte Element, die »Logik«, ist die Fähigkeit, den Worten auch Taten folgen zu lassen. Es ist eine Sache, ehrlich und fürsorglich zu sein, aber um Versprechen einzuhalten, braucht es mehr als gute Absichten. Man braucht all das, was nötig ist – Pläne, Fähigkeiten, Ausbildung, Erfahrung, was auch immer –, um eine bestimmte Aufgabe zu erledigen. »Logik« könnte man auch als »Kompetenz« oder als »Fähigkeit« bezeichnen.[25]

Alles recht einfach, oder? Und doch lässt sich dieses Konzept noch weiter vereinfachen, indem man alle drei Elemente auf eine einzige Eigenschaft reduziert.

»Bei allen dreien geht es um Zuverlässigkeit«, erklärte mir Kent Grayson. Grayson ist Professor an der Kellogg School of Management der Northwestern University und Mitbegründer des »Trust Project«, eines Forschungszentrums, dass sich mit dem Thema Vertrauen beschäftigt. Sein Argument ist entscheidend, weil es den Kern dessen trifft, was Vertrauen ausmacht.

KAPITEL EINS

WAS IST VERTRAUEN?

Im Oktober 1962 gab die Regierung der Vereinigten Staaten bekannt, dass sie mit Spionageflugzeugen Fotos gemacht habe, die beweisen würden, dass die Sowjetunion auf Kuba mit Atomsprengköpfen bestückte Raketen stationiert hatte. Ein dritter Weltkrieg drohte. US-amerikanische Regierungsvertreter schwärmten in alle Welt aus, um Freunde und Verbündete der Vereinigten Staaten zu mobilisieren, wobei eine der schwierigsten Aufgaben dem ehemaligen Außenminister Dean Acheson zukam. Er flog nach Frankreich.

Die Beziehungen der USA zu Frankreich waren seit dem Zweiten Weltkrieg angespannt, was zum Teil auf die Persönlichkeit des französischen Präsidenten zurückzuführen war. Charles de Gaulle hatte auf den Schlachtfeldern des Ersten Weltkriegs gekämpft und im Zweiten Weltkrieg die Freien Französischen Streitkräfte angeführt. Er war bekannt für seinen Stolz und seine Reizbarkeit. Und er galt als schwierig. Acheson eilte in de Gaulles Büro, gefolgt von einem Adjutanten mit Karten und Dokumenten. Doch bevor Acheson mit seiner Präsentation beginnen konnte, ergriff de Gaulle das Wort.

»Ich nehme an, Sie sind nicht gekommen, um mich zu konsultieren, sondern um mich zu informieren«, erklärte de Gaulle.

Das ist richtig, antwortete Acheson. Das Weiße Haus hatte bereits wichtige Entscheidungen getroffen. Es gab kein Zurück mehr. Er griff nach seinen Unterlagen und bereitete sich darauf vor, dem französischen Präsidenten die Position der USA darzulegen.

De Gaulle wollte davon nichts wissen. »Legen Sie Ihre Unterlagen weg«, verlangte er barsch. »Das Wort des Präsidenten der Vereinigten Staaten reicht mir.«

De Gaulle versprach Acheson, dass Frankreich an der Seite der Vereinigten Staaten stehen würde, und er hielt sein Wort. Später setzte sich de Gaulle bei anderen europäischen Staats- und Regierungschefs für die Unterstützung des Weißen Hauses ein.[26]

Ich weiß nicht, wie es Ihnen geht, aber ich war ein bisschen gerührt, als ich las, dass das Wort des Präsidenten der Vereinigten

Staaten ausreicht. Und meine Reaktion ist bezeichnend. Vertrauen ist sehr oft viel mehr als kalte Berechnung. Wem einmal jemand in die Augen geschaut und gesagt hat: »Ich vertraue dir«, der kennt das emotionale Gewicht dieser Worte. Sie wiegen schwer. Ihr Gegenteil – »Ich vertraue dir *nicht*« – kann noch schwerer wiegen.

Die Gefühle, die Vertrauen hervorrufen, sind so stark, dass es verfehlt erscheinen kann, über Vertrauen lediglich in praktischer Hinsicht zu sprechen. Es verlangt eigentlich nach einer erhabeneren Sprache, sogar nach etwas Spirituellem. Vielleicht hat es in manchen Zusammenhängen einen gewissen Wert, sich so zu verhalten. Ich weiß es nicht. Aber meistens? Ich glaube nicht, dass das hilfreich wäre.

Denn Vertrauen ist etwas *Praktisches.*

Wir vertrauen Menschen nicht abstrakt. Wir vertrauen Menschen, dass sie etwas Bestimmtes *tun.* (Oder etwas Bestimmtes nicht tun, je nachdem.) Wenn das Auto kaputt ist, bringt man es zu einem Mechaniker, dem man vertraut, dass er einen nicht über den Tisch zieht und eine ehrliche und faire Rechnung stellt. Zu sagen, dass man dem Urteil eines Kollegen vertraue, bedeutet, dass man glaubt, dass der Kollege in der Lage sein wird, die richtige Entscheidung zu treffen. Und wenn man jemandem, der verspricht, es nicht weiterzusagen, ein Geheimnis anvertraut und damit Vertrauen in diese Person bekundet, ist man sicher, dass diese Person nicht darüber reden wird.

Ja, manchmal sagen Sie vielleicht einem Menschen, der Ihnen sehr nahe steht, dass Sie ihm in allen Dingen absolut vertrauen, was auch immer passiert. Aber tun Sie das wirklich? Sicher, Sie mögen diesen Menschen. Sie vertrauen ihm vielleicht die Schlüssel zu Ihrem Haus an, beauftragen ihn mit der Betreuung Ihrer Kinder und verlassen sich darauf, dass er Ihre Geheimnisse wahrt. Aber würden Sie dieser Person auch die Reparatur Ihres kaputten Autos anvertrauen? Nein, wahrscheinlich nicht. Es sei denn, dieser Mensch wäre zufällig ein qualifizierter Mechaniker. Denn Vertrauen ist tatsächlich etwas *Praktisches.*

Und deshalb dreht sich bei diesem Vertrauenskonzept alles um Zuverlässigkeit, so wie Kent Grayson es gesagt hat.

Werden Sie tun, was ich von Ihnen verlange? Kann ich mich auf Sie verlassen? Wenn ich alle drei Elemente des Rahmens mit einem großen grünen Häkchen versehe – ich halte Sie für gewissenhaft, Sie können sich in andere hineinversetzen, und Sie halten Ihre Zusagen ein –, dann lautet die Antwort: »Ja, ich kann mich auf Sie verlassen.« Und wenn ich mich auf Sie verlassen kann, vertraue ich Ihnen. So einfach ist das.

Es ist auch kein Geheimnis, warum Vertrauen so emotional ist. Zusammenarbeit ist für das Überleben unserer Spezies seit jeher unerlässlich – mehr dazu später –, und Vertrauen ermöglicht Zusammenarbeit. Aber wir können verletzt werden, wenn wir Vertrauen in die falsche Person setzen, weshalb Menschen seit jeher die Vertrauenswürdigkeit anderer beurteilen. Diejenigen, die richtig urteilten, zogen Gewinn daraus; diejenigen, die sich täuschten, hatten einen Preis zu zahlen.

Emotionen entwickelten sich entsprechend.

Wenn jemand verspricht, ein Geheimnis zu wahren, es dann aber jedem weitererzählt, wie fühlt man sich dann? Verraten. Verletzt. *Wütend.* Diese emotionale Reaktion ist aus evolutionärer Sicht nützlich, weil sie einen dazu drängt, den Verräter zu bestrafen, ein gutes Mittel, um andere davon abzuhalten, einen zu verraten.

Das funktioniert aber auch in die andere Richtung. Wenn jemand die innere Verpflichtung verspürt, ein Versprechen einzuhalten, das er jemandem gegeben hat, und ungewöhnliche Anstrengungen unternimmt, um das zu tun, was empfindet dann die andere Person? Dankbarkeit und Respekt. Die dankbare Person erzählt anderen: »Er ist wirklich vertrauenswürdig! Er ist wunderbar!«, was den Ruf dieses Menschen verbessert. Und ein besserer Ruf kann einem langfristig unterschiedlichste Vorteile bringen. Im Ergebnis wurden beide Personen in diesem Zusammenhang von ihren Emotionen zu einem Verhalten veranlasst, das beiden zugutekommt.

Ja, Vertrauen ist etwas Emotionales. Aber Vertrauen ist deswegen etwas Emotionales, weil es auch etwas Praktisches ist. Vertrauen bringt Dinge in Gang. Vertrauen hilft uns, zu überleben und uns weiterzuentwickeln.

EINE GUTE ENTSCHEIDUNG

Mit diesem Vertrauensrahmen ist es nicht schwer zu verstehen, auf welcher Grundlage Kiras Mutter und ich unsere Entscheidung getroffen haben.

Der erste Test war der im Hinblick auf »Authentizität«.

Wirkte Dr. Bernstein ehrlich auf uns? Sagte er uns die ganze, ungeschminkte Wahrheit? Das war ganz eindeutig unser Eindruck. Er erläuterte uns, wie der Prozess ablaufen würde. Er erklärte uns, was man wusste und was ungewiss war. Er machte uns klar, warum er glaubte, dass seine Behandlungsmethode besser funktionieren würde als die Standardtherapie, aber er betonte auch, dass er sich nicht sicher sein könne, bis die experimentellen Tests abgeschlossen seien. Wir hatten in keiner Weise den Eindruck, dass er uns Informationen vorenthalten oder versuchen wollte, uns für seine eigenen Zwecke einzuspannen. Wir hatten das Gefühl, dass er authentisch war.

Das war das erste grüne Häkchen.

Die Bewertung in Bezug auf »Empathie« war noch eindeutiger. Dr. Bernstein hörte uns wirklich zu und beschäftigte sich mit dem, was wir sagten. Wir hatten nicht das Gefühl, dass es ihm nur darum ging, einen weiteren Probanden für sein Experiment zu bekommen. Er kümmerte sich um unsere kleine Tochter. Das konnten wir seinen Worten, seinem Tonfall, seiner Körperhaltung und seinem Gesichtsausdruck entnehmen. Und als ich ihn fragte, was die Zahlen auf einem Gerät bedeuteten, an das Kira angeschlossen war, zeichnete er eine Grafik, um es mir zu erklären. Er hatte erkannt, dass ich ein Zahlenmensch bin. Er verstand mich. Das ist Empathie.

Ein weiteres grünes Häkchen.

Und schließlich war da noch die »Logik«. Würde Dr. Bernstein sein Versprechen halten? Per Definition ist ein Experiment etwas, das klappen kann oder auch nicht. Es ist ungewiss. Aber Dr. Bernstein war ein hoch qualifizierter Arzt. Andere Ärzte sagten uns, er habe einen ausgezeichneten Ruf. Er war Facharzt für Neugeborenenmedizin und Experte für Kiras Erkrankung. Und er war Professor für klinische Forschung an der University of California. Seine Fachkompetenz konnte nicht offensichtlicher und beeindruckender sein. Wenn jemand es schaffen konnte, dann er.

Das war das dritte und letzte grüne Häkchen.

Wir vertrauten Dr. Bernstein. Also sagten wir Ja.

Was sich in der Tat als sehr gute Entscheidung herausstellte.

DEN MASSSTAB VERGRÖSSERN

All dies ergibt meiner Meinung nach auf der Ebene einer einzelnen Person, welche die Vertrauenswürdigkeit einer anderen Person beurteilen möchte, durchaus Sinn. Aber so vieles, was wir im Leben tun, findet nicht in diesem Maßstab statt. Vertrauen ist innerhalb von Teams entscheidend. In Verwaltungen. Unternehmen. Institutionen. Nationen. Ich möchte an die Zahlen erinnern, die ich zu Beginn in Bezug auf Wikipedia genannt habe. Tausende. Millionen. Milliarden. Ist ein Rahmen, der auf der Ebene von Person zu Person sinnvoll ist, wirklich nützlich in solch völlig anderen Größenordnungen?

Ja, das ist er.

Überrascht Sie diese Antwort? Betrachten wir das Beispiel von Uber und die von Frances Frei von der Harvard Business School gesammelten Belege.

Nach einem rasanten Wachstum, einer weltweiten Expansion und nachdem sie Millionen von Menschen davon überzeugt hatten, dass man unbedenklich in das Auto eines Fremden einsteigen könne, gerieten Uber und Travis Kalanick, Gründer und damaliger CEO, in, nun ja, größere Schwierigkeiten, um es mal so auszudrücken. Es gibt eine Wikipedia-Seite, die ausschließlich den Skandalen von Uber gewidmet ist.[27] Es ist eine lange Seite. Jahrelang wurde Uber von einer katastrophalen Schlagzeile zur nächsten gejagt, bis sich sein Ruf von einem aufregenden neuen Tech-Start-up zu einem arroganten und hochgradig prinzipienlosen Unternehmen wandelte. Es kam zu organisierten Boykotten. Hunderttausende Menschen löschten die Uber-App. Eine Schlagzeile in der *Harvard Business Review* fasste zusammen, was viele Leute im Jahr 2017 dachten: »Uber ist nicht zu retten«, hieß es darin. »Es ist Zeit, dass die Regulierungsbehörden die Firma schließen.«[28]

In dieser Situation wandte sich ein gemeinsamer Kollege an Frei und bat sie, sich mit Kalanick zu treffen. Ihre erste Reaktion war: »Auf keinen Fall«, sagte sie Jahre später lachend, als sie mir die Geschichte erzählte. Nicht, dass sie nicht glaubte, Uber in seiner Krisensituation helfen zu können. »Ich bin mir ziemlich sicher, dass ich jedem dabei helfen kann, aus einer schwierigen Situation herauszukommen«, sagte sie zu mir. »Und deshalb ist es meine Pflicht, darauf zu achten, dass es nur gute Leute sind, die davon profitieren.«

Frei schaute sich die Lage der Firma an. »Sie hatten das Vertrauen aller ihrer Stakeholder verspielt«, sagte sie über Ubers Lage im Jahr 2017. »Das Vertrauen der Fahrgäste, der Fahrer, der Regulierungsbehörden, der Investoren, des Vorstands, der Mitarbeiter. Es gab keinen Bereich, der nicht betroffen war.«

Freis Kollege brachte sie dazu, sich zu einer zweistündigen Besprechung bereit zu erklären. Daraus wurde ein zweitägiges Treffen. Am Ende hatte Kalanick Frei davon überzeugt, dass er wirklich ein guter Mensch war, aber Uber so schnell gewachsen und so groß geworden war, dass es sich seiner Kontrolle entzogen hatte. Er brauchte Hilfe. Frei nahm die Position als Senior Vice President für Führung und Strategie an – und elf Tage später wurde Kalanick vom Vorstand entlassen.

Es war eine trostlose Zeit. »Alle schämten sich, dass sie dort arbeiteten«, erinnerte sich Frei.

Sie war überzeugt, dass die Ursache der Krise in einem Vertrauensverlust lag. Die Wiederherstellung des Vertrauens musste für Uber oberste Priorität haben. Zu diesem Zweck startete Frei eine Reihe von Mitarbeiterschulungen, an denen insgesamt Tausende von Managern und Führungskräften teilnahmen. Ihr Vertrauenskonzept war dabei ein zentraler Bestandteil.

Was vermitteln Sie, fragte sie beispielsweise, wenn Sie in einer Konferenz Ihr Handy herausholen, während andere sprechen? Sie zeigen, dass Sie kein Interesse an ihnen haben. Das bleibt den anderen nicht verborgen. Sie beurteilen Sie wiederum als wenig einfühlsam – und das untergräbt ihr Vertrauen in Sie. Also legen Sie das verdammte Handy weg! Ganz einfach, oder? Aber dieselbe Methode, so Frei, lässt sich weit über die engeren Mitarbeiter hinaus anwenden: Wenn die Fahrer von Uber denken, dass sie der Firma egal sind, ist das auch ein Empathieproblem. Wie sieht eine Lösung aus, die von Empathie getragen ist? Wie kann Uber den Fahrern zeigen, dass sie der Firma wirklich etwas bedeuten? So lange Sie darauf keine Antwort haben, sagte Frei, werden Sie das Vertrauen der Fahrer nicht gewinnen.

Frei arbeitete 2017 und 2018 neun Monate lang intensiv bei Uber, bevor sie wieder an die Harvard Business School zurückging. Am Ende ihrer Amtszeit hatte sich die Firmenkultur bei Uber gewandelt. Man kann diese Veränderung auch in dem von mir erwähnten Wikipedia-Artikel erkennen – die lange Liste der Skandale schrumpfte zusehends, kurz nachdem Frei ihre Arbeit für beendet erklärt hatte und nach Harvard zurückkehrte. Indem sie Uber lehrte, Vertrauen in persönlichen Begriffen zu denken – denselben Begriffen, die jeder von uns verwendet, um die Vertrauenswürdigkeit anderer Menschen zu beurteilen –, revolutionierte Frei die Geschäftsweise von Uber. Der Ruf von Uber, ein rücksichtsloses, brutales Unternehmen zu sein, verblasste langsam.

Und das ging nicht zulasten des Gewinns. Ganz im Gegenteil. Ubers ursprüngliche Wachstumsmanie war mit einer völligen Missachtung der Kosten – finanzieller und reputationsbezogener – einhergegangen, sodass die Investoren praktisch Milliarden von Dollar ausgegeben hatten, um Uber-Fahrten zu finanzieren. Das änderte sich mit der neuen Unternehmenskultur. Im Jahr 2023 schrieb Uber zum ersten Mal schwarze Zahlen. Viele erinnern sich nicht mehr an diese Phase in der Geschichte von Uber – auch dank des Wirkens von Frances Frei.

Menschen beurteilen seit jeher die Vertrauenswürdigkeit anderer. Und sie tun dies in der Regel auf der Grundlage von drei einfachen Fragen: Sind sie ehrlich zu mir? Sind sie fair mir gegenüber? Halten sie sich an ihre Zusagen? Das sind uralte Fragen.

Sie lassen sich alle in einer kurzen, übergreifenden Frage zusammenfassen: »Kann ich mich auf Sie verlassen?«

Deshalb lautet die erste Regel des Vertrauens: »Machen Sie es zu einer persönlichen Sache.«

Wenn Sie einer von zwei Schiffbrüchigen auf einer einsamen Insel sind, ist das eine gute Gelegenheit, über Vertrauen nachzudenken. Gleiches gilt, wenn Sie einen Kuchenverkauf in Ihrer Kirchengemeinde organisieren. Oder ein Unternehmen leiten. Es funktioniert sogar, wenn Sie das Staatsoberhaupt einer Nation in einer Zeit globaler Krisen sind.

Machen Sie es zu einer persönlichen Sache. Und skalieren Sie, vergrößern Sie den Maßstab.

KAPITEL ZWEI

Es liegt in unserer Natur

Regel #2

Menschen sind dazu geboren, Verbindungen zu knüpfen und zusammenzuarbeiten. Arbeiten Sie mit der menschlichen Natur.

Im Jahr 2006 waren Sie die »Person des Jahres« des *Time Magazine.*

Vielleicht haben Sie diese Ehre vergessen, weil Sie nicht der einzige waren, der ausgewählt wurde. Auf dem Cover des *Time Magazine* war ein Foto eines PCs zu sehen, dessen Bildschirm aus einer glänzenden Mylar-Oberfläche bestand, die das Gesicht jedes Betrachters reflektierte. Auf dem Bildschirm stand »You«. Wir alle seien 2006 die »Person des Jahres«, erklärte die Zeitschrift, weil im Internet eine Revolution stattfand.

»Es ist eine Geschichte über Gemeinschaft und Zusammenarbeit in einem bislang ungekannten Ausmaß«, erklärte das *Time Magazine.* »Es geht um das kosmische Kompendium des Wissens von Wikipedia und das Millionen Menschen umfassende Netzwerk YouTube und die Online-Metropole MySpace. Es geht um die Vielen, die den Wenigen die Macht entreißen und sich gegenseitig helfen, ohne etwas dafür zu verlangen, und darum, dass dies nicht nur die Welt verändern wird, sondern auch die Art und Weise, wie sich die Welt verändert.«

Für junge Menschen, die sich nicht mehr an diese Zeit erinnern, kann ich bestätigen, dass die Leute tatsächlich so über das Internet gesprochen haben. Es war eine wirklich aufregende Zeit. Wir konnten es kaum erwarten, zu sehen, was die Zukunft bringen würde. Das stimmte für die 1990er-Jahre, als das World Wide Web noch neu und schillernd war und wir seltsame kreischende Geräusche hörten, wenn wir uns einloggten. (Fragt eure Eltern.) Und die Aufregung wuchs nur noch mehr, als zu Beginn dieses Jahrhunderts das »Web 2.0« Einzug hielt.

In den 1990er-Jahren waren die meisten Websites kaum mehr als Anschlagtafeln, auf denen Texte für Leser angezeigt wurden. Mit dem Web 2.0 wurden Websites zu interaktiven Plattformen, auf denen sich Menschen treffen konnten. Und das, so glaubten wir, würde alles verändern. Menschen lieben es, mit anderen Menschen in Kontakt zu treten. Wir kommen zusammen, wir reden, wir stellen uns Dinge vor. Wir arbeiten zusammen und schaffen gemeinsam Neues. Wir bilden Gemeinschaften. Diese Gemeinschaften werden Teil unserer individuellen Identität. Und all dies erfordert keine Kontrolle und Steuerung von oben. Es ist einfach menschlich. So tickt unsere Spezies.

Diese prosoziale Sicht auf die menschliche Natur ist der Ausgangspunkt jeder Diskussion über Wikipedia, denn als wir Wikipedia ins Leben riefen, setzten wir voll und ganz auf die Menschen. Ich bin in Huntsville in Alabama geboren und aufgewachsen, zu einer Zeit und an einem Ort, wo von jedermann Freundlichkeit erwartet wurde und gemeinschaftliche Essen in der Kirchengemeinde – zu denen jeder eingeladen ist und jeder etwas anderes mitbringt – ebenso zum Alltag gehörten wie Football. Und Wikipedia zog Menschen an, die diese Atmosphäre liebten, Menschen, die sich engagieren und gemeinsam etwas Gutes auf die Beine stellen wollten. Wir gingen also alle davon aus, dass Menschen Freude daran haben, sich zu vernetzen und zusammenzuarbeiten, und dass sie auch dann noch kooperieren werden, wenn sie dafür weder Geld, Macht noch Status erlangen können. Diese extrinsischen Motivationen sind überflüssig. Wenn Menschen glauben, dass das, was sie aufbauen, wichtig oder einfach cool ist, werden sie Berge versetzen.

Das wusste ich aus meiner Erfahrung in den 1990er-Jahren, als ich mit Softwareentwicklern zusammenarbeitete, die sich aus freien Stücken bereit erklärten, kostenlose Open-Source-Software wie Linux zu entwickeln. Leute, die sich in diesen Kreisen bewegten, verglichen ihre Arbeit manchmal mit dem alten Brauch des Scheunenbaus, bei dem die Freunde und Nachbarn eines Bauern zusammenkamen, halfen, wo sie konnten, und gemeinsam eine Scheune hochzogen. Open-Source-Software war eine Art modernisierter Scheunenbau. Und das Web 2.0, so hofften wir, würde sich auf diese Weise massiv ausbreiten. Tausende von Menschen würden zusammenkommen. Millionen. Vielleicht sogar Milliarden! Wir waren optimistisch in Bezug auf die Technologie und die Menschheit, und das berühmte *Time*-Cover brachte diese Stimmung anschaulich zum Ausdruck. »Wir erwarten eine Explosion der Produktivität und Innovation«, schwärmte das Magazin, »und das ist erst der Anfang.«

Richard Stengel war 2006 Chefredakteur des *Time Magazine*, also war es seine Entscheidung, »You« zur Person des Jahres zu küren. »Eine Kritik lautete: Was für eine effekthascherische Entscheidung«, erzählte er mir lachend, als ich ihn Jahre später auf die Titelgeschichte ansprach. »Was ich damals nicht sagen konnte, ist, dass die Wahl zur Person des Jahres der größte Marketing-Gag in der Geschichte des Journalismus ist. Das hat eigentlich nichts mit einer seriösen Nachricht zu tun.«

Stengel war ein früher Anhänger des Internets und »wurde eine Art Internet-Chauvinist«, zu einer Zeit, als die meisten Journalisten Online-Veröffentlichungen noch als Kinderkram betrachteten. Als sich das Web 2.0 zu verbreiten begann, blickte Stengel auf seine Redaktion mit ihren 250 Journalisten und dachte: »Es wird bald 250 Millionen Journalisten geben.« Diese Vision begeisterte ihn. Obwohl Stengel während seiner gesamten Karriere in großen Nachrichtenredaktionen gearbeitet hatte, »gefiel mir die Idee der Demokratisierung von Nachrichten, der Demokratisierung von Inhalten. Ich mochte die Idee, dass jeder einen Beitrag leisten konnte. Ich lebe in der Upper West Side von Manhattan, in der extremsten Filterblase der Welt. Die Tatsache, dass ich Videos auf YouTube sehen konnte, die Leute zu Hause gedreht hatten, fand ich fantastisch.«

In gewisser Weise hat Stengels »effekthascherische« Entscheidung all die Jahre überdauert. Die meisten Titelbilder der »Person des Jahres« des *Time Magazine* erregten ein oder zwei Tage lang Aufmerksamkeit, gerieten dann aber schnell in Vergessenheit. Das wäre wahrscheinlich auch geschehen, wenn sie sich 2006 für einen anderen Kandidaten entschieden hätten, der auch in die engere Wahl gekommen war: für Mahmud Ahmadineschād. (Wer?) Aber Stengels Titelbild rückte einen tiefgreifenden Wandel in den menschlichen Beziehungen in den Vordergrund, der bis heute andauert. Weit entfernt von jeglicher Übertreibung traf das *Time Magazine* genau den Punkt, auf den es wirklich ankam.

Und doch ist es fast zwei Jahrzehnte später irritierend, diesen Artikel zu lesen. Das Web 2.0 ist großartig! Es ist wunderbar! Die Zukunft ist rosig! Dieser überwältigend positive Ton ist etwas, das Medienberichten über das Internet schon lange verloren gegangen ist. Sie wissen, warum. Jeder weiß es.

Das Internet hat eine Wendung ins Negative genommen.

Wir alle haben unsere eigenen Beispiele dafür, wie schrecklich das Internet sein kann. Ein Moment, der die schlimmsten Online-Tendenzen verkörperte, war für mich die »Gamergate-Kontroverse«.

Im Jahr 2013 veröffentlichte eine Videospielentwicklerin namens Zoë Quinn ein Spiel namens *Depression Quest.* Quinn litt unter Depressionen, und ihr Spiel beschäftigte sich mit Themen rund um diese Krankheit. Vielleicht interessiert das manche. Vielleicht auch nicht. Aber eine große Anzahl von Spielern, die das Spiel nicht ansprechend fanden, kam zu dem Schluss, dass es nicht ausreichte, das Projekt einfach nur zu ignorieren. Das Spiel provozierte sie, aus verschiedenen Gründen. Zoë Quinn ebenfalls.[29] Also schlossen sie sich auf Plattformen wie Reddit, 8chan und Twitter zusammen, um ihrer Wut Ausdruck zu verleihen, sich gegenseitig anzustacheln und zu koordinieren. Eine erstaunliche Anzahl von Menschen belästigte Quinn auf diesen Plattformen. Sie überschütteten sie mit Vergewaltigungs- und Morddrohungen. Sie doxten sie und gaben ihre Privatadresse preis. (Die Tatsache, dass ich wahrscheinlich gar nicht erklären müsste, dass »Doxing« im Internet-Jargon für die Veröffentlichung personenbezogener Daten steht, sagt viel darüber aus, wie sich die Welt verändert hat.) Quinn musste untertauchen. Aber die Belästigungen hörten nicht auf. Der Mob wuchs und fand neue Ziele. Selbst Menschen, die den eskalierenden Wahnsinn kritisierten, wurden belästigt, bloßgestellt und bedroht, insbesondere wenn es sich um Frauen handelte. Die Auswirkungen von Gamergate waren noch *Jahre* später spürbar.[30]

Gamergate war keine Ausnahmeerscheinung, und die Hässlichkeit, für die es beispielhaft stand, ist nicht auf eine bestimmte Subkultur, Bevölkerungsgruppe oder politische Einstellung beschränkt. Soziale Netzwerke im Internet werden überschwemmt von Empörung, Extremismus, Paranoia, Mobbing und Belästigung. Die Nachrichtenmedien berichten in einem Artikel nach dem anderen über Freunde und Nachbarn, die zu Feinden werden, über zerbrochene Familien und erwachsene Kinder, die sich von ihren Eltern entfremdet haben, die sie nicht mehr anerkennen. Es ist alltäglich geworden, dass sich normale Menschen – Menschen, die in der realen Welt vielleicht lächeln und anderen die Tür aufhalten – online gegenseitig mit Obszönitäten überziehen.

Die allgemeine Stimmung heute ist so viel düsterer als 2006. Wie könnte es auch anders sein? Wir hatten mit einem Aufschwung gerechnet, mit der Errichtung neuer Scheunen. Stattdessen wurden Scheunen abgefackelt. Wenn man sieht, wie so viele Menschen die Technologie der sozialen Netzwerke regelmäßig auf so schreckliche Weise missbrauchen, fällt es schwer, weiter optimistisch zu sein bezüglich der Technologie oder der Menschen.

In einer Umfrage des Meinungsforschungsinstituts Pew aus dem Jahr 2019 wurde der US-amerikanischen Öffentlichkeit die Frage gestellt: »Würden Sie sagen, dass die meisten Menschen sich bemühen, anderen zu helfen, oder nur auf sich selbst schauen?«[31] Fast zwei

Drittel gaben an, dass die Menschen meist nur auf ihren eigenen Nutzen achten. Wenn man sich jedoch umschaut, sieht man, dass es überall Kooperation und Gemeinschaftssinn gibt. Wie ist das möglich, wenn die Menschen ständig nur auf sich selbst achten? Der englische Philosoph Thomas Hobbes hatte eine Antwort darauf. Es ist die strenge Hand der Regierung, die uns zwingt, Regeln zu befolgen und zusammenzuarbeiten, argumentierte er. Ohne sie, so schrieb er in seinem berühmten Werk *Leviathan*, würde das menschliche Leben im Naturzustand »einsam, armselig, ekelhaft, tierisch und kurz« sein.

Das ist eine düstere Sicht auf die menschliche Natur. Aber heute scheinen viele Menschen diese Sicht zu teilen.

SCHWACH, LANGSAM, SOZIAL

Die hässlichen Seiten des Internets der letzten Jahre sind nicht zu leugnen. Im weiteren Sinne ist das auch nichts Neues. Die Geschichte ist voll von Menschen, die sich gegenseitig schreckliche Dinge antun.

Dennoch lag Hobbes größtenteils falsch. Die optimistische, prosoziale Sicht auf die menschliche Natur, die Wikipedia inspiriert hat, mag in diesen zynischen Zeiten aus der Mode gekommen sein. Aber ich behaupte weiterhin, dass sie richtig ist. Sie war richtig, als wir Wikipedia ins Leben gerufen haben. Sie ist heute richtig. Und weil es sich hier um einen grundlegenden Charakterzug der Menschheit handelt, gehe ich davon aus, dass sie auch noch in fernerer Zukunft richtig sein wird. Für alle, die Menschen zusammenbringen, Vertrauen und Zusammenarbeit fördern wollen, ist es wichtig, dass wir uns dieser Sichtweise bewusst sind.

Deshalb lautet meine zweite Regel des Vertrauens: »Glauben Sie an das Gute im Menschen.« Das mag manchem vielleicht naiv erscheinen. Aber lassen wir für einen Moment die Gegenwart und all ihre Altlasten beiseite. Versetzen wir uns zurück in eine längst vergangene Zeit. Zum Beispiel 20 000 Jahre in die Vergangenheit.

Stellen Sie sich einen Mann aus dieser Zeit vor. Zotteliger Bart, verfilztes Haar, bekleidet mit Tierfellen. Gleichwohl wirkt er durchaus beeindruckend. Er ist ungewöhnlich groß. Und stark. Er ist ein schneller Läufer. Seine Sehkraft und auch seine anderen Sinne sind scharf.

Wie wahrscheinlich ist es, dass dieser Mann überleben und erfolgreich sein wird?

Die Antwort auf diese Frage verbirgt sich hinter einer anderen Frage: Ist er *allein*?

Wenn dieser starke, schnelle Mann allein ist, hat er wahrscheinlich nicht mehr lange zu leben, aus dem einfachen Grund, dass selbst der stärkste und schnellste Mann im Vergleich zu anderen Tieren schwach und langsam ist. Die menschlichen Zähne sind kaum als Reißzähne zu bezeichnen. Wir haben keine Krallen, kein Gift und keinen Panzer. Wir haben zwar ein überlegenes Gehirn, aber selbst wenn dieser einsame, auf sich allein gestellte Mann vor 20 000 Jahren einen Speer erfunden und hergestellt hätte, was hätte ihm das gebracht? Ein schwaches, langsames Tier mit einem spitzen Stock. Er wäre immer noch dem Untergang geweiht.

Aber alles ändert sich, wenn dieser Mann *nicht allein* ist.

Stellen Sie sich fünfzig dieser schwachen, langsamen Tiere vor. Alle kommunizieren miteinander. Jeder teilt sein Wissen mit den anderen. Sie stellen sich die Zukunft vor. Sie schmieden Pläne. Sie arbeiten zusammen. Diese Menschen sind eine Macht, mit der man rechnen muss. Sie können überleben.

»Wir sind ein hoch soziales Wesen und waren es schon immer«, erklärte mir Steve Stewart-Williams. Stewart-Williams ist Professor für Psychologie an der University of Nottingham und Autor eines Buches darüber, wie die Evolution unsere Spezies geprägt hat. Er zeigt auf, dass Beweise für die Geselligkeit des Menschen überall zu finden sind. Jedes Mal, wenn wir sprechen, offenbaren wir sie. Jedes Mal, wenn wir darüber nachdenken, was andere denken, offenbaren wir sie erneut. »Wir hätten nicht die Fähigkeit zur Sprache oder zur Theorie des Geistes entwickelt, wenn wir immer allein wären und niemanden zum Reden oder zum Austausch hätten.«[32]

Ich habe zum Thema der menschlichen Natur auch mit Nicholas Christakis von der Yale University gesprochen, einem der weltweit führenden Soziologen auf diesem Gebiet. Ich fragte ihn, was er angesichts seines Wissens von Wikipedia halte. »Wenn Sie mir von Wikipedia erzählt hätten, [als es gerade anfing,] hätte ich gesagt, dass es auf grundlegenden Aspekten der menschlichen Natur beruht«, erklärte er. Im Gegensatz zu den meisten anderen Spezies, fuhr er fort, bilden wir soziale Netzwerke nicht nur mit Blutsverwandten, sondern auch mit Menschen, die wir nicht kennen. Innerhalb unserer sozialen Netzwerke kooperieren wir mit den anderen. Wir arbeiten zusammen. Und wir sind eine der seltenen Spezies – neben Elefanten und bestimmten Walen –, die Wissen bewusst durch Lehren weitergeben. Es ist eine Sache, wenn ein Tier sieht, dass sich ein anderes Tier durch Feuer verbrennt, und daraus schließt, dass es Feuer meiden sollte. Etwas ganz anderes ist es, wenn ein Tier einem anderen Tier sagt: »Du solltest Feuer meiden.«

Und wir erfreuen uns all dieser sozialen Interaktionen, weil Menschen, wie es der Psychologe Roy Baumeister so treffend ausdrückte, ein »Bedürfnis nach Zugehörigkeit« haben. Mit anderen in Verbindung zu stehen. Teil einer Gruppe zu sein. Mit anderen zusammenzuarbeiten und einen Beitrag zu leisten – zum Beispiel beim Bau einer Scheune für den Nachbarn –, das ist der Kern dessen, was uns ausmacht. »Wir sind im Grunde altruistische Tiere. Wir helfen uns gegenseitig auf alle möglichen Arten«, erklärte Christakis. »Also hätte ich gesagt, dass [Wikipedia] meiner Meinung nach auf sehr grundlegenden, uralten menschlichen Neigungen aufbaut und daher wahrscheinlich auch funktionieren wird.«

Christakis sagte mir nicht nur, was ich hören wollte. In einem Buch aus dem Jahr 2009 legte er Beweise dafür vor, dass die Evolution Menschen zu sozialen Wesen gemacht hat, die natürlicherweise nach Verbindung streben, und als ein Hauptbeispiel für diese Verdrahtung in der modernen Welt führte er Wikipedia an. Mit »funktionieren« meint Christakis, dass es den Menschen Befriedigung verschafft, über Wikipedia Kontakte zu knüpfen, mit anderen zu kooperieren und ihr Wissen mit ihnen zu teilen. Wie genau und zuverlässig die daraus resultierenden Artikel sind, überließ er anderen zur Diskussion, aber mit der Zeit ließ sich Christakis auch in dieser Hinsicht überzeugen. »Ich habe nicht vorhergesehen, wie verdammt gut Wikipedia ist«, bemerkte Christakis lachend. »Wenn ich beispielsweise Wikipedia-Einträge zu Themen lese, bei denen ich mich gut auskenne, sind diese meistens ziemlich gut. Und wenn nicht, dann bearbeite ich sie.«

Wir müssen also über die menschliche Natur hinausblicken, um zu verstehen, warum Wikipedia so genau und zuverlässig ist. Aber das ist ein Thema für spätere Kapitel. Hier geht es um die der menschlichen Natur zugrunde liegende prosoziale Sicht, die die Entstehung von Wikipedia inspiriert und geprägt hat. Diese Sichtweise ist nicht naiv. Sie wird durch zahlreiche wissenschaftliche Erkenntnisse untermauert. Und das können wir im Alltag selbst beobachten. Wir schenken anderen Menschen ständig Vertrauen, um mit ihnen zu interagieren, sei es mit Fußgängern und Autofahrern, mit Menschen, die versprechen, sich zu einer bestimmten Zeit zu treffen, oder sogar mit Fremden, die gesittet Schlange stehen, wenn sie in einen Zug einsteigen wollen. Sie gehen in ein Restaurant und sehen, dass die Leute mit Steakmessern bewaffnet sind. Haben Sie Angst, dass Sie erstochen werden könnten? Bestehen Sie darauf, dass alle in Haikäfige gesperrt werden? Nein. Sie vertrauen darauf, dass sich die anderen anständig verhalten, genauso wie sie Ihnen vertrauen. Und das tun alle.

Das liegt in der Natur des Menschen. Und das ist es, was uns ausmacht.

DUNKELHEIT

Aber wenn die menschliche Natur zutiefst prosozial ist, warum hat sich dann ein so großer Teil des Web 2.0 zu einer Jauchegrube voller Wut und Hass entwickelt? Ist das nicht zutiefst *unsozial*? Und dann ist da noch die Frage nach der gesamten Geschichte der Menschheit. Wenn die Menschheit im Allgemeinen so gut ist, warum gibt es dann so viel Grausamkeit in ihrer Geschichte?

Um das zu beantworten, möchte ich von einer Begebenheit berichten, die sich in meiner Heimatstadt zugetragen hat.

Wie ich bereits erwähnt habe, bin ich in Huntsville, Alabama, geboren und aufgewachsen, und ich weiß aus Erfahrung, dass die Leute, wenn sie das hören, nicht an freundliche Menschen und Mitbringpartys denken, und sie denken auch nicht an die Saturn-V-Raketen, die in Huntsville gebaut wurden und die Apollo-Astronauten auf den Mond gebracht haben. Sie denken an Rassismus. An Rassentrennung. An Sklaverei. Und das ist auch verständlich. Alabama hat eine eher düstere Geschichte, und diese Düsternis ist zum Teil noch gar nicht so lange her. Zwei Jahre nach meiner Geburt im Jahr 1966 kandidierte der ehemalige Gouverneur von Alabama, George Wallace, für das Amt des US-Präsidenten, um die Rassentrennung aufrechtzuerhalten. Er gewann in fünf Bundesstaaten, darunter Alabama.

Das ist schlimm genug. Aber wenn wir noch weiter in Alabamas Geschichte zurückgehen, wird es noch um einiges düsterer.

Am Morgen des 7. September 1904 erschien eine kleine Meldung in Zeitungen in ganz Alabama. »Horace Maples, ein schwarzer Restaurantangestellter, wurde heute wegen Mordes und Raubüberfall auf Elias Waldrop in der Nähe der Bell-Fabrik verhaftet«, lautete die Meldung. »Die Beweise gegen den Neger waren erdrückend. Er wurde mit dem alten Mann gesehen, als dieser gestern Abend die Stadt verließ, und heute hatte er viel Geld, das er großzügig ausgab. Er wurde nach einer langen Verfolgungsjagd gefasst, nachdem mehrere Schüsse auf ihn abgefeuert worden waren. Es wird auch berichtet, dass versucht worden sei, den Mörder von Elias Waldrop zu lynchen, und Richter Speake vom Strafgericht hat eine Sonder-Jury einberufen, um den Mord zu untersuchen, und eine sofortige Verhandlung zugesagt«.[33]

An diesem Abend versammelten sich mehrere Tausend Menschen vor dem Gerichtsgebäude in Huntsville, wo Maples festgehalten wurde. Ein paar Soldaten standen Wache. Plötzlich stürzte sich der Mob auf die Soldaten, entwaffnete sie, stürmte zu den Türen des Gerichtsgebäudes und schlug sie ein. Die Polizisten flüchteten in ein Treppenhaus. Der Mob setzte das Gerichtsgebäude in Brand. Als Feuerwehrleute eintrafen, um die Flammen zu löschen, schoss der Mob mit Pistolen auf sie. Horace Maples gelang es, dem Feuer zu entkommen, indem er aus einem Fenster im zweiten Stock kletterte, aber er wurde sofort von der Menge ergriffen und zu einer alten Ulme im Hof des Gerichtsgebäudes geschleift. »Der Mob ging seiner grausamen Arbeit in geschäftsmäßiger Weise nach«, berichtete die *Birmingham News*. »Nachdem sie das Geständnis des Negers gehört hatten, hängten sie ihn an einem Ast auf, und als die Menge zurückgedrängt worden war, feuerten sie eine Salve Pistolenschüsse auf den Körper des Negers ab.«

Am nächsten Morgen titelte der *Montgomery Advertiser* in seiner Topstory: »Die Leiche des Mörders Horace Maples baumelt nun an einem Ast im Hof des Bezirksgerichts, und um ihn herum hängen Lampions, die früher am Abend ein Eisessen illuminiert hatten.«[34]

Hier zeigt sich die Menschheit in ihrer schlimmsten Form. Recht und Ordnung wurden beiseitegefegt, die starke Hand der Regierung weggeschoben, und was folgte, waren Mord und Chaos. Aber erinnern wir uns an Thomas Hobbes' Beschreibung, wie das Leben aussehen würde, wenn es keine Regierung gäbe, die der menschlichen Bösartigkeit Einhalt gebietet. Das erste Wort war »einsam«. Von »einsam« konnte bei dem Lynchmord an Horace Maples keine Rede sein.

Die Tausenden von Menschen, die sich zu einer Menge zusammenfanden, die wir zusammenfassend als »Mob« bezeichnen, waren selbstorganisiert und kooperierten eng miteinander. Sie kamen als Einzelpersonen zum Gerichtsgebäude und wurden dort zu einer Gruppe. Sie stürmten gemeinsam auf die Wachen zu. Sie brachen die Türen auf, setzten das Gebäude in Brand und vertrieben gemeinsam die Feuerwehrleute.

Sie ergriffen und ermordeten Horace Maples gemeinsam.

Und warum taten sie das? Nicht aus Geldgier, Machtstreben oder Geltungsdrang. Sie hatten sich *aus freien Stücken* zusammengefunden. Sie hatten persönlich nichts zu gewinnen. Vielmehr riskierten sie, erschossen oder festgenommen zu werden. Einige wurden später tatsächlich verhaftet und angeklagt.[35]

Warum also taten sie das? Die Leute wurden motiviert durch das, was sie als Verstoß gegen eine gesellschaftliche Norm ansahen.

Horace Maples hatte nicht einfach nur einen Mord begangen, glaubten sie. Horace Maples war schwarz. Der Mann, den er angeblich getötet hatte, war weiß. Zu dieser Zeit und an diesem Ort war die Unterordnung der schwarzen Bevölkerung unter die weiße die Grundlage der sozialen Ordnung. Für den Mob hatte Horace Maples die soziale Ordnung verletzt. Der Lynchmord stellte sie wieder her.

Wir können auch davon ausgehen, dass die Menschen, die sich in dieser Nacht versammelten, keine beliebigen Fremden waren, die sich zufällig zusammengefunden hatten. Huntsville war eine kleine Stadt, und das ursprüngliche Mordopfer, Elias Waldrop, war ein bekannter und beliebter »Hausierer«, der von Tür zu Tür und von Bauernhof zu Bauernhof ging und Waren von einem Wagen aus verkaufte. Verwandte kontaktierten Verwandte. Freunde sprachen mit Freunden. Nachbarn suchten Nachbarn auf. Eine Karte der Verbindungen zwischen den Mitgliedern dieses Mobs würde engmaschige soziale Netzwerke nachzeichnen.

Der Lynchmord an Horace Maples war eine schlimme und böse Tat. Aber er war streng genommen nicht unsozial. Eine große Anzahl von Menschen kam zusammen, tauschte Informationen aus, schmiedete Pläne und wurde aktiv für etwas, das sie für wichtig für die Gemeinschaft hielten. Auf einer grundsätzlichen Ebene könnte man die Ansicht vertreten, dass dieser Lynchmord ein Ausdruck unserer prosozialen menschlichen Natur war.

Das Gleiche gilt in Bezug auf Gamergate: Beliebige Menschen, die sich zusammenfinden und ein gemeinsames Ziel verfolgen. Das Ganze war abscheulich. Aber es war auch ein Ausdruck unserer sozialen Natur.

Genau wie Wikipedia.

Es mag befremdlich sein, so zu denken. Aber das liegt nur daran, dass wir meist davon ausgehen, dass prosoziales und kooperatives Verhalten von Natur aus gut ist, und wenn die menschliche Natur prosozial und kooperativ ist, muss sie von vornherein gut sein. Das ist aber nicht der Fall.

»Es kommt ganz darauf an, wofür dieses Verhalten eingesetzt wird«, erklärte Steve Stewart-Williams. »Wenn wir zusammenarbeiten, um eine Scheune hochzuziehen, schlimme Armut zu bekämpfen oder Tierquälerei zu verhindern, ist das großartig. Wenn wir zusammenarbeiten, um Konzentrationslager oder Gulags zu errichten, ist das schrecklich. Zusammenarbeit ist ein Werkzeug, und wie jedes Werkzeug kann es für Gutes oder Böses eingesetzt werden.«

In den Anfangsjahren des Internets waren wir zu Recht optimistisch in Bezug auf die Menschen und die Technologie, die sie zusammenbringen würde. Unsere Fähigkeit zu sozialen Verbindungen, zu Gemeinschaft und Zusammenarbeit *kann* Erstaunliches bewirken.

Aber dieselbe menschliche Natur kann auch Gräueltaten hervorbringen.

Der Fehler, den wir in diesen frühen Jahren gemacht haben, war, dass wir nicht beachtet haben, dass dieselbe Kombination aus Technologie und menschlicher Natur auch eine dunkle Seite haben kann. In *diesem* Sinne waren wir naiv. Das Ergebnis war, dass wir zu wenige Wikipedias und viel zu viele Gamergates bekamen.

Aber wir haben auch etwas gelernt aus dieser Erfahrung. Heute wissen wir, was den Unterschied ausmacht zwischen einem Scheunenbau und einem Scheunenbrand.

Es ist der Zweck.

KAPITEL DREI

»Wikipedia ist eine Enzyklopädie!«

Regel #3

Ein starkes, klares und positives Ziel ist unerlässlich, damit Menschen zusammenarbeiten und etwas Wundervolles schaffen können.

In den Anfangsjahren von Wikipedia formulierte ich eine große, visionäre Aussage darüber, was ich mir davon erhoffte: »Stellen Sie sich eine Welt vor, in der jeder Mensch auf diesem Planeten freien Zugang zum gesamten Wissen der Menschheit hat.« Ich erinnere mich noch genau, wo ich war, als mir dieser Satz einfiel.

Im Jahr 2004, als ich in Florida lebte, erhielt ich eines Tages eine erstaunliche E-Mail, in der ich eingeladen wurde, eine Rede auf einer Konferenz zu halten. Ich war noch nie gebeten worden, eine Rede zu halten. Und die Konferenz fand in Berlin statt! Ich war noch nie in Europa gewesen. Und die Organisatoren würden die Flug-, Hotel- und alle sonstigen Kosten übernehmen. Das war aufregend. Aber als ich in Berlin ankam, wurde mir klar, dass ich noch keine

Rede hatte, also machte ich mich an die Arbeit, und da kam mir der Satz über die Vision von Wikipedia. Ich zeigte ihn einem unserer begeisterten deutschen Mitarbeiter, Erik Möller, und er lachte. Das sei so typisch amerikanisch, meinte er. Aber er riet mir, es drin zu lassen. Es klinge authentisch.

Im folgenden Jahr hielt ich einen TED-Vortrag vor Live-Publikum und einer riesigen Online-Zuschauerschaft. TED liebt große Visionen. Mein Vortrag wurde begeistert aufgenommen.

Heute sind visionäre Erklärungen – hochgepushte Unternehmensleitbilder – im Silicon Valley und in der Wirtschaft im Allgemeinen der letzte Schrei. Ich bezweifle nicht, dass sie einen Wert haben. Es ist gut, Ambitionen und Ziele zu formulieren. Meine Vision für Wikipedia war in ihrer Art nützlich. Das ist sie immer noch. Aber es war nicht die wichtigste Aussage, die ich in den Anfangsjahren über Wikipedia abgegeben habe.

Es war vielmehr eine andere Aussage, die ich ständig wiederholt habe, auch in diesem TED-Vortrag. Heute denke ich, dass sie der wichtigste Grund dafür ist, warum Wikipedia es geschafft hat, Fremde zusammenzubringen, Vertrauen zu fördern und die Arbeit zu erledigen.

Ich sagte Folgendes: »Wikipedia ist eine Online-Enzyklopädie.«

Ich weiß, was manche jetzt denken mögen. Das ist nicht visionär. Es ist nicht einmal mutig. Es ist nichts weiter als eine Feststellung. Wie langweilig! Abgesehen vom Wort »online« war das nicht einmal neu. Enzyklopädien sind steinalt.

Aber es war entscheidend für den Erfolg von Wikipedia. Das ist es immer noch. Um zu erklären, warum das der Fall ist, muss ich mit diesen langweiligen alten Enzyklopädien beginnen.

EINE SEHR ALTE IDEE

Wenn die Grundidee einer Enzyklopädie darin besteht, ein breites Spektrum an Wissen zu sammeln und zusammenzufassen, dann erstellen Menschen Enzyklopädien schon fast so lange, wie sie schreiben können. Einige chinesische Werke, die man als Enzyklopädien bezeichnen könnte, sind mehr als zwei Jahrtausende alt. Plinius der Ältere, der große römische Historiker, verfasste vor knapp 2000 Jahren ein vielbändiges Werk mit dem Titel *Naturalis historia* oder *Naturgeschichte*. Im Mittelalter und in den folgenden Jahrhunderten wurden in Europa Enzyklopädien aller Art geschrieben, aber ein Meilenstein wurde erst im 18. Jahrhundert gesetzt. Zwischen 1751 und 1759 wurde die Weltanschauung der Aufklärung – dass wir die Welt mittels der Vernunft und der Wissenschaft verstehen können – in der *Encyclopédie* zusammengefasst, einem monumentalen Werk, das von Denis Diderot herausgegeben wurde und an dem namhafte Persönlichkeiten der damaligen Zeit mit Beiträgen beteiligt waren, Voltaire, Montesquieu, Rousseau und viele andere. In den folgenden zwei Jahrhunderten entwickelte sich die moderne Enzyklopädie zu einer festen Größe und hielt mit steigender Alphabetisierungsrate Einzug in das öffentliche Bewusstsein. In aufeinanderfolgenden Ausgaben und zahlreichen Bänden füllte sie lange Regale in Bibliotheken, Schulen und Haushalten auf der ganzen Welt.

Als ich in den 1970er-Jahren in Alabama aufwuchs, verbrachte ich unzählige Stunden mit der Lektüre der *World Book Encyclopedia*. Ändert man ein paar Worte in diesem Satz, gibt es heute wahrscheinlich Hunderte Millionen Menschen auf der Welt, die etwas Ähnliches erzählen könnten.

In gewisser Weise markiert Wikipedia einen dramatischen Bruch mit der Geschichte. Wikipedia wird von Amateuren geschrieben und redigiert, nicht von professionellen Autoren und Redakteuren. Das ist eine große Veränderung. Und Wikipedia wird nicht mit Tinte und Papier, sondern mit den Einsen und Nullen des digitalen Codes erstellt. Dies hat alle möglichen Auswirkungen, insbesondere bedeutet es, dass die Zeit, die für die Aktualisierung eines Artikels benötigt wird, von drei Jahren auf wenige Sekunden verkürzt wird. Als ich ein Junge war, stand in meiner Enzyklopädie, dass Pakistan ein in zwei Teile getrenntes Land sei. Aber die Bände waren alt. Was ich nicht wusste, war, dass es mittlerweile einen Krieg gegeben hatte und die beiden Teile nun zwei eigenständige Länder waren, Pakistan und Bangladesch. Im Zeitalter von Wikipedia erscheinen solche Geschichten so antiquiert wie das Model T. (Möchten Sie testen, wie aktuell Wikipedia ist? Wenn das nächste Mal der Tod einer berühmten Person gemeldet wird, zücken Sie Ihr Smartphone und suchen Sie so schnell wie möglich den Wikipedia-Artikel zu dieser Person. Sie werden wahrscheinlich feststellen, dass ein unbekannter und ungenannter Redakteur bereits das Wort »ist« in »war« geändert hat.)

Und doch ist Wikipedia, so sehr es in vielerlei Hinsicht auch ein Produkt des 21. Jahrhunderts ist, immer noch eine Enzyklopädie. Und wir alle wissen, was das bedeutet.

Auch wenn Sie noch nie einen Enzyklopädie-Artikel über den Eiffelturm gelesen haben, wissen Sie, dass er bestimmte Fakten enthält und in einem bestimmten Stil geschrieben ist. Er wird darstellen, was der Eiffelturm ist. (Er ist ein Turm.) Er wird mitteilen, wo der Turm steht. (Er steht in Paris.) Er wird angeben, wann er gebaut wurde (1887 bis 1889) und warum er gebaut wurde (als Herzstück der Weltausstellung von 1889) und wer das Projekt geleitet hat (Gustave Eiffel). Und er wird viele weitere Fakten wie diese enthalten – Fakten, die überprüfbar wahr sind. Der Eintrag kann Meinungen enthalten, aber dabei handelt es sich um die Meinungen relevanter Personen (zum Beispiel der Kritiker, die sich abfällig über den Turm geäußert haben) und nicht um die Meinungen derjenigen, die den Artikel verfasst haben. Sie wissen auch, dass die Sprache klar und sachlich sein wird. Es wird nicht viele Adjektive, blumige Abschweifungen oder irrelevante Details geben. Es wird wenige oder keine Ausrufezeichen geben. Oder Sarkasmus. Oder Witze. Die Sprache wird – seien wir ehrlich – ein wenig öde sein.

Dieser Sprachstil ist so wichtig für eine Enzyklopädie, dass wir ihm einen Namen geben sollten. Erinnern Sie sich an die alte US-amerikanische Fernsehserie *Dragnet* (die deutsche Ausgabe hieß *Polizeibericht*)? Der Standardspruch von Detective Joe Friday lautete: »Nur die Fakten, Ma'am.« Enzyklopädien verwenden ebenfalls diese »Nur die Fakten, Ma'am«-Sprache, weil es in ihnen nur um die Fakten geht, Ma'am.

Das wissen Sie. Das weiß jeder.

Aber halten Sie jetzt einmal inne, und denken Sie einen Moment darüber nach. Warum haben Sie eine ungefähre Vorstellung davon, was ein Enzyklopädie-Artikel über den Eiffelturm enthalten würde und in welchem Stil er geschrieben wäre, auch wenn Sie noch nie einen solchen Artikel gelesen haben? Warum wissen wir *alle* das? Die Antwort liegt in dem, was Psychologen als »mentales Modell« bezeichnen.[36]

DIE KRAFT MENTALER MODELLE

Was ist ein Hund? Vier Beine. Fell. Ein wedelnder Schwanz. Jagt gerne Eichhörnchen und apportiert Bälle. Das ist ein mentales Modell eines Hundes. Jeder hat wahrscheinlich ein hoch entwickeltes und ausgefeiltes mentales Modell eines Hundes im Kopf.

Was ist ein Baum? Hoch, Blätter, Rinde. Es ist schön, darunter zu sitzen. Das ist ein mentales Modell eines Baumes.

Unser Kopf ist voll mit solchen mentalen Modellen. Ohne sie könnten wir nicht funktionieren. Und, ja, wir haben auch ein mentales Modell davon, was eine Enzyklopädie ist. Deshalb könnten Sie jetzt sofort dieses Buch weglegen und Ihren eigenen Enzyklopädie-Artikel über den Eiffelturm schreiben. Jeder gebildete, faktenkundige Mensch wäre dazu imstande.

Sie haben dieses mentale Modell einer Enzyklopädie aus Erfahrung. Vielleicht haben Sie, wie ich, viel Zeit damit verbracht, die Seiten des *World Book* oder eines ähnlichen Werkes durchzublättern, und waren erstaunt, wie kompliziert die Welt ist und wie viel es zu lernen gibt. Vielleicht haben Sie einmal für die Schule ein Referat über die US-Präsidentschaftswahlen von 1960 geschrieben und dazu in einer alten Ausgabe der *Encyclopedia Americana* nachgelesen. Oder vielleicht hat Ihnen ein Schulbibliothekar einmal gezeigt, was eine Enzyklopädie ist, aber es ist schon so lange her, dass Sie es vergessen haben. Was auch immer Ihre Geschichte ist, Sie haben Erfahrungen mit Enzyklopädien, und diesen Erfahrungen haben Sie Ihr mentales Modell zu verdanken.

Mein mentales Modell wird natürlich nicht identisch mit Ihrem sein. Aber es wird in etwa das gleiche sein. Denn Enzyklopädien sind im Großen und Ganzen alle gleich. Aber haben Sie sich jemals gefragt, *warum* sich Enzyklopädien so ähnlich sind?

Das war nicht immer so. Im Mittelalter wurden die meisten Enzyklopädien in Latein verfasst, der Sprache der Gelehrten. Die ersten Enzyklopädien in Volkssprachen wie Französisch, Deutsch und Englisch wurden von vielen Gelehrten heftig kritisiert, aber im Laufe der Jahrhunderte verlor Latein an Bedeutung. Die Geschichte der Enzyklopädien ist voller solcher evolutionärer Veränderungen. Betrachten wir einmal die grundlegende Methode der Organisation einer Enzyklopädie. Im Mittelalter und noch viele Jahrhunderte danach wurden die Einträge in den Enzyklopädien nicht alphabetisch geordnet. Sie waren nach Themenkategorien organisiert, die das Wissen in einem großen Gesamtschema zusammenfassen sollten. Gelehrte diskutierten fast tausend Jahre lang darüber, welches Schema das beste sei, kamen aber zu keinem Konsens. Aber irgendwann sagte jemand: »Hey, vielleicht sollten wir die Artikel einfach alphabetisch ordnen, damit der Artikel über Äpfel vor dem über Birnen kommt.« Viele hochgelehrte Menschen – darunter der englische Dichter Samuel Taylor Coleridge – hielten das für vulgär und lächerlich. Aber die alphabetische Anordnung setzte sich durch und wurde schließlich zum Standard.

Im Laufe der Jahrhunderte experimentierten Enzyklopädisten mit allen möglichen Ideen. Es gab sogar einmal Enzyklopädien mit Rezepten. (Mir wurde gesagt, dass es solche immer noch gibt. In Frankreich natürlich.) Manche Enzyklopädien waren sehr meinungsstark. Einige enthielten Witze. Wie Latein wurden auch diese Ideen schließlich verworfen, und es wurde zur Konvention, dass Rezepte, Meinungen und Witze nichts in einer Enzyklopädie zu suchen haben. In der zweiten Hälfte des 20. Jahrhunderts, als ich geboren wurde, hatte diese Entwicklung schließlich dazu geführt, dass sich die meisten Enzyklopädien durch eine gemeinsame Grundform, einen einheitlichen Stil und eine einheitliche Aufmachung auszeichneten. Sie waren alle im Wesentlichen gleich. So entstand bei den Menschen eine gemeinsame Vorstellung beziehungsweise ein mentales Modell davon, was eine Enzyklopädie ist.

Erinnern Sie sich noch daran, wie ich in meinem TED-Vortrag erklärt habe, dass Wikipedia »eine Online-Enzyklopädie« ist? Meistens habe ich einfach gesagt: »Wikipedia ist eine Enzyklopädie.« Tatsächlich haben wir auf Wikipedia selbst ständig verkündet: »Wikipedia ist eine Enzyklopädie.« Warum war es so wichtig, dass wir das immer und immer wiederholt haben? Wegen dieses gemeinsamen mentalen Modells.

Man stelle sich zwei Personen vor, die beschließen, gemeinsam eine fiktive Geschichte zu schreiben. Wenn sie zu Beginn nur wissen, dass es sich um Science-Fiction handelt und die Geschichte im 23. Jahrhundert spielen soll, haben sie nur sehr wenig, worauf sie aufbauen können. Sie müssen eine Menge nachdenken, diskutieren und streiten, bevor sie überhaupt das erste Wort schreiben. Wenn sie jedoch sagen: »Lass uns eine *Star-Trek*-Geschichte mit den Originaldarstellern schreiben«, haben sie sofort ein sehr detailliertes, gemeinsames mentales Modell im Kopf, in dem Kirk, Spock und McCoy in fremde neue Welten reisen. Und sie können sofort mit dem Schreiben loslegen.

Als wir sagten: »Wikipedia ist eine Enzyklopädie«, sagten wir damit so etwas wie: »Lasst uns eine *Star-Trek*-Geschichte schreiben.« Alle verstanden sofort, was gemeint war. Jeder, der mitmachte, wusste, worum es bei dem Projekt ging. Und alle hatten eine ziemlich genaue Vorstellung davon, was sie zu tun hatten.

Kurz gesagt: Wikipedia hatte ein starkes, klares, gemeinsames *Ziel*. Von Anfang an. Dank dieser einen einfachen, schlichten Aussage.

»Die große Herausforderung für ein Projekt wie Wikipedia besteht am Anfang darin, viele Leute dafür zu begeistern und sie dazu zu bringen, zusammenzuarbeiten, und beides ist nur relativ schwer zu erreichen«, erklärte mir Professor Benjamin Mako Hill, der an der University of Washington über Online-Communitys und -Projekte forscht. Aber wenn man sagt, dass das Ziel darin besteht, »etwas zu schaffen, das es bereits gibt und mit dem die Menschen vertraut sind, wird vieles leichter«.[37]

Nehmen wir zum Beispiel die Rekrutierung von Mitarbeitern. Hätte ich gesagt, Wikipedia sei etwas völlig Neues, hätte ich Mühe gehabt, überhaupt jemandes Aufmerksamkeit zu erregen. Dann hätte ich den Leuten zuerst ausführlich erklären müssen, was dieses neue Projekt ist, warum es wertvoll ist und wie man dazu beitragen kann. Erst nachdem sie all das aufgenommen und verstanden hätten, hätten die Leute überhaupt entscheiden können, ob sie ihre kostbare Freizeit dafür opfern wollen. Aber das habe ich nicht gesagt. Vielmehr sagte ich: »Es ist eine Enzyklopädie«, und die Leute wussten sofort mehr oder weniger, was wir machten und warum. Einige fanden das faszinierend. Sie kamen an Bord.

Zu sagen, »Das ist eine Enzyklopädie«, war sogar noch wichtiger, um Menschen zur Zusammenarbeit zu bewegen. Denken Sie nur an den Artikel über den Eiffelturm. Jeder, der an Wikipedia mitarbeitete, wusste ungefähr, welche Art von Informationen der Artikel enthalten und in welchem Stil er verfasst werden sollte, aber genauso wichtig war, dass die Leute wussten, dass es einen Artikel über den Eiffelturm geben sollte – weil der Eiffelturm berühmt ist und weil Enzyklopädien Artikel über bemerkenswerte Dinge und Personen enthalten. Aus dem gleichen Grund sollte es zudem einen separaten Artikel über Gustave Eiffel geben. Er hat den Eiffelturm konstruiert und auch den inneren Mechanismus der Freiheitsstatue entwickelt. Das macht ihn bemerkenswert. Aber es waren noch viele andere Menschen am Bau des Eiffelturms beteiligt, von Ingenieuren über Schweißer bis hin zu Kehrleuten. Sollten sie alle einen eigenen Eintrag in der Enzyklopädie bekommen? Vielleicht einige der bekannteren Personen, insbesondere wenn sie auch aus anderen Gründen bemerkenswert sind. Aber grundsätzlich jeder? Nein. Enzyklopädien enthalten nicht *alles und jeden.* Nur Themen, die bemerkenswert sind, kommen infrage.

Aber was ist »bemerkenswert«? Wenn man sich mit den Details beschäftigt, ist das überraschend schwer zu beantworten. Die Wikipedia-Redakteure haben viel Zeit damit zugebracht, sich mit dieser Frage auseinanderzusetzen und detaillierte Richtlinien zu erstellen, weil es so viele Überlegungen, Grenzfälle und Ausnahmen gibt. Aber dank unseres gemeinsamen mentalen Modells einer Enzyklopädie mussten die ersten Wikipedia-Redakteure nicht all das tun, bevor sie anfangen konnten. »Wenn man sich unter Bekanntheit die Dinge vorstellt, die in Enzyklopädien geschrieben stehen, kommt man überraschend weit«, bemerkte Hill. Das ist die Kraft eines gemeinsamen mentalen Modells.

Im Rahmen seiner Doktorarbeit stellte Hill fest, dass Wikipedia nicht die einzige Online-Enzyklopädie war, die in den Anfangsjahren des World Wide Web gestartet wurde. Er fand sieben weitere. Aber keine davon wurde ähnlich erfolgreich wie Wikipedia. Was machte den Unterschied aus?

»Viele der anderen Enzyklopädie-Projekte, die vor Wikipedia ins Leben gerufen wurden, waren etwas ehrgeiziger in dem Sinne, dass sie sagten: ›Wir beschränken uns nicht auf Dinge, die in traditionellen Enzyklopädien stehen‹«, erzählte mir Hill. »Zum Beispiel: ›Warum sollten wir uns auf Dinge beschränken, die besonders bemerkenswert sind? Warum nehmen wir nicht einfach alles auf?‹« Einige innovative Ideen waren sogar noch mutiger. »›Warum sollte es nur Sachartikel geben? Warum nicht auch andere Inhalte?‹«

Diese Ansätze waren nicht »falsch«, genauso wenig wie es falsch gewesen war, Enzyklopädien auf Latein statt auf Englisch zu schreiben, oder dass Enzyklopädien auch Rezepte, Meinungen oder Witze enthielten. Aber sie waren *anders.* Sie brachen mit Konventionen. Sie passten nicht in das gemeinsame mentale Modell davon, was eine Enzyklopädie ist, weshalb es den Menschen schwerer fiel, zu verstehen, was diese Projekte waren, oder zu entscheiden, ob sie mitmachen sollten, oder zu wissen, was sie tun und nicht tun sollten, wenn sie sich engagierten. Sie fanden es einfach schwieriger, dem Projekt zu vertrauen und sich darauf einzulassen. Hill kam zu dem Schluss, dass Wikipedia es durch das Festhalten an Konventionen »allen leicht gemacht hat, mitzuziehen und zu verstehen, was sie taten, auch wenn sie dabei viele Einzelheiten erst selbst herausfinden mussten«.[38]

Ich denke, das ist völlig richtig. Ein klarer Zweck, der von allen verstanden wurde, half dabei, Menschen für das Projekt zu gewinnen. Und er erleichterte es diesen Menschen auch, mit der Arbeit zu beginnen. Aber das war erst der Anfang.

DIE FÜNF SÄULEN VON WIKIPEDIA

Die meisten Leser von Wikipedia wissen es nicht, aber Wikipedia hat eine Reihe von sehr detaillierten Richtlinien, welche die Arbeit der Redakteure leiten. Wie die Artikel werden auch diese Richtlinien von Freiwilligen verfasst, die dieselbe erstaunliche Energie und Hingabe in ihre Arbeit einbringen. Das Ergebnis sind mittlerweile Hunderttausende von Wörtern, die alle denkbaren Komplikationen und Feinheiten zu Themen wie »Relevanz« regeln. Natürlich müssen die Redakteure nicht alles lesen und auswendig lernen! Diese Richtlinien sind lediglich Referenzinstrumente, die bei Bedarf herangezogen werden können.

Was aber alle Redakteure tatsächlich kennen und häufig zitieren, sind die Grundzüge der Kernideen. Zum Beispiel »Überprüfbarkeit«. Wir können nicht einfach behaupten, dass etwas wahr ist. Wir müssen dafür eine seriöse Quelle anführen, die dies bestätigt. Es gibt jedoch fünf Kernideen, die für die Arbeit der Wikipedianer noch grundlegender sind. Wir nennen sie die »fünf Säulen«. Hier sind sie:

1. Wikipedia ist eine Enzyklopädie.
2. Wikipedia wird aus einer neutralen Sicht geschrieben.
3. Wikipedia ist ein gemeinfreies Werk, das jeder nutzen, bearbeiten und verbreiten kann.
4. Die Redakteure von Wikipedia sollten einander mit Respekt und Höflichkeit begegnen.
5. Wikipedia hat keine festen Regeln.

Einige dieser Grundsätze sind selbsterklärend. Auf einige werde ich später noch näher eingehen. Aber zunächst möchte ich darauf hinweisen, dass der Satz »Wikipedia ist eine Enzyklopädie« die *erste* Säule ist.[39] Das ist der Zweck von Wikipedia, der als das verankert ist, was *Star-Trek*-Fans wie ich als die oberste Direktive von Wikipedia bezeichnen würden. Sie beeinflusst alles, was Wikipedia-Redakteure tun. Und alles, was Wikipedia ist.

Das sieht man an bestimmten Fachausdrücken, die Redakteure verwenden. In der Wikipedia-Welt ist der Ausdruck »Hier, um eine Enzyklopädie aufzubauen« ein Gütesiegel. Wenn man das über eine Person sagt, bedeutet das so viel wie: »Diese Person hat die richtigen Schwerpunkte und Absichten. Auch wenn man manchmal in einem Punkt nicht mit ihr übereinstimmt, verdient sie Respekt.« Auf der anderen Seite ist der Ausdruck »Nicht hier, um eine Enzyklopädie aufzubauen« die ultimative Abwertung. Er bedeutet: »Diese Person stellt das Projekt nicht an die erste Stelle.« Vielleicht ist diese Person tatsächlich nur deswegen hier, um für eine Firma oder ein bestimmtes Projekt zu werben. Oder für eine politische Ansicht. Oder für sich selbst. Oder vielleicht will diese Person einfach nur andere ärgern und Unruhe stiften. Welchen Zweck auch immer diese Person verfolgt, es ist nicht der Zweck von Wikipedia – und »Nicht hier, um eine Enzyklopädie aufzubauen« ist die höfliche Form zu sagen: »Diese Person muss damit aufhören oder gehen.«[40]

Die unbeirrbare Konzentration auf den Zweck von Wikipedia verbessert Diskussionen und hilft in vielerlei Hinsicht bei Entscheidungen. Muss man entscheiden, welche Option in einer bestimmten Frage die beste ist? Dann kann man die Frage so formulieren: »Was ist das Beste für eine Enzyklopädie?« Das liefert Ihnen möglicherweise Kriterien für die Beurteilung und hält die Diskussion auf das Wesentliche fokussiert. Arbeiten Sie an einem sehr komplizierten Thema und haben das Gefühl, dass Sie sich im Dschungel der Details verlieren? Kehren Sie zum grundlegenden Ziel zurück, eine Enzyklopädie aufzubauen, und prüfen Sie, ob dies zur Klärung beiträgt und Sie wieder auf den richtigen Weg bringt. Die schlichte Tatsache, dass unzählige Fremde zusammenkommen, Richtlinien festlegen und Hunderttausende von Wörtern darüber schreiben konnten, ist der ultimative Beweis für die Kraft eines klaren Ziels. Versuchen Sie sich vorzustellen, dass Menschen eine solche Aufgabe ohne ein klares Ziel vor Augen in Angriff nehmen. Versuchen Sie es einfach.

Und denken Sie an die Genauigkeit. Darum geht es doch in einer Enzyklopädie, oder nicht? Um Fakten. *Korrekte* Fakten. Dank der klaren Zielsetzung von Wikipedia war dies allen von Anfang an klar.

Natürlich engagieren sich Menschen, denen Genauigkeit wichtig ist, eher als andere, denen das egal ist. Als diese Menschen gemeinsam daran arbeiteten, eine Enzyklopädie zu erstellen, dachten sie ständig über Korrektheit nach und sprachen darüber. Menschen, denen Genauigkeit nicht so wichtig war, sprangen ab. Diejenigen, die sie liebten, blieben, während sich immer mehr Genauigkeitsliebhaber engagierten und mit Gleichgesinnten zusammenarbeiteten. Mit der Zeit entwickelte sich bei Wikipedia eine Kultur, die von Genauigkeit *besessen* ist. Und deshalb erfuhr ich, als ich den Wikipedia-Artikel über Detective Joe Friday aus der Serie *Dragnet* las, dass Friday seinen berühmten Spruch »Nur die Fakten, Ma'am« nie genau so gesagt hat. Er sagte vielmehr: »Alles, was wir wollen, sind die Fakten, Ma'am.« Eine Parodie auf die Serie verwandelte das in »Ich will nur die Fakten, Ma'am.« Und das entwickelte sich in der Populärkultur zu »Nur die Fakten, Ma'am.«[41] Millionen solcher wunderbarer, penibel herausgearbeiteter Details finden sich in Wikipedia, weil die Menschen, die Wikipedia schreiben, mit überwältigender Leidenschaft darum bemüht sind, die Fakten korrekt wiederzugeben.

»Es hat meine Arbeitsweise und meinen Umgang mit der Welt verändert«, sagte mir Annie Rauwerda. »Ich kann diese Denkweise jetzt nicht mehr ablegen.«[42]

Im Jahr 2020 war Rauwerda Neurowissenschaftsstudentin an der University of Michigan, begeisterte Wikipedia-Leserin und Wikipedia-Redakteurin. Dann kam die Pandemie. Da sie zu Hause bleiben musste, legte sie mit dem Redigieren erst so richtig los. Und sie hatte eine brillante Idee. Rauwerda eröffnete einen Instagram-Account namens »Depths of Wikipedia« und veröffentlichte dort gelegentlich Beiträge, in denen sie seltsame und obskure Artikel in Wikipedia hervorhob. Zum Beispiel »Recursive islands and lakes« (Inseln in Seen auf Inseln). Und »Chess on a really big board« (eine Schachvariante auf, ja, einem wahrhaft großen Brett). Und »List of sexually active popes« (selbsterklärend). Es war ein sofortiger Erfolg. Mittlerweile hat »Depths of Wikipedia« 1,4 Millionen Follower. Dank ihrer Wikipedia-Kenntnisse macht Rauwerda jetzt Stand-up-Comedy und ist zu einer Art Berühmtheit geworden, was eine ziemlich erstaunliche Karriere ist. Aber das Wichtigste, was Rauwerda aus Wikipedia mitgenommen hat, ist eine Besessenheit, Fakten aufzudecken und sie mit der Welt zu teilen. Und eine Bewunderung für andere, die ihre Besessenheit teilen.

Als eine Zeitschrift einen Artikel veröffentlichte, der von jemandem geschrieben wurde, der absichtlich Unwahrheiten in Wikipedia eingeschleust hatte und seine Erfahrungen dann in einem seltsamen Essay verarbeitete, protestierte Rauwerda in einem Brief an den Herausgeber. Die meisten Wikipedia-Redakteure könnten sich nicht deutlicher von diesem Essayisten unterscheiden, schrieb sie.

Nehmen Sie den Software-Ingenieur in Washington, der den grammatikalisch falschen Ausdruck »comprised of« etwa neunzigtausendmal korrigiert hat, oder den Bibliothekar in Alberta, der hartnäckig nach Urheberrechtsverletzungen forscht, oder den Produktmanager aus Kalifornien, der Seiten vor Inhalten schützt, die Nazis verherrlichen. Ein Teenager verbrachte jeden Tag Stunden damit, Artikel über die 472 U-Bahn-Stationen in New York City zu bearbeiten, bis jede einzelne einen umfassenden Eintrag hatte. Ein weißhaariger Rentner, den ich kenne, verbringt seine Tage damit, mit dem Fahrrad durch die Tristate Area (die New-York-Metropolregion, Anm. d. Übers.) zu fahren und copyrightfreie Fotos von Infrastruktur zu machen, und nimmt mich manchmal dabei mit. Auch wenn manche Wikipedia-Redakteure die Plattform manipulieren (…) sind die allermeisten von uns kluge, nette und ganz normale Menschen, die in bester Absicht handeln.[43]

Als Rauwerdas Brief veröffentlicht wurde, bedankte sich der weißhaarige Rentner, den sie am Ende erwähnt hatte, bei ihr, merkte jedoch an, dass Rauwerda ihn nur einmal begleitet hatte und sie daher nicht »manchmal«, also im Plural, hätte schreiben sollen. *Das* ist eine Obsession für Genauigkeit. Rauwerdas Brief deutet auch noch auf etwas anderes hin, was die meisten Außenstehenden über Wikipedia nicht wissen. Es ist eine Gemeinschaft.

Ja, »Gemeinschaft« ist heutzutage ein Klischee. Manchmal scheint es, als würde man alles, an dem mehr als zwei Personen beteiligt sind, als Gemeinschaft auffassen. Aber wir bezeichnen Wikipedia als Gemeinschaft, weil es wirklich eine ist. Seriöse Redakteure lernen sich kennen. Sie bauen soziale Netzwerke auf. Viele von ihnen organisieren Treffen und Wikipedia-bezogene Nebenprojekte. Jeden Sommer nutzen wirklich leidenschaftliche Wikipedianer ihren Urlaub, um an einer globalen Konferenz namens Wikimania teilzunehmen. Es fanden sogar schon zwei Hochzeiten auf Wikimanias statt. Viele dieser Leute sind, seien wir ehrlich, Nerds. (Ich weiß, dass sie das nicht als Beleidigung auffassen. Sie nennen sich selbst so.) Nerds sind intelligent und großartig darin, Informationen zu sammeln, aber sie sind in der Regel nicht die kontaktfreudigsten und sozial engagiertesten Menschen. Einige haben mit dieser Seite des Lebens zu kämpfen. Aber wenn man eine Wikipedia-Konferenz besucht und sich bei einem Bier unterhält, geht es dabei um Freundschaften und Zugehörigkeit. Das ist Gemeinschaft. Natürlich ist Wikipedia in verschiedenen Sprachen geschrieben, und die Menschen sind geografisch voneinander getrennt – ernsthafte New Yorker Wikipedianer kennen sich wahrscheinlich untereinander, haben aber weniger Verbindungen zu Wikipedianern aus Los Angeles. Es passt also besser, wenn man sagt, dass Wikipedia eine Gemeinschaft von Gemeinschaften ist. Oder sagen wir einfach: Die Freiwilligen von Wikipedia bilden komplexe soziale Netzwerke, und Wikipedia wird durch starke soziale und kulturelle Normen geprägt. Kurz: Wikipedia ist eine Gemeinschaft.

Aus Gemeinschaft erwächst Identität. Leute, die viel an Wikipedia arbeiten, verstehen sich schon immer als »Wikipedianer«. Ich habe mich umgehört und in den Protokollen nachgeschaut, und dieser Begriff hat sich anscheinend organisch kurz nach dem Start von Wikipedia 2001 entwickelt. Es gibt keine Facebookianer, aber überall auf der Welt gibt es Wikipedianer. Zählen Sie nur die Wikipedia-T-Shirts auf so einem Treffen! Wer hat diese Shirts entworfen? Wahrscheinlich die Leute, die sie tragen. Das sind nicht nur T-Shirts. Das sind Statements. Sie sagen: »Das bin ich.«

Zweck. Gemeinschaft. Identität. Man muss kein Organisationspsychologe sein, um zu wissen, dass dies zentrale Bestandteile jeder erfolgreichen Gemeinschaftsleistung sind. Wikipedia hat sie im Überfluss, weil ein klarer Zweck dazu beigetragen hat, eine Gemeinschaft aufzubauen, die den Menschen Identität vermittelt.

Und das erklärt zum großen Teil, warum Wikipedia so erfolgreich ist.

»WIKIPEDIA HAT KEINE FESTEN REGELN«

Hier muss ich vorsichtig sein. All dieses Gerede von »Zweck« könnte den falschen Eindruck erwecken, dass wir von Anfang an genau wussten, in welche Richtung sich Wikipedia entwickeln würde, und dass wir es so konzipiert haben, dass es auch dorthin gelangt.

Das wussten wir nicht. Nicht einmal annähernd.

Und das erklärt auch, warum der Satz »Wikipedia hat keine festen Regeln« die fünfte Säule von Wikipedia ist. Wir fassen das manchmal in der provokanteren Richtlinie »Ignoriere alle Regeln« zusammen.

Natürlich hat Wikipedia Regeln, und wir meinen nicht wörtlich, dass Wikipedianer sie ignorieren sollen. Diese Säule bedeutet – ich zitiere den Wortlaut der Website –, dass »Wikipedia Richtlinien und Leitlinien hat, die jedoch nicht in Stein gemeißelt sind; ihr Inhalt und ihre Auslegung können sich im Laufe der Zeit weiterentwickeln. Die Grundsätze und der Geist sind wichtiger als der Wortlaut, und manchmal erfordert die Verbesserung von Wikipedia, dass man Ausnahmen macht.«

Tatsächlich heißt es in dieser Leitlinie weiter: »Sei mutig, aber nicht leichtsinnig bei der Überarbeitung von Artikeln. Und quäle dich nicht, wenn du Fehler machst: Diese lassen sich leicht korrigieren, da (fast) jede frühere Version jedes Artikels gespeichert wird.«

Dieser Geist des Experimentierens, der Innovation und der Weiterentwicklung war von Anfang an in Wikipedia verankert. Das musste auch so sein.

Während uns der Satz »Wikipedia ist eine Enzyklopädie« viel darüber verriet, was wir zu tun hatten und wie wir es anpacken sollten, als Wikipedia an den Start ging, gab es noch unzählige unbeantwortete Fragen. Was sollten wir zum Beispiel tun, wenn sich Leute daneben benahmen? Sollten sie rausgeschmissen werden? Das ist eine grundlegende Frage, aber wir wussten zunächst keine rechte Antwort darauf. Und so ging es uns mit vielen Fragen. Wer sollte entscheiden, ob man sich von jemandem trennen sollte? Wie? Sollte es eine Möglichkeit geben, Einspruch oder Berufung einzulegen? Und vor allem: Was gilt überhaupt als »Fehlverhalten«? Mittlerweile gibt es sehr detaillierte Richtlinien, die all diese Fragen beantworten, und ein Schiedsgericht, das aus von der Gemeinschaft gewählten Wikipedianern besteht, trifft die Entscheidungen. Nichts davon gab es am Anfang. Und es wurde nicht von mir erfunden und eingeführt. Es hat sich als Reaktion auf Erfahrungen und Diskussionen in der Gemeinschaft entwickelt.

Ein Jurist denkt sich hier wahrscheinlich: »Na, das klingt ein bisschen nach dem englischen Gewohnheitsrecht.« Das tut es auch. Tatsächlich habe ich schon manchmal scherzhaft bemerkt, dass die Entwicklung von Wikipedia der vierhundertjährigen Entwicklung Großbritanniens ähnelt, das sich von einem Land, in dem ein König weitgehend unkontrollierte Macht ausübte, zu einem Land entwickelte, in dem der König auf eine weitgehend zeremonielle Funktion beschränkt ist und die Macht von einem gewählten Parlament ausgeübt wird, das den Verfassungsnormen und Gesetzen folgt. Nur dass Wikipedia sich wesentlich schneller entwickelt hat. Und zum Glück für mich wurde in der Entwicklung von Wikipedia kein König enthauptet.

Es mag widersprüchlich erscheinen, dass Wikipedia mit einer festen und klaren Vorgabe – »Wikipedia ist eine Enzyklopädie« – begann, während es gleichzeitig die Wikipedianer dazu aufrief, »mutig zu sein«, »alle Regeln zu ignorieren« und Veränderungen zu begrüßen. Aber das ist nicht unbedingt ein Widerspruch. »Wikipedia ist eine Enzyklopädie« brachte Wikipedia auf den Weg und sorgte dafür, dass sie auf Kurs blieb. »Wikipedia hat keine festen Regeln« schuf Raum für Experimente, Lernen und Entwicklung. So ergänzen sich die beiden Leitlinien wie das Segel und das Ruder eines Segelboots.

Deshalb ist Wikipedia auch heute noch eine Enzyklopädie – aber sie unterscheidet sich auch in vielerlei Hinsicht von den Enzyklopädien, mit denen ich aufgewachsen bin. Ein einfaches Beispiel ist die alphabetische Aufreihung. Sie ist verschwunden. Und das ergibt durchaus Sinn. Die alphabetische Anordnung war notwendig, um eine gedruckte Enzyklopädie zu organisieren; für eine Online-Enzyklopädie hat sie keinen Zweck. Es gibt noch viele weitere Änderungen dieser Art. Eine der wichtigsten ist die Relevanz. Selbst die größten gedruckten Enzyklopädien mussten die Relevanz stark einschränken, um die Kosten niedrig zu halten und zu vermeiden, ganze Bücherregale zu füllen. Online spielt das keine Rolle. So konnte Wikipedia die Messlatte für die Relevanz deutlich senken, was erklärt, warum Wikipedia so obskure Dinge wie eine detaillierte Erläuterung dessen, was Detective Joe Friday in *Dragnet* gesagt und nicht gesagt hat, enthalten kann. Und deshalb kann Wikipedia so groß sein, dass sie gedruckt ganze Räume einer Bibliothek füllen würde, und gleichzeitig auch für einen Gelegenheitsleser nützlich sein, der nur eine Minute damit verbringen möchte, etwas über Taylor Swifts Familie zu erfahren.

Angesichts der Popularität von Wikipedia vermute ich, dass mein mentales Modell einer Enzyklopädie aus den 1970er-Jahren stark veraltet ist. Wenn die Leute, insbesondere junge Menschen, heute »Enzyklopädie« sagen, denken sie zuerst an Wikipedia.

Die lange Geschichte und die Entwicklung der Enzyklopädie geht also weiter.

ÄHNLICH, ABER DOCH ANDERS

Das ist alles gut für Wikipedia. Aber es gibt eine naheliegende Frage, die sich für jeden stellt, der eine ehrgeizige Vision hat, die nicht auf einer langen Geschichte fußt. Was ist, wenn man etwas *wirklich* Neues machen will?

Neues ist aufregend. Aber es ist auch beängstigend, weil es bedeutet, dass es kein klares, gemeinsames mentales Modell gibt, auf das man zurückgreifen kann, um zu erklären, was man tun will, warum es wichtig ist und wie man andere Menschen einbeziehen kann. Was also tun?

Die einfachste Antwort stützt sich auf ein grundlegendes Element des menschlichen Denkens: Man verwendet eine Metapher.

Im Jahr 2016 hatten Will Thompson und einige Kollegen eine Idee für eine webbasierte Plattform, von der sie dachten, dass sie von Besitzern von Wohnmobilen gerne angenommen werden würde. Wohnmobile sind im Grunde kleine motorisierte Häuser, mit denen Menschen auf Autobahnen reisen und in denen sie die Nächte bequem auf Campingplätzen verbringen können. Kleine Wohnmobile können die Größe eines Lieferwagens haben, die großen aber können länger sein als ein Schulbus und kosten oft mehr als 1 Million Dollar. Und sie stehen die meiste Zeit des Jahres ungenutzt herum. Warum also nicht das Fahrzeug an andere vermieten, wenn man es nicht selber nutzt? Also reisten Thompson und seine Partner zu Musikfestivals und Wohnmobilmessen, um den potenziellen Markt zu erkunden. Doch sie stießen auf ein Hindernis.

Als sie Wohnmobilbesitzer fragten: »Wären Sie bereit, Ihr Wohnmobil an andere zu vermieten, wenn Sie es selbst gerade nicht brauchen?«, lautete die überwältigende Antwort: »Auf keinen Fall.« Was, wenn ein schlechter Fahrer es mietet? Was, wenn jemand es für eine Party nutzt und es verwüstet? Was, wenn jemand darin Meth kocht? Haben Sie nicht *Breaking Bad* gesehen? Alle möglichen Albtraumszenarien wurden angeführt. Auf keinen Fall wollten die Leute ihre kostbaren Wohnmobile vermieten.

Wer Airbnb kennt, denkt jetzt wahrscheinlich: »Ist das nicht ganz ähnlich? Nur mit Wohnmobilen?« Ja. Und das haben auch Thompson und seine Partner gesagt. *Genau* das haben sie gesagt. Wir »haben für die Wohnmobilmessen ein Werbebanner erstellt mit der Aufschrift ›Airbnb für Wohnmobile‹«, erzählt er lachend. »Wir wurden aber nie verklagt, Gott sei Dank.«

Marketingexperten würden RVezy, so nennt sich die Firma (RV steht für *recreational vehicle*, also Wohnmobil), eine Goldmedaille verleihen. »Wenn Sie ein neues Produkt entwickeln, verkaufen Sie es nicht unter dem Motto ›Das ist etwas völlig Neues, das kann man mit nichts anderem vergleichen‹«, hatte Kent Grayson mir geraten. Verkaufen Sie es, indem Sie sagen: »Dieses neue Ding ist wie das alte, das man kennt.« Aber mit einem Augenzwinkern.

Dieser Ansatz ist wahrscheinlich so alt wie die Sprache selbst, weil er eine grundlegende und wichtige Funktion erfüllt: Metaphern und Gleichnisse sind die Art und Weise, wie Menschen vorhandenes Wissen in neuen Situationen anwenden.

Dieses Vorgehen taucht in der Geschichte der Technologie immer wieder auf. Als beispielsweise Ende des 19. Jahrhunderts das Radio erfunden wurde, hieß es noch nicht Radio. Zu dieser Zeit waren die Menschen mit Telegrafen vertraut, und jeder wusste, dass Telegrafen Informationen über große Entfernungen mithilfe von Morsecodes übertrugen. Das tat auch das frühe Radio. Aber im Gegensatz zu Telegrafen hatte das Radio keine Drähte, die den Sender der Informationen und den Empfänger miteinander verbanden. Daher wurde die neue Technologie als »drahtloser Telegraf« bezeichnet. Als die Menschen das hörten, dachten sie sofort: »Das ist wie dieses bekannte Gerät, nur ohne Drähte.« Und sie verstanden die Idee.

Ähnliches geschah mit der Militärmaschine, die wir heute als Panzer bezeichnen. Als die britische Regierung sie während des Ersten Weltkriegs heimlich entwickelte, nannten die verantwortlichen Offiziere der Royal Navy sie »Landschiff«. Das ergab durchaus Sinn. Es handelte sich um ein Stahlschiff mit Kanonen, das sich jedoch auf dem Land und nicht auf dem Wasser bewegte. So brachte der Name die Idee brillant zum Ausdruck. Zu brillant sogar. Die Verantwortlichen erkannten, dass die Deutschen allein anhand des Namens erraten würden können, um was für eine geheime Maschine es sich handelte, und wechselten daher zu einem unklaren, nebulösen Codewort. Und so wurden »landships« zu »tanks«.[44]

Industriedesigner verstehen dieses Prinzip und wenden es regelmäßig an. Wenn Sie sich an den Computer setzen, um zu arbeiten, was sehen Sie dann? Einen »Desktop«. Darauf befinden sich »Ordner«. In den Ordnern befinden sich »Dateien«. All dies sind Metaphern. Es gibt keinen in der Technologie verankerten Grund dafür, dass die in einem Computer gesammelten Daten so organisiert und dargestellt werden müssen, als wären es Dokumente in Ordnern auf einem Schreibtisch. Das geschieht lediglich zum Vorteil der Menschen, die die Technologie nutzen – weil es ihnen ermöglicht, bei der Arbeit in einer Umgebung, die bis vor Kurzem noch völlig neu war, auf bereits vorhandene mentale Modelle zurückzugreifen.

Um diese Technik anzuwenden, muss es natürlich eine Metapher geben, die funktioniert. RVezy hatte die perfekte Metapher. RVezy ist »Airbnb für Wohnmobile«. Bumm. Das versteht jeder.

Aber was war mit Airbnb, als es neu war? Wie lautete seine Metapher?

Es gab keine. Und das erklärt, warum sich Airbnb jahrelang schwer tat, Fuß zu fassen. Ich konnte einige Einblicke gewinnen, als ich die Gelegenheit hatte, mit Mitbegründer Nathan Blecharczyk zu sprechen, der heute Chief Strategy Officer von Airbnb ist.

»Alles begann an einem Wochenende im Oktober 2007«, erinnerte sich Blecharczyk, als er und seine Mitbewohner vor einem Dilemma standen, in dem sich viele junge Menschen am Anfang ihres Berufslebens befinden: Wie sollten sie die Miete bezahlen? Damals teilte sich Blecharczyk in San Francisco eine kleine Wohnung mit Joe Gebbia und Brian Chesky. Der Vermieter erhöhte plötzlich die Miete um 25 Prozent. Gebbia und Chesky waren junge Designer, die ihren Job gekündigt hatten, um Unternehmer zu werden – »Leute, die man auch Arbeitslose nennt«. Blecharczyk war ein junger Software-Ingenieur, der sich nur mit Mühe über Wasser hielt. Unter diesen Umständen die Miete aufzubringen war eine enorme Herausforderung, und Blecharczyk entschied sich, auszuziehen.

Wie sollten Gebbia und Chesky nun die Lücke schließen? In San Francisco fand gerade eine Designkonferenz statt. Die Hotels waren ausgebucht. Also legten sie in Blecharczyks leeres Zimmer eine Luftmatratze, boten das Zimmer im Internet zur Miete an und nannten es »Airbed and Breakfast«. Als Interessenten erwarteten sie junge Leute wie sie selbst. »Stattdessen kamen drei sehr unterschiedliche Gäste. Sie bekamen einen Vater von vier Kindern aus Utah, eine 35-jährige Frau aus Boston und einen Mann aus Indien.«

Gebbia und Chesky konnten die Miete für diesen Monat zahlen. Und sie hatten eine Idee. Vielleicht gab es noch mehr Leute, die so etwas gern machen würden? Aber was genau war »das«? Sie wussten es nicht. Sie versuchten herauszufinden, warum es geklappt hatte. Anscheinend gefiel es ihren Gästen, in der lokalen Community mit echten Menschen zu leben. Und sie selbst hatten sich gefreut, Gäste zu haben. Aber warum hatten sie das überhaupt organisiert? Und warum waren die Gäste gekommen? Die Tagung. Also begannen sie zu überlegen: Was wäre, wenn es eine Website gäbe, die Gastgeber und Gäste zusammenbringt, wenn große Kongresse in der Stadt stattfinden?

Wenn Sie mit Airbnb vertraut sind, werden Sie einige dieser Punkte kennen, andere hingegen werden Ihnen seltsam vorkommen. Das liegt daran, dass darauf *Jahre* des Ausprobierens folgten. »Trial and error« mit einem deutlichen Schwerpunkt auf Fehlern. Die Überzeugung, dass Kongresse ein notwendiger Bestandteil waren? Falsch.

Was sollte die Website leisten? War sie nur ein Schwarzes Brett für Gastgeber und Gäste? Sollte man über sie auch Zahlungen entgegennehmen und Rückzahlungen durchführen können? Und wie? Wann? Selbst die einfachsten Fragen mussten durch Experimente geklärt werden.

Eine der wenigen Gewissheiten, die die Gründer hatten, war, dass es ohne Vertrauen nicht funktionieren würde. Gäste werden nicht bei Fremden übernachten und Gastgeber werden keine Fremden zu sich einladen, wenn sie ihnen nicht vertrauen. »Das ist die Grundlage von allem«, erklärte Blecharczyk.

Wie erzeugt man Vertrauen in etwas, das man nicht einmal definieren kann? Das geht nicht. Investoren im Silicon Valley machten sich lustig über das junge Trio. Sie kamen nicht weiter.

In dieser frühen Phase war Airbnb das genaue Gegenteil von Wikipedia. Die Leute verstanden die Idee nicht sofort, und sie war keineswegs auf Anhieb ein Erfolg. Vielmehr kam Airbnb nur schleppend voran, während Gebbia, Chesky und Blecharczyk experimentierten, lernten und langsam ihr Modell für Airbnb entwickelten – ihr Äquivalent zu »Wikipedia ist eine Enzyklopädie«.

Da Airbnb heute ein globaler Gigant ist, wissen wir, dass diese Geschichte doch ein Happy End hat. Darauf werde ich in den Kapiteln 8 und 9 eingehen.

Für den Moment bin ich einfach nur dankbar, dass ich den Spruch »Wikipedia ist eine Enzyklopädie« hatte und zur nächsten Frage weitergehen konnte: Wenn die Leute durch die Tür kommen und eine ungefähre Vorstellung davon haben, was sie gemeinsam tun wollen, wie bringt man sie dazu, einander zu vertrauen?

KAPITEL VIER

Geben, um zu bekommen

Regel #4

Vertrauen Sie auf die Kraft der Gegenseitigkeit. Sie wollen Vertrauen ernten? Dann schenken Sie Vertrauen.

Machen wir ein kleines Experiment. Ich nenne Ihnen ein Wort. Dann schauen Sie mal, welches andere Wort Ihnen dazu einfällt.

Sind Sie bereit? Das Wort lautet … Quäker.

Nun, welches andere Wort ist Ihnen gerade in den Sinn gekommen?

Bei US-Amerikanern lässt sich das leicht erraten. Gleiches gilt für Briten, Kanadier oder Australier.

Das Wort lautet »Oats«.

Ich möchte damit keineswegs Respektlosigkeit gegenüber den echten Quäkern oder der Religous Society of Friends, wie die kleine christliche Sekte offiziell heißt, zum Ausdruck bringen. Aber *Quaker Oats* ist eine berühmte Lebensmittelmarke. Sie ist in Küchen auf der ganzen Welt zu finden. Viele Menschen kennen das »Quaker Oats«-Logo, das einen lächelnden Quäker zeigt, der wie Benjamin Franklin aussieht. Es ist allerdings nicht Franklin. Franklin war kein Quäker. Und das ist seltsamerweise etwas, das Benjamin Franklin mit den Menschen gemeinsam hatte, die das Frühstücksmüsli Quaker Oats entwickelten, das zu einer globalen Lebensmittelmarke wurde. Sie waren auch keine Quäker.

Wie passt das zusammen? Warum nannte die Firma ihr Frühstücksmüsli Quaker Oats? Die Antwort lässt sich mit einem einzigen Wort zusammenfassen: Vertrauen.

Das berühmte Logo von Quaker Oats stammt aus dem Jahr 1877, als es als erstes Markenzeichen für ein Frühstücksmüsli beim US-Patentamt registriert wurde. Aber im Gegensatz zum heutigen »Quaker Oats«-Mann hielt der ursprüngliche Quäker eine Schriftrolle in der Hand. Auf der Schriftrolle stand das Wort »Pure« (rein). Das ist heute schwer zu verstehen. Aber 1877 wusste jeder Amerikaner genau, was damit gemeint war.

In dieser Zeit verfälschten Lebensmittelhersteller ihre Produkte häufig mit billigen und leicht verfügbaren Substanzen; zum Beispiel wurde Milch mit Wasser verdünnt und dann mit Kreide weißer gemacht. Manchmal waren die Verfälschungsmittel gefährlich, und Menschen, die diese Lebensmittel verzehrten, konnten krank werden oder sogar sterben. »Reine Nahrungsmittel« waren Nahrungsmittel, die nicht verfälscht waren, weshalb das wegweisende Gesetz von 1906 den Namen »Pure Food and Drug Act« (Gesetz über reine Nahrungs- und Arzneimittel) erhielt.

Warum also nannten die Nicht-Quäker, die Quaker Oats gründeten, ihr Produkt so? Sie wollten den Amerikanern mitteilen, dass sie anders waren. Dass sie ehrlich waren. Dass das, was auf dem Etikett stand, auch dem entsprach, was in der Packung war. Dass die Leute ihrem Erzeugnis vertrauen konnten. Im 19. Jahrhundert waren Quäker als ehrliche Geschäftsleute bekannt, weshalb die Übernahme des Namens und des Images der Quäker eine wirkungsvolle Möglichkeit war, um die Botschaft zu vermitteln: »Ihr könnt uns vertrauen.«

Wie die Quäker zu dem Ruf kamen, ehrliche Geschäftsleute zu sein, bedarf einer etwas ausführlicheren Erklärung. Aber es lohnt sich, ein wenig in der Geschichte zu graben. Vertrauen Sie mir.

»THOU FOR ALL« – »DU FÜR ALLE«

Die Religious Society of Friends wurde Ende der 1640er-Jahre von dem Engländer George Fox gegründet. Im Mittelpunkt von Fox' Theologie stand die Idee, dass alle Menschen vor Gott gleich sind. Die Quäker kannten keine Hierarchie, keine Priester oder Pastoren. Männer und Frauen waren gleichberechtigt. Und die Quäker lehnten alle sozialen Gepflogenheiten ab, die auf Ungleichheit beruhten. Das bedeutete, dass sie in der Gegenwart eines Fürsten oder eines Staatsdieners nicht den Hut abnahmen. Und sie sagten nicht »you«. Damals war »you« im Englischen eine formelle Anrede, mit der ein Untergebener einen Vorgesetzten ansprach. »Thou« (»du«) hingegen war informell. Damit redeten Gleichgestellte einander an. Für die Quäker galt »thou« für alle.

Nicht-Quäker empfanden dies als unhöflich. Schlimmer noch, die Quäker waren religiöse Dissidenten zu einer Zeit, in der Toleranz für religiöse Minderheiten nur schwach ausgeprägt war. Deshalb wurden die Quäker verspottet und bedroht, häufig auch geschlagen, eingesperrt oder mussten noch Schlimmeres erdulden. Der Name »Quäker« ist eigentlich ein Überbleibsel aus dieser dunklen Zeit. Die Quäker nannten sich selbst nicht Quäker. Sie nannten sich »Freunde«. Aber George Fox mahnte seine Anhänger, vor Gottes Gericht zu »zittern«, und sie zitterten manchmal auch vor Hingabe während des Gottesdienstes, sodass ihre Kritiker sie als »Quakers« (»Zitterer«) verspotteten.

Die Quäker standen noch vor einem weiteren großen Problem. Da sie sich von der staatlich unterstützten Church of England distanzierten, war es ihnen verboten, Ämter zu bekleiden oder bestimmte Berufe auszuüben. Viele wurden daher Handwerker oder Kaufleute – und stellten schnell fest, dass es nicht gut für das Geschäft ist, wenn man zu einer Minderheit gehört, die im Ruf steht, ungehobelt und rüpelhaft zu sein.

Als wären dies noch nicht genug Probleme gewesen, vertrat George Fox die Auffassung, dass sich, wenn alle Menschen gleich sind und alle unmittelbar und persönlich mit Gott verbunden sein können, alle auch so verhalten müssen, wie Gott es von seinem Volk erwartet. Das bedeutete unter anderem, aufrichtig zu sein und die Wahrheit zu sagen. Und zwar nicht nur manchmal. Sondern immer. Für einen Geschäftsmann des 17. Jahrhunderts war das eine unerhörte Forderung – denn Unehrlichkeit war tief in der damaligen Geschäftswelt verwurzelt.

Stellen Sie sich vor, Sie sind ein Wollhändler im 17. Jahrhundert. Was ist Ihr Preis für die Wolle? Sie wissen, was Sie akzeptieren würden. Aber das ist nicht der Preis, den Sie anderen nennen. Stattdessen schätzen Sie einen potenziellen Käufer ein, stellen eine Vermutung darüber an, was er wohl zu zahlen bereit sein würde, und verlangen dann mehr als das. Dann schätzt der Käufer Sie ein, stellt eine Vermutung an über den Preis, den Sie bereit sind zu akzeptieren, und bietet weniger als das. Es kommt zu einem Hin und Her, und es fallen Worte wie »Ihr Angebot ist eine Zumutung« und »Ich kann unmöglich höher gehen« und »Das ist mein letztes Angebot«, bis Sie sich mit dem Käufer schließlich auf einen Preis einigen. Das ist das typische Feilschen. Seit den Zeiten des Alten Testaments werden Preise auf diese Weise festgelegt. Aber Feilschen erfordert, dass die Beteiligten viele Aussagen machen, die streng genommen nicht wahr sind. In gewisser Weise ist Feilschen von Natur aus unehrlich.

Man konnte also entweder ein guter Quäker oder ein guter Geschäftsmann sein. Beides zusammen ging nicht. Das schien offensichtlich. Aber viele Quäker-Geschäftsleute schluckten schwer, hielten an ihrem Glauben fest und blieben bei der Wahrheit. Immer. Wenn jemand fragte, welchen Preis sie für ihre Wolle akzeptieren würden, nannten sie diesen. Kein Feilschen. Keine unterschiedlichen Preise für unterschiedliche Käufer. Keine falsche, unzutreffende Darstellung der Waren, die sie feilboten. Kein Betrug. Keine Täuschung. Sie sagten einfach die Wahrheit.

In dieser Welt standen die Quäker damit eigentlich auf verlorenem Posten. Denn wenn eine Partei stets die Wahrheit sagt, aber die andere Partei unbekümmert lügt, hat der Lügner einen großen Vorteil. Indem sie alle gleich behandelten und sich stets an die

Wahrheit hielten, vertrauten die Geschäftsleute der Quäker darauf, dass die Menschen, mit denen sie Geschäfte machten, sie nicht ausnutzen würden.

Was für Narren! »Der sicherste Weg, arm zu bleiben, ist, ein ehrlicher Mensch zu sein«, soll Napoleon einmal gesagt haben.

Aber dann geschah etwas Überraschendes. Die Quäker-Geschäftsleute wurden nicht gnadenlos übervorteilt und ausgenutzt. Und sie blieben auch nicht arm.

George Fox berichtete, was den Quäkern auf dem Markt widerfuhr: »Viele Freunde, die Handwerker verschiedener Zünfte waren, büßten zunächst ihre Kundschaft ein, denn die Leute wollten weder mit ihnen Handel treiben noch vertrauten sie ihnen, und eine Zeit lang konnten die Freunde, die Handwerker waren, kaum genug Geld verdienen, um Brot zu kaufen.« Mit der Zeit jedoch legte sich das Misstrauen der Menschen gegenüber der Ehrlichkeit der Quäker. Sie erkannten, dass die Quäker jeden fair behandelten. Und das veränderte alles.[45] Bald wurden die Menschen, mit denen anfangs niemand Geschäfte machen wollte, zu gefragten Geschäftspartnern.

Im Geschäftsleben gibt es nichts Wertvolleres als das Vertrauen der Kunden. Und der beste Weg, das Vertrauen der Kunden zu gewinnen, ist, wie die Quäker entdeckten, den Kunden zu vertrauen.

Die Quäker waren im Geschäftsleben so erfolgreich, dass sie im 17., 18. und 19. Jahrhundert eine Vielzahl von Firmen gründeten, die in England zu bedeutenden Unternehmen heranwuchsen. Eine Zeit lang dominierten sie das Bankwesen. Viele bis heute bekannte englische Firmennamen lassen sich auf Quäker zurückführen, darunter Rowntree's, Cadbury, Barclays und Lloyds. Im 18. Jahrhundert überquerten die Quäker den Atlantik und kamen auch in Amerika wirtschaftlich gut voran. Pennsylvania wurde von einem Quäker, William Penn, gegründet, und Philadelphia entwickelte sich schnell zu einer führenden Handelsstadt. Benjamin Franklin war zwar kein Quäker, hatte aber enge Freunde unter ihnen, und viele Historiker behaupten, dass Franklins sehr populäre Schriften von den Idealen der Quäker beeinflusst waren, die Einfachheit und Ehrlichkeit predigten – und von der Tatsache, dass die Quäker geschäftlich sehr erfolgreich waren.[46] »Tricks und Verrat sind die Praktiken von Narren, die nicht klug genug sind, um ehrlich zu sein«, schrieb Franklin.

Im 19. und 20. Jahrhundert folgten immer mehr prominente US-amerikanische Geschäftsleute Franklins Rat.

Als Jon M. Huntsman seine Firma aufbaute, die später zum weltweit größten privat geführten Chemieunternehmen wurde, schrieb er seinen Erfolg der guten alten Ehrlichkeit zu und verfasste später sogar eine Autobiografie mit dem Titel *Winners Never Cheat* (Gewinner betrügen nie). Huntsman handelte einmal mit einem Geschäftsmann einen Vertrag über den Verkauf von 40 Prozent seines Unternehmens für 54 Millionen Dollar aus. Aber die andere Partei zögerte, und die Zeit verging. Huntsmans Firma entwickelte sich gut, und der Unternehmenswert stieg auf 250 Millionen Dollar. Bemerkenswerterweise erklärte sich der Käufer bereit, die Hälfte dieses Wertzuwachses zu zahlen, obwohl er rechtlich dazu nicht verpflichtet war. Noch bemerkenswerter war, dass Huntsman ablehnte. Er hatte 54 Millionen Dollar vereinbart und wollte daher nicht mehr als diesen Betrag akzeptieren. Ist das verrückt? Eher nicht. Huntsmans rigorose Ehrlichkeit verschaffte ihm den Ruf, jemand zu sein, mit dem jeder gerne Geschäfte machte. Und das war viel mehr wert als jeder schnelle Profit.

Ähnliche Geschichten finden sich in *The Snowball* (deutsche Ausgabe: *Das Leben ist wie ein Schneeball)*, der langen und detailreichen Biografie des legendären Investors Warren Buffett – eines Mannes, der »Rationalität und Ehrlichkeit als höchste Tugenden betrachtete«, wie seine Biografin schreibt, und der »keine Toleranz für Lügner und Betrüger aufbrachte«. Im Jahr 1987 erwarb Buffett einen großen Anteil an der Investmentbank Salomon Brothers. 1990 verstieß ein skrupelloser Händler dieser Bank massiv gegen die Regeln, doch der Firmenchef versäumte es, die notwendigen Konsequenzen zu ziehen, und der daraus resultierende Skandal drohte, die gesamte Bank zu Fall zu bringen. Buffett übernahm die Verantwortung. Er ordnete eine vollständige Umstrukturierung des Unternehmens an – beginnend mit einem offenen Eingeständnis des Fehlverhaltens, der Gewährung von Schadensersatz und dem eisernen Versprechen, dass Ehrlichkeit fortan das Fundament der Bank bilden würde. Buffett rettete Salomon Brothers nicht nur, sein Eingreifen hatte auch zur Folge, dass der Wert der Bank in die Höhe schnellte. Als Salomon Brothers 1997 verkauft wurde, verdiente Buffett abermals ein Vermögen.[47]

Und dann gibt es noch Costco. Diese Firma, heute einer der größten Einzelhändler der Welt, wurde von Sol Price gegründet, der seine Geschäftsphilosophie mit den Worten beschrieb: »Alles aus der Perspektive betrachten, ob es wirklich ehrlich gegenüber dem Kunden ist.« Wie Prices Biograf bemerkte, ging es Price und seinem Unternehmen »immer um Vertrauen. Lieber würde er das Geschäft verlieren als das Vertrauen.«[48]

Dies gilt nicht nur für einzelne Geschäftsleute. Ganze Branchen beruhen darauf, dass sie ihren Kunden Vertrauen entgegenbringen und im Gegenzug deren Vertrauen erhalten. Man denke zum Beispiel an Kaufhäuser.

In den Vereinigten Staaten war Macy's eines der ersten modernen Kaufhäuser. Es wurde 1858 in New York gegründet und revolutionierte die Art und Weise, wie Einzelhandel betrieben wurde. Herkömmlicherweise baten die Kunden die Verkäufer, ihnen Waren zu bringen, und feilschten dann um den Preis. In den modernen Kaufhäusern schlenderten die Kunden zwischen den Waren umher, griffen sich, was ihnen zusagte, und wenn sie sich zum Kauf entschlossen hatten, feilschten sie nicht. Sie bezahlten den auf dem Preisschild angegebenen Preis. Einige Kaufhäuser begannen, Kundenzufriedenheit zu garantieren, und erstatteten den Kaufpreis, ohne Fragen zu stellen, auch wenn die Waren nicht mangelhaft waren. Dieses Einzelhandelsmodell bot skrupellosen Kunden zahlreiche Möglichkeiten, Geschäfte zu betrügen, von Ladendiebstahl bis zur Rückgabe gebrauchter Waren. Manche nutzten dies auch aus. Die große Mehrzahl jedoch nicht. Vielmehr schätzten die meisten Kunden das Vertrauen und den Service, den ihnen die Kaufhäuser boten, und wurden zu Stammkunden. Zu Beginn des 20. Jahrhunderts dominierten Kaufhäuser den Einzelhandel und veränderten das Einkaufserlebnis grundlegend.

Übrigens war der Gründer von Macy's, Rowland Hussey Macy, ein Quäker. Und außerdem möchte ich noch erwähnen, dass auch Benjamin Franklin ein erfolgreicher Geschäftsmann war, im Gegensatz zu Napoleon.

DIE KRAFT DER GEGENSEITIGKEIT

Warum ist es ein so wirkungsvolles Mittel, anderen Vertrauen entgegenzubringen, um selbst Vertrauen zu gewinnen?

Vor einigen Jahren hielt Joe Gebbia, einer der drei WG-Mitbewohner, die später Airbnb gründeten, einen TED-Vortrag, in dem er mit einem cleveren Experiment einen Hinweis auf die Antwort lieferte. »Ich möchte Sie bitten, Ihre Handys herauszuholen«, forderte er das Publikum auf. »Ich möchte, dass Sie Ihr Handy entsperren. Geben Sie nun Ihr entsperrtes Gerät an die Person zu Ihrer Linken weiter.« Nachdem alle ihre Geräte weitergereicht hatten und im Raum nervöses Lachen ertönte, fuhr Gebbia fort: »Dieser leichte Anflug von Angst, der Sie gerade beschleicht, ist genau das, was Gastgeber empfinden, wenn sie zum ersten Mal ihre Wohnung für Fremde öffnen. Denn das Einzige, was persönlicher ist als Ihr Handy, das ist Ihre Wohnung. Die Leute sehen nicht nur Ihre Nachrichten. Sie sehen Ihr Schlafzimmer, Ihre Küche, Ihre Toilette. Und was ist es für ein Gefühl, das entsperrte Handy einer anderen Person in der Hand zu halten? Die meisten von uns empfinden echte Verantwortung. So fühlen sich die meisten Gäste, wenn sie in einem fremden Haus übernachten. Und genau deshalb kann unser Unternehmen überhaupt existieren.«

Eine Gastgeberin, die einen Fremden willkommen heißt, vertraut ihrem Gast. Und der Gast? Wenn er wie die meisten ist, spürt er die Bedeutung dieser Geste. Er fühlt sich verantwortlich. Er möchte sich gegenüber seiner Gastgeberin *erkenntlich zeigen.*

Es gibt ein Wort dafür, dass man andere so behandeln sollte, wie sie einen selbst behandeln. Es lautet »Reziprozität« oder »Gegenseitigkeit«.

Erinnern Sie sich an die prosoziale Natur des Menschen, die wir in einem vorhergehenden Kapitel behandelt haben. Wenn jeder bei jeder Gelegenheit andere ausnutzen würde, wäre unsere Spezies längst ausgestorben. Nur durch Kooperation konnten wir überleben. Und nur durch gegenseitiges Vertrauen konnten wir zusammenarbeiten. Aber wir konnten nicht blind vertrauen. Menschen, die das tun, sind leichte Beute für Raubtiere. Wie konnten wir also die Vorteile von Vertrauen und Zusammenarbeit nutzen, ohne zum Opfer zu werden? Indem wir eine einfache Regel befolgen: Ich behandle dich so, wie du mich behandelst.

Wenn Sie jemand anlächelt und sich großzügig und hilfsbereit zeigt, was empfinden Sie dann? Wenn Sie wie die meisten Menschen sind, erwidern Sie das Lächeln und versuchen, ebenfalls großzügig und hilfsbereit zu sein. Aber wenn Sie jemand anpöbelt, beschimpft oder Ihnen sogar droht, was spüren Sie dann? Eine Welle der Feindseligkeit. Sie möchten es ihm mit gleicher Münze zurückzahlen. Und mit Zinsen.

Mit Vertrauen ist es nicht anders. Schenken Sie Vertrauen, und die meisten Menschen werden auch Ihnen im Gegenzug Vertrauen entgegenbringen.[49]

In einer Computersimulation, die zu einem Meilenstein in der Spieltheorie wurde, testete der Politikwissenschaftler Robert Axelrod die Strategie »Tit for tat« (Wie du mir, so ich dir). Dieser Ansatz ist sehr einfach: Beginnen Sie damit, der anderen Person zu vertrauen. Wenn diese Ihr Vertrauen erwidert, vertrauen Sie ihr weiterhin. Wenn sie jedoch Ihr Vertrauen missbraucht, tun Sie dasselbe – und wenn die andere Person dann wieder kooperativ ist, verhalten Sie sich ebenfalls so. Beachten Sie jedoch, dass Ihr erster Schritt entscheidend ist. Sie müssen mit Vertrauen beginnen.

Axelrods Forschung bewies, dass »Tit for tat« der effektivste Weg ist, um Zusammenarbeit zu ermöglichen und das Eigeninteresse zu fördern – eine Erkenntnis, die nichts Geringeres erklärt als *Die Evolution der Kooperation*, wie Axelrod sein Standardwerk betitelte.[50] Der Evolutionsbiologe Richard Dawkins drehte später einen BBC-Dokumentarfilm über Axelrods Forschung, dessen Titel diesen Ansatz noch anschaulicher auf den Punkt brachte. Er hieß *Nice Guys Finish First* (Nette Jungs kommen als Erste ins Ziel).

Was die Quäker aber schon lange vor den Wissenschaftlern herausgefunden hatten.

GUTE ABSICHTEN UNTERSTELLEN

Von Anfang an und bis heute hat Wikipedia eine Regel, die alle dazu ermutigt, als Erste Vertrauen zu schenken. Sie lautet: »Geh von guten Absichten aus.«

Die Anwendung dieser Regel ist einfach: Wenn Sie mit anderen Menschen zu tun haben, gehen Sie davon aus, dass sie ehrlich sind. Gehen Sie davon aus, dass sie gute Absichten haben. Vertrauen Sie ihnen.

Angenommen, Sie sind ein erfahrener Wikipedia-Redakteur und eines Tages stellen Sie fest, dass ein neuer, anonymer Redakteur einen Absatz in einem Artikel über die Politik des US-amerikanischen Präsidenten gelöscht und durch etwas ganz anderes ersetzt hat. Der neue Absatz ist für Wikipedia völlig ungeeignet. Der Ton ist schrill und weicht deutlich ab von der Maxime »Nur die Fakten, Ma'am«. Der Redakteur hat anscheinend eine starke Abneigung gegen eine bestimmte Partei und möchte eine andere loben. Und er zitiert prominent einen Blogger, von dem Sie noch nie gehört haben. Auf Anhieb erkennen Sie, dass dieser eine Absatz gegen mehrere Wikipedia-Richtlinien verstößt. Warum tut diese Person das? Das menschliche Gehirn ist unglaublich gut darin, Erklärungen zu finden, und Sie meinen sofort, die Antwort zu kennen: Diese Person ist ein politischer Parteigänger, der parteipolitisch agieren möchte und nicht »eine Enzyklopädie aufbauen«. Sie vermuten sogar, dass die Person, die diesen Absatz geschrieben hat, in Wirklichkeit jener unbekannte Blogger ist, der im Absatz zitiert wird, sodass wir den Punkten der Anklageschrift noch Selbstdarstellung hinzufügen können. Natürlich wird sich nichts davon vor Gericht beweisen lassen. Aber es scheint alles so offensichtlich. Sie haben alles durchschaut.

Was tun Sie also?

Wenn Wikipedia wie die meisten anderen Orte im Internet wäre, würden Sie diesen parteiischen, eigennützigen Idioten aus allen Rohren beschießen. Den Absatz komplett löschen. Ihm oder ihr sagen, er oder sie solle sich verziehen und nicht wiederkommen.

Das ist nicht die Wikipedia-Art.

»Guten Willen unterstellen« bedeutet, dass man, egal welche Einwände man auch haben mag, davon ausgeht, dass die andere Person zumindest aufrichtig zu helfen versucht. Auch wenn man im Hinterkopf vielleicht vermutet, dass diese Person ein mieser, geltungssüchtiger, parteiischer Hacker ist, wird man nicht so reagieren. Man geht davon aus, dass es sich um jemanden handelt, der sich aufrichtig bemüht, Wikipedia zu verbessern. Möglicherweise macht er seine Sache schlecht. Aber er versucht es.

Das bedeutet nicht, dass Sie schmunzeln, nicken und die Sache auf sich beruhen lassen. Sie können den neuen Absatz löschen und den Text wieder so ändern, wie er war. Aber auf der »Diskussionsseite« des Artikels – jener Seite, auf der die Redakteure über Änderungen diskutieren – sollten Sie eine Notiz hinterlassen, in der Sie erklären, warum Sie mit der Änderung nicht einverstanden sind. Was schreiben Sie in diese Notiz?

Wenn Sie von guter Absicht ausgehen, wird sich Ihre Notiz an die grundlegenden Fakten der Situation halten. Sie können sagen, dass der Ton des Absatzes zu scharf ist, dass er – unbeabsichtigt, zweifellos! – parteiisch wirkt. Sie können die Person auf die entsprechenden Wikipedia-Richtlinien verweisen. Sie können auch anmerken, dass der zitierte Blogger zu unbekannt ist, um als zuverlässige Quelle zu gelten, und erneut auf die entsprechenden Wikipedia-Richtlinien hinweisen. Und das war's dann. Halten Sie sich an den Inhalt. Zitieren Sie Wikipedia-Richtlinien. Mehr nicht. Vor allem kritisieren Sie nicht die Motive dieser Person.

Warum ist das so viel besser, als »aus allen Rohren zu schießen«? Wenn man die Motive einer Person angreift, greift man diese Person selbst an. Und Menschen, die sich angegriffen fühlen, reagieren mit Abwehr. Wenn sie das tun, wird es persönlich. Es fliegen Anschuldigungen und Beleidigungen hin und her – und der Kern der Meinungsverschiedenheiten rückt in den Hintergrund.

Wir alle haben das schon oft in den Sozialen Medien erlebt. Wenn man die Ursprünge der übelsten Online-Streitereien zurückverfolgt, findet man wahrscheinlich immer einen Punkt, an dem sich jemand angegriffen fühlte und entsprechend reagierte, wodurch eine Rückkopplungsschleife in Gang gesetzt wurde, die alle wütend und angewidert zurückließ. Was für eine Verschwendung von Zeit und Energie.

Wenn man jedoch von guten Absichten ausgeht, sind Fokus und Tonfall ganz anders. Anstatt die Motive des anderen niederzumachen, was einem Angriff gleichkommt, respektiert man implizit seine Motive – und damit auch ihn selbst. Ja, man ist anderer Meinung. Aber man formuliert es respektvoll und konstruktiv. Und die meisten Menschen – nicht alle, aber die meisten – sind reif und vernünftig genug, um diese Art des Austauschs wertzuschätzen. Anstatt sich angegriffen zu fühlen, fühlen sie sich gehört und respektiert. Und da Menschen von Natur aus auf Gegenseitigkeit bedacht sind, werden sie wahrscheinlich in gleicher Weise reagieren. Auch das kann eine Rückkopplungsschleife erzeugen – eine *positive* Rückkopplungsschleife, die uns klüger macht, einige Dinge regelt und den Menschen das gute Gefühl gibt, dass sich ihre Mühe gelohnt hat.

Aber das wird nur geschehen, wenn man zunächst grundsätzlich von guter Absicht ausgeht. Das heißt, es wird nur passieren, wenn Sie zuerst einmal Vertrauen in den anderen setzen.

Von Anfang an habe ich versucht, mich so weit wie möglich an diesen Grundsatz zu halten. Und den Menschen zu zeigen, wie es geht. Alle Wikipedia-Redakteure können eine persönliche Benutzerseite erstellen, auf der sie ihre Gedanken und Überlegungen teilen können, und auch ich habe eine solche Seite. Sie ist für alle zugänglich. Jeder kann sie lesen. Und jeder kann etwas darauf schreiben. Damit jeder kapiert, worum es geht, gibt es eine große Überschrift: »Du kannst diese Seite bearbeiten!« Und ich erkläre ausdrücklich: »Ich vertraue dir. Ja, wirklich! Ich vertraue darauf, dass du hier etwas hinzufügst, das mich zum Lächeln bringt und für mich oder viele andere Leute hilfreich ist. Aber bitte keine Pöbeleien, denn das macht die Welt nicht besser, und das weißt du auch, also bitte lass das. Vielen Dank, dass du dazu beiträgst, Wikipedia sauber zu halten.«

Sie wollen Vertrauen? Dann bringen Sie den anderen Vertrauen entgegen. Das ist die Wikipedia-Methode.

IN VORLEISTUNG GEHEN

»Es hat mich in meinem Privatleben, bei der Arbeit und in allen anderen Bereichen tief geprägt«, erzählte mir Sundar Lakshmanan.

Heute ist Sundar Softwareentwickler und lebt in Tokio, vor zwanzig Jahren war er noch Doktorand. Zusammen mit einigen Kollegen veröffentlichte er eine wissenschaftliche Arbeit über »kontextfreie Grammatik« – ein Konzept, das seinen Ursprung in der Linguistik hat, aber in der Informatik eine wichtige Rolle spielt –, und eines Tages stieß er auf eine Wikipedia-Seite zu diesem Thema. Sundar hielt seine Arbeit für relevant und fügte daher einen kurzen Verweis in die Seite ein. Es war das erste Mal, dass er etwas in Wikipedia bearbeitete. »Das gab mir einen Kick«, sagt er. »Ich war glücklich.« Sein Name stand in Wikipedia. Wenn auch nur in den Fußnoten. »Aber am nächsten Tag war mein Eintrag weg.«

Sundar erhielt eine Nachricht auf seiner persönlichen Diskussionsseite. Er wusste damals noch so wenig über Wikipedia, dass ihm nicht bekannt war, dass er eine Diskussionsseite hatte. »Da war dieser Benutzer, sein Name lautete Arvind. Das war ein großer, großer Glücksfall für mich.« Arvind war Student im selben Fachbereich, »also versteht er, was ›kontextfreie Grammatik‹ ist. Er versteht, worum es in diesem Artikel geht.« Arvind sagte, er habe Sundars Verweis entfernt, weil dieser zwar relevant war, aber nicht wichtig genug, um aufgenommen zu werden. »Aber noch wichtiger war, dass er der Meinung war, dass es sich um Eigenwerbung handelte, weil ich einer der Autoren des Artikels war.«

Der Austausch zwischen Sundar und Arvind berührte ein heikles Thema für Wikipedia. Wie in der aktuellen Grundsatzerklärung dargelegt, ist es erlaubt, sich selbst zu zitieren, »aber es kann einen Interessenkonflikt darstellen. Die Redakteure sollen darauf achten, ihre Arbeit nicht übermäßig hervorzuheben, und von übertriebenen Selbstzitaten absehen.« Alle Schlüsselbegriffe in dieser Erklärung verweisen auf lange, ausführliche Diskussionen. (Wie bereits erwähnt, lieben es Wikipedianer, Prozesse zu diskutieren und Richtlinien zu schreiben.)

Die Ablehnung seines Beitrags überraschte Sundar. Er kannte die Richtlinien von Wikipedia nicht, aber er dachte: »Wenn es relevant ist, was spielt es dann für eine Rolle, ob ich selber es einfüge oder jemand anderes?« Sundar diskutierte mit Arvind auf der Diskussionsseite. Und er speicherte erneut, was er geschrieben hatte.

Das ist alles noch Fair Play. Tatsächlich ist es das Wesentliche an Wikipedia, dass Menschen in gutem Glauben diskutieren. Aber wenn eine Meinungsverschiedenheit nicht beigelegt werden kann, hat es keinen Sinn, endlos hin und her zu diskutieren. Das würde dann ein »Edit-War« werden, ein »Bearbeitungskrieg«, und der führt wahrscheinlich zu mehr Konflikt als Erkenntnis. Deshalb gibt es bei Wikipedia eine Regel, die besagt, dass man aufhören soll, wenn man sich nicht einigen kann und eine Bearbeitung bereits dreimal rückgängig gemacht worden ist. Man soll dann andere, nicht in den Konflikt verwickelte Benutzer bitten, sich die Sache anzuschauen und eine Meinung zu äußern. Dann soll man weiter diskutieren. Redakteure, die stattdessen weiter aufeinander losgehen und mehr als drei Rückgängigmachungen (Revertierungen) vornehmen, können gesperrt werden.

Sundar kannte diese Regel nicht. Auch die übrigen Regeln waren ihm unbekannt. Aber Arvind war geduldig. Er ging die Regeln mit Sundar durch. Er erklärte ihm, wie sie anzuwenden sind und warum er die Dinge so sah, wie er sie sah. Sundar begann, Arvinds Sicht auf den Interessenkonflikt zu verstehen. »Ich war aber schon ein bisschen enttäuscht, dass etwas, das ich für relevant hielt, nicht aufgenommen werden konnte. Also schlug [Arvind] vor, ich solle eine Mitteilung auf der Diskussionsseite des Artikels hinterlassen« und jemand anderen bitten, sich das anzuschauen und eine Meinung zu äußern. Das tat er. Ein anderer Redakteur bestätigte, dass Sundars Artikel relevant sei, war jedoch der Meinung, dass Sundar ihm zu viel Bedeutung beigemessen habe, und fügte daher einen kleineren Verweis hinzu. Alle waren mit dem Ergebnis zufrieden.

Jetzt denken Sie wahrscheinlich, dass dies nicht die spannendste Geschichte der Welt ist. Da stimme ich zu! Online-Fehden, die zu Schlagzeilen führen, sind viel unterhaltsamer. (Zumindest, wenn man nicht selbst beteiligt ist.) Aber nehmen Sie diese schlichte kleine Geschichte über vernünftige Menschen, die ihre Ansichten austauschen und einen Weg finden, Meinungsverschiedenheiten beizulegen, und multiplizieren Sie sie mit Tausend oder mehreren Millionen, dann sind Sie auf dem besten Weg zu verstehen, wie Menschen zusammenkommen und Wunderwerke wie Wikipedia schaffen.

Und diese »kleine« Geschichte war für Sundar gar nicht so klein, denn er fühlte sich durch diese Erfahrung inspiriert. Er wurde später ein wichtiger Redakteur sowohl der englischsprachigen als auch der tamilischen Wikipedia. Bei seiner Arbeit möchte er »die Annahme, dass jeder mit guten Absichten kommt, auf jeden neuen Redakteur ausweiten«, sagt er und hofft, »wenn ich das für diesen Benutzer getan habe, dann wird es jemand anderes auch für jemand anderen tun, und so weiter.« Zudem übertrug er das, was er bei Wikipedia gelernt hatte, auch auf seinen Arbeitsplatz und sein privates Leben. »Wenn jemand schwierig ist«, sagt Sundar, gehe er zunächst einmal automatisch von guten Absichten aus. Wenn man schlechte Absichten als Grund für schwieriges Verhalten ausschließt, muss man herausfinden, was der tatsächliche Grund ist – und das tut man, indem man Fragen stellt und versucht, die Sicht des anderen wirklich zu verstehen. Das macht den Unterschied aus, erklärt Sundar.

Mit Sundars Hilfe gelang es mir, den Arvind aus dieser Geschichte aufzuspüren. Es war nicht schwer. Als Sundar ihn online kennenlernte, war Arvind einfach nur ein unbekannter Student, aber heute ist Arvind Narayanan Professor für Informatik an der Princeton University und einer der weltweit führenden Experten für Künstliche Intelligenz.

»Ich bin sehr positiv überrascht«, sagte er, als ich ihm von seiner großzügigen Geste und deren langfristigen Auswirkungen erzählte. »Ich erinnere mich, dass ich ein schroffer und arroganter College-Student war. Ich habe mich sehr verändert. Ich glaube, das war einer meiner guten Tage.«

Zu meiner Freude erfuhr ich, dass auch Arvind seine ersten Schritte auf Wikipedia dank des Prinzips »Geh von guten Absichten aus« gemacht hat.

Eine seiner ersten Bearbeitungen in der englischsprachigen Wikipedia war, dem Artikel über die tamilische Sprache hinzuzufügen, dass Tamil die älteste kontinuierlich gesprochene Sprache der Welt ist. »Ein anderer Redakteur fragte: ›Wo ist die Quelle?‹ Ich antwortete: ›Da brauchst du keine Quelle. Das weiß jeder in meiner Gegend.‹« Der andere Redakteur hätte Arvind für einen Trottel oder Spinner halten können, den man sofort sperren sollte. Aber das tat er nicht. Er nahm zunächst einmal an, dass Arvind gute Absichten hatte. Also erklärte er, dass Aussagen auf Wikipedia durch Quellenangaben belegt werden müssen. »Und dann hatten wir diesen kleinen Schlagabtausch, und mir wurde klar, dass Mundpropaganda oder das, was die Leute in einer Stadt glauben, keine überprüfbare Wahrheit ist. Ganz grundlegende Dinge. Wenn man jetzt darüber nachdenkt, erscheint es lächerlich.«

Arvind war natürlich kein Spinner. Und Sundar ging es nicht um Selbstdarstellung. Deshalb hatte ihre Geschichte ein Happy End. Manchmal aber, wenn wir von guter Absicht ausgehen, werden wir bitter enttäuscht. Man hält jemanden für einen parteiischen Hacker? Er könnte tatsächlich einer sein. Oder ein Troll. Oder ein Vandale. Wenn man es sich zur Gewohnheit gemacht hat, auf Wikipedia grundsätzlich von guten Absichten auszugehen, und sich dann mit solchen Leuten auseinandersetzen muss, wird man hin und wieder seine wertvolle Zeit vergeuden und sich ausgenutzt fühlen. Und wenn man außerhalb der relativ geschützten Grenzen von Wikipedia stets gute Absicht unterstellt, kann es noch wesentlich schlimmer kommen. Anderen zu vertrauen ist nicht immer frei von Risiken oder Kosten.

Abgesehen von der Auseinandersetzung mit Hackern und Trollen erfordert selbst etwas so Einfaches wie die Einweisung eines Neulings in die Richtlinien von Wikipedia und ihm zu erklären, warum diese Richtlinien bedeuten, dass seine Bearbeitung rückgängig gemacht werden muss, viel Geduld, insbesondere wenn man es neuen Benutzern immer wieder erklären muss. »Das kann wirklich erschöpfend sein für Menschen, die etwas Konstruktives erreichen wollen«, sagt Britta Gustaffson, eine langjährige Wikipedianerin.

Aber Gustaffson hat es sich zur persönlichen Aufgabe gemacht, Geduld zu bewahren. Sie zitiert den Fall einer iranischen Filmemacherin, die sich über vermeintliche Fehler in dem Artikel über sie aufgeregt hatte. Andere Redakteure versuchten, die Einwände der Filmemacherin zu zerstreuen. Aber Gustaffson, die zufällig auf den Austausch gestoßen war, bat die Filmemacherin, auf der Diskussionsseite zu erklären, was ihrer Meinung nach geändert werden müsse. Die Filmemacherin brachte einige Punkte vor, die Gustaffson für berechtigt hielt. »Wenn man also einfach davon ausgeht, dass es sich um einen Neuling handelt, der Ärger machen will, oder dass es eigentlich sinnlos ist, dann kann man durchaus etwas Wichtiges verpassen.«

Wie so oft im Leben muss man auch hier einen Kompromiss finden. Anderen zu vertrauen ist riskant und kann Kosten verursachen. Aber anderen *nicht* zu vertrauen? Das kann noch viel mehr kosten.

Vergleichen Sie Wikipedia mit anderen Social-Media-Plattformen. In diesen Foren gehen die meisten Beteiligten nicht von »guten Absichten« aus. Vielmehr ist es dort üblich, voreilige Schlüsse über die vermeintliche Unehrlichkeit und Hinterhältigkeit anderer zu ziehen und diese entsprechend anzugreifen, sodass die »Unterstellung böswilliger Absichten« fast als Standardvorgehensweise erscheint. Und was hat das gebracht? Sehr wenig. »Von böswilligen Absichten ausgehen« ist eine hervorragende Methode, um zwischenmenschliche Beziehungen zu vergiften und eine Zusammenarbeit unmöglich zu machen.

Wikipedia dagegen drängt die Menschen, anderen mit Wohlwollen zu begegnen, und setzt diesen Grundsatz praktisch um, indem es seine Türen öffnet und jeden willkommen heißt, der mithelfen möchte, eine Enzyklopädie aufzubauen. Wikipedia unterstellt allen Menschen gute Absichten.

Wie die Quäker und unzählige Geschäftsleute schon lange vor Wikipedia erkannt haben: Wenn Sie anderen grundsätzlich Vertrauen schenken, werden einige dies ausnutzen. Die meisten aber werden es nicht tun. Vielmehr werden sie sich revanchieren. Und wenn Menschen einander vertrauen, können sie alles erreichen.

KAPITEL FÜNF

Ihre Mutter hatte recht

Regel #5

Wir bringen kleinen Kindern Anstand bei.
Vergessen Sie nicht, warum wir das tun.
Und lassen Sie Ihren Worten Taten folgen.

Wie man so schön sagt: Vermeiden Sie es, bei Tisch über Politik oder Religion zu diskutieren. Sex steht manchmal auch auf der Liste der Tabuthemen. Man fürchtet, eines dieser Themen anzusprechen könnte zu Meinungsverschiedenheiten führen. Stimmen werden erhoben. Fäuste schlagen auf den Tisch. Essen fliegt umher. Selbst im Kreis von Freunden und Familie sollte man besser davon Abstand nehmen. Sprechen Sie lieber über das Wetter.

Stellen Sie sich im Lichte dieser alten Weisheit vor, dass nicht Familie und Freunde, sondern Fremde zusammenkommen. *Anonyme* Fremde. Und diese anonymen Fremden versammeln sich nicht um einen Esstisch, sie versammeln sich virtuell in den Sozialen Medien, wo Gespräche nicht selten mit Aussagen wie der folgenden begonnen werden:

»Abtreibung ist (fast) immer unmoralisch.«

»Außer der Religion gibt es keinen Grund, gegen Homosexualität zu sein.«

»Der Islam hat ein größeres Potenzial, für Gewalt und Verdorbenheit missbraucht zu werden, als jede andere Religion.«

Oder: »Süchtige sind zumindest ein Stück weit selbst an ihrer Sucht schuld.«

Manchmal sind die Sprüche ein wenig unbeschwerter, aber immer noch provokativ:

»Taylor Swift wird überschätzt.«

»Müsli ist eigentlich Suppe.«

Oder, am verheerendsten von allen: »Dreiecke sind die beste Form.«

Wie, denken Sie, würden diese Gespräche verlaufen? Was für eine Hölle würde losbrechen?

Was ich hier beschrieben habe, ist kein Gedankenexperiment. Alle diese Sprüche wurden wirklich gepostet. Man kann sie auf Reddit nachlesen. Mehr oder weniger. Reddit ist keine einzelne Plattform, sondern eher eine Sammlung semi-unabhängiger Plattformen, die Subreddits genannt werden. Diese zur Diskussion gestellten Statements samt den anschließenden Diskussionen finden sich auf dem Subreddit r/changemyview. Während ich dies schreibe, hat »Change My View« erstaunliche 3,8 Millionen Abonnenten, die über die heikelsten Themen diskutieren, die man sich nur vorstellen kann. Und wenn ich sage, dass sie »diskutieren«, dann meine ich genau das. Von wenigen Ausnahmen abgesehen, bleiben die Leute bei der Sache. Keine Beleidigungen. Keine Empörung. Sie *diskutieren.*

»Es sind anonyme Nutzer, die beschlossen haben, Freunde zu sein und gut miteinander auszukommen«, sagt Brett Johnson, ein ehrenamtlicher Moderator der Website. »Dazu neigen Menschen eigentlich nicht, wenn sie anonym sind.«

Die Behauptung eines Nutzers namens casteelbrianna2002, Sucht sei »die Schuld der Süchtigen«, löste eine typische Unterhaltung aus. Die Leute blieben beim Thema. Sie achteten sorgfältig auf den Inhalt dessen, was jede Person schrieb, und gingen darauf ein. Es gab keine Angriffe auf die Beweggründe anderer. Es gab keine wüsten

Beleidigungen. Niemand geriet in Rage. »Das Zuweisen von Schuld ist wahrscheinlich ein Stück weit nützlich, wenn das Verhalten einer Person anderen geschadet hat oder zu schaden droht und wenn es etwas gibt, was diese Person tun kann, um die Situation hoffentlich zu bereinigen oder zumindest etwas zu verbessern«, schrieb ein Nutzer mit dem Pseudonym Saranoya. Das ist typisch für die sorgfältigen Überlegungen und Formulierungen der Nutzer. Aber auch das, was auf diese Aussage folgte, war typisch: »In allen anderen Fällen«, so Saranoya weiter, »scheinen die Fragen, die du stellst, bestenfalls am Thema vorbeizugehen und schlimmstenfalls absichtlich verletzend zu sein.«

In diesen Konversationen wird unverhohlen Kritik geübt. Keine fiese oder böswillige, aber es wird nichts höflichkeitshalber beschönigt. Diese Konversationen sind ehrlich.

Sie sind also genau die Art von höflichen, aber offenen Gesprächen, die sich ein Professor von seinen Studenten in einem Universitätsseminar erhofft. Unabhängig vom Thema sind es auch die Gespräche, die eine Führungskraft hören möchte, wenn ihr Team ein schwieriges Problem angeht. Oder ein Offizier, wenn seine Soldaten einen Einsatzplan ausarbeiten. Oder eine Vorstandsvorsitzende, wenn der Vorstand über die Einstellung eines CEO diskutiert. Es sind genau die Gespräche, die zu einem umfassenden, sorgfältigen Austausch von Informationen und Perspektiven führen. Alles wird offen angesprochen, hinterfragt und geprüft. Die Menschen lernen. Und wachsen. Vielleicht kommen sie sogar zu dem Schluss – welch ein Wunder! –, dass sie sich geirrt haben. Und sagen das auch.

Wie der Name suggeriert, soll »Change My View« ein Ort sein, an dem jeder eine aufrichtige Überzeugung äußern und sie durch andere infrage stellen lassen kann. Es gibt nur eine Forderung: Man muss bereit sein, seine Meinung zu ändern, wenn die Argumente der anderen Person überzeugender erscheinen. In der Mathematik wird der griechische Buchstabe Delta (Δ) als Symbol für Veränderung verwendet. Wenn jemand also seine Meinung ändert, kann er der Person, die dazu beigetragen hat, ein Delta verleihen. Das ist kein hohles Lob wie beim Klick auf den Like-Button. Wer ein Delta verleiht, muss erklären, was ihn überzeugt hat und warum es seine Denkweise verändert hat. In jener Diskussion über Sucht verlieh Casteelbrianna2002 ein Delta an Saranoya.

Das sind also anonyme Fremde, die aus freien Stücken über einige der kontroversesten Themen überhaupt diskutieren. Ihre Konversationen sind ernst und stichhaltig. Und zivilisiert. Gelegentlich enden sie damit, dass jemand verkündet: »Ich habe meine Meinung geändert. Ich lag falsch und du hast recht. Glückwunsch!«

Angesichts des Umgangstons, der in einem Großteil der Sozialen Medien herrscht, kann man kaum glauben, dass »Change My View« existiert. Es ist, als würde man einen in der Lotusposition meditierenden Menschen sehen, der über dem Boden schwebt. Es ist unmöglich. Doch da ist er und schwebt mitten in der Luft.

Wie ist das möglich?

DER STATISTIKER UND DER OCHSE

Sie erinnern sich vielleicht nicht an Francis Galton, doch wahrscheinlich haben Sie die Geschichte von seinem berühmten Ochsen noch im Kopf.

Galton war ein britischer Wissenschaftler und Statistiker, der 1906 einen Jahrmarkt besuchte. Dort wurde ein Ochse vorgezeigt und das Publikum sollte schätzen, wie viel er nach dem Schlachten und Zerlegen wiegen würde. Fast 800 Menschen versuchten ihr Glück. Galton sammelte die Schätzungen, stellte einige simple Berechnungen an und kam zu dem Ergebnis, dass der Mittelwert der Schätzung 547 Kilogramm betrug, was erstaunlich nah am tatsächlichen Gewicht von 543 Kilogramm lag.

James Surowiecki veröffentlichte 2006 ein Buch, das mit der Geschichte von Galton und seinem Ochsen beginnt. Es wurde ein enormer Bestseller, und der Buchtitel – *Die Weisheit der Vielen* – wurde plötzlich zum Synonym für eine alte, aber wichtige Erkenntnis: Gemeinsam wissen wir weit mehr als jeder Einzelne von uns. Kombiniert man diese Idee mit der explosionsartigen Zunahme der

Möglichkeiten, über das Internet miteinander in Kontakt zu treten, versteht man, wie aufregend die Zeit war, in der Wikipedia gegründet wurde. Dank des Internets, so glaubten wir, würde die Menschheit bald wie nie zuvor von kollektiver Weisheit profitieren können.

Diese Idee hat im Laufe der Jahre an Charme verloren. Einerseits scheint die Menschheit in letzter Zeit keine bedeutenden neuen Wissensschätze mehr zu erschließen. Andererseits hat es sich aber auch als wesentlich schwieriger erwiesen, Wissen aus einer Menschenmenge zu gewinnen, als es die Geschichte von Galton und seinem Ochsen vermuten ließ. Schließlich musste Galton nur ein wenig rechnen. Das reicht für einige einfache Anwendungen des Prinzips, wie beispielsweise Bewertungen auf Rotten Tomatoes oder Amazon. In den meisten Fällen komm das Wissen der Menge jedoch nur an die Oberfläche, indem viele Menschen miteinander sprechen und sich selbst darüber klar werden. Und das ist wesentlich schwieriger als Mathematik.

Der langjährige Wikipedianer Jake Orlowitz hat eine schöne Metapher, um das Wissenspotenzial zu veranschaulichen. Stellen Sie sich vor, Sie möchten einen Fahnenmast aufstellen, schlägt er vor. Er muss gerade stehen. Also richten Sie ihn auf, legen den Kopf in den Nacken und denken: »Ja, der steht gerade.« Sind Sie sicher? Sie stehen direkt daneben. Ihre Perspektive ist ziemlich verzerrt. Also bitten Sie jemanden, aus einiger Entfernung in Ihrer Blickrichtung nachzusehen. »Neigen Sie ihn ein wenig nach rechts«, ruft er. Also neigen Sie ihn ein wenig nach rechts. Dann bitten Sie eine andere Person, von der Seite zu überprüfen, ob der Mast gerade steht. »Lehnen Sie ihn ein wenig nach hinten«, sagt sie. Sie tun es. Sollten Sie noch jemanden um Hilfe bitten? Auf jeden Fall. Aus je mehr Blickwinkeln kontrolliert wird, desto gerader wird der Fahnenmast stehen.

Klingt einfach, nicht wahr? Das liegt jedoch nur daran, dass es für niemanden ein emotional aufgeladenes Thema ist, ob der Fahnenmast gerade steht. Zudem wissen alle, dass die anderen nur deshalb eine andere Wahrnehmung haben, weil sie aus einer anderen Perspektive auf den Mast blicken. Wenn es hingegen um leidenschaftliche Meinungsverschiedenheiten geht, wird es schon viel schwieriger.

Es gibt ein altes asiatisches Gleichnis über blinde Männer, die auf einen Elefanten treffen. Von der Geschichte gibt es viele verschiedene Versionen, aber sie lautet in der Regel wie folgt: Jeder Mann ertastet einen anderen Teil des Elefanten und zieht eine andere Schlussfolgerung aus dem, was er entdeckt hat. Der Mann, der das Bein des Elefanten berührt, glaubt, es sei ein Baum. Der Mann, der den Rüssel des Elefanten fühlt, sagt, es sei eine Schlange. Der Mann, der die Seite des Elefanten berührt, glaubt, es sei eine Mauer. Einige Versionen der Geschichte enden damit, dass die blinden Männer ihre Perspektiven austauschen und gemeinsam begreifen, dass sie einen Elefanten entdeckt haben. In anderen Versionen streiten sich die Männer, bis es zu einer Schlägerei kommt. Diese Parabel ist mindestens 2500 Jahre alt, was darauf hindeutet, dass Menschen schon seit Langem sowohl das Potenzial als auch die Schwierigkeiten des Austauschs von Perspektiven erkannt haben.[51]

In den 1980er-Jahren – lange vor dem Internet, wie wir es heute kennen – konnte man mit dem PC über ein System von Message Boards (Internetforen) namens Usenet mit anderen Menschen in Kontakt treten. Die meisten waren Computerfreaks. Klug. Gebildet. Interessiert daran, sich mit anderen Nerds auszutauschen. In dieser Zeit gab es noch keine Unternehmen, die Algorithmen einsetzten, um Kontroversen und Konflikte zu schüren. Es gab keine Unternehmer, die vom Befeuern von Stammeskriegen profitierten. Es gab keine konzertierten Kampagnen ausländischer Regierungen, um gesellschaftliche Spaltungen zu vertiefen.

Wie sahen also unsere Gespräche damals in dieser »Utopie« aus? Ich würde jüngeren Lesern gerne berichten, dass das Usenet der 1980er-Jahre ein Hort demokratischer Diskussionen war, der dem antiken Athen glich. Und vielleicht würde ich den Jungspunden mit erhobenem Zeigefinger vorwerfen, das Internet ruiniert zu haben. Aber Usenet bestand hauptsächlich aus blinden Männern, die sich Faustkämpfe lieferten. Wenn Sie in die Vergangenheit zurückversetzt würden, um dies mitzuerleben, würde Ihnen vieles davon deprimierend vertraut vorkommen. Der größte Unterschied zwischen damals und heute war die Grafik. Die war viel schlechter.

In den Anfängen von Usenet spielte es keine große Rolle, dass sich Nerds gegenseitig anschrien, aber mit dem Aufkommen von Open-Source-Software in den 1990er-Jahren mussten die Nerds lernen, zusammenzuarbeiten. Viele bestanden – damals wie heute – darauf, dass eine derbe Sprache dabei kein Hindernis darstelle. Einige argumentierten – damals wie heute – sogar, dass eine derbe Sprache gut und produktiv sei, solange sie ehrlich sei. Hört man also jemandem zu und denkt: »Was für ein Idiot!«, soll man sagen: »Sie sind ein Idiot!« Nichts soll gefiltert werden. Radikale Offenheit funktioniert. Diskussionen sind ein Wettkampf, ein Boxkampf. Der Letzte, der noch steht, gewinnt.

Für diejenigen, die so denken, ist Höflichkeit schlimmer als nur nutzlos. Sie erschafft eine Hülle der Unehrlichkeit, unter der Gefühle schwelen. »Wenn Sie möchten, dass ich mich ›professionell‹ verhalte, kann ich Ihnen sagen, dass ich kein Interesse daran habe«, schrieb Linus Torvalds, der Schöpfer von Linux, als er für seine beleidigende Sprache kritisiert wurde. »Ich sitze im Homeoffice und trage einen Bademantel. Weder werde ich anfangen, Krawatten zu tragen, *noch* werde ich mich auf aufgesetzte Höflichkeit, Lügen, Intrigen, Mobbing, passive Aggressivität und Phrasen einlassen. Denn genau DAS ist das Ergebnis von ›professionellem Verhalten‹: Menschen greifen zu allen möglichen wirklich üblen Mitteln, weil sie gezwungen sind, ihre normalen Bedürfnisse auf unnatürliche Weise auszuleben.«[52]

Damals war Torvalds dafür bekannt, eine sehr direkte Ausdrucksweise zu verwenden – um es milde auszudrücken. Eine E-Mail an eine öffentliche Liste begann er beispielsweise mit: »HALT DIE SCHNAUZE!« Er schrieb auch: »Leute, das ist kein Wettbewerb im S*****zlutschen.« Oder: »Bitte bring dich jetzt einfach um. Die Welt wird ein besserer Ort sein.«

Das klingt nach Social Media in seiner schlimmsten Form, und doch war Linux ein großer Erfolg und spielt bis heute eine wichtige Rolle in der IT-Welt. Hatte Torvalds also recht? Ich glaube nicht. Ja, Linux funktionierte. Aber ein Großteil der Entwicklung wurde von bezahlten Mitarbeitern der Unternehmen durchgeführt, die Linux finanzierten. Und Linux war dafür bekannt, Menschen zu vergraulen, weil Torvalds eine Kultur geschaffen hatte, in der beleidigende Sprache normal war. »Frauen geben zuerst auf«, kommentierte ein Forscher. »Sie sagen: ›Warum sollte ich mir das gefallen lassen?‹« Wenn ein Großteil des Talentpools versiegt, weil eine Führungskraft keine Lust hat, ihre Ausdrucksweise zu mäßigen, steigen die Erfolgschancen kaum. Schlimmer noch – es bedeutet zwangsläufig, dass diejenigen, die bleiben, aus einem engeren Spektrum von persönlichen Hintergründen stammen und über ein engeres Spektrum an Fähigkeiten und Erfahrungen verfügen. Dadurch wird die Vielfalt reduziert. Es mag Arbeitsplätze geben, an denen das keine Rolle spielt. Aber bei den meisten spielt es eine Rolle. Eine enorme.

Heute bezieht sich »Vielfalt« bei Menschen oft nur auf Ethnie, Geschlecht und Sexualität, aber sie ist so viel mehr als das. Und eine umfassende Vielfalt ist von unschätzbarem Wert. Eine Menge Forschungsergebnisse – angefangen mit Francis Galtons Ochsen – zeigen, dass die Vielfalt einer Gruppe mehr Perspektiven verschafft. Die erfolgreiche Synthese dieser Perspektiven führt zu genaueren Wahrnehmungen und Urteilen. Wenn jedoch alle Blinden in Ihrer Gruppe nur das Bein des Elefanten berührt haben, werden sie niemals herausfinden, dass es sich um einen Elefanten und nicht um einen Baum handelt.[53]

Im Jahr 2018 trat Torvalds plötzlich von seinem Posten zurück, entschuldigte sich für sein Verhalten und erklärte, er werde sich »Unterstützung holen, um die Emotionen anderer Menschen besser zu verstehen und angemessen auf sie zu reagieren«.

Andere erfolgreiche Open-Source-Projekte schlugen einen entgegengesetzten Weg ein. Die Programmiersprache Python beispielsweise wurde als Open-Source-Projekt entwickelt, aber der Erfinder und Entwickler von Python, Guido van Rossum, legte großen Wert auf Vielfalt. Höflichkeit stand für van Rossum bei seinem Umgang mit anderen an erster Stelle, weil er wollte, dass sich alle willkommen fühlten. Wenn Führungskräfte unhöflich zu anderen seien, sagte er einem Journalisten, »zieht das Menschen an, die entweder ähnlich eingestellt sind oder zumindest kein Problem darin sehen«. Stattdessen könnten Führungskräfte auch eine Organisationskultur schaffen, in der Höflichkeit geschätzt und gefördert wird. »Ein Projekt zieht Menschen an, die zur dort herrschenden Kultur passen.«[54]

Für mich gibt es keinen Widerspruch zwischen diesen beiden Ansichten. Sicherlich können manche Menschen in einem Umfeld mit derber Sprache und verbalen Auseinandersetzungen erfolgreich sein, aber die meisten von uns können das nicht. Wie wissenschaftliche Untersuchungen zeigen, können Menschen, die an ihrem Arbeitsplatz einem rauen Umgangston ausgesetzt sind, Zeit damit verschwenden, sich darüber zu ärgern. Sie engagieren sich weniger für ihre Arbeit, verbringen weniger Zeit an ihrem Arbeitsplatz und fühlen sich weniger mit dem Unternehmen verbunden. Möglicherweise sind sie sogar weniger kreativ.[55]

Jedes Unternehmen, das auf das Wissen und die Fähigkeiten einer Vielzahl von Menschen angewiesen ist, muss ein gesundes Umfeld für alle schaffen. Dafür ist Höflichkeit unerlässlich.

Wie im vorherigen Kapitel besprochen, ist die Annahme, dass andere gute Absichten haben, der entscheidende erste Schritt zur Höflichkeit. Aber es braucht mehr als das, damit Höflichkeit ihre magische Wirkung entfalten kann.

WAS IST HÖFLICHKEIT – UND WAS NICHT?

Ich weiß, dass Höflichkeit manchmal als altmodische Formalität gesehen wird. »Bitte sprechen Sie mich mit *Herr* Wales an.« Etwa auf diese Art. Aber das ist eine oberflächliche Sichtweise.

Echte Höflichkeit heißt schlicht, sich wenigstens ein bisschen Mühe zu geben, sein Gegenüber als Mitmensch zu würdigen. Viele Akademiker sehen deshalb Höflichkeit als demokratischen Wert an, der in der Überzeugung wurzelt, dass wir alle gleich sind und gleich viel zählen. Erinnern Sie sich an Norman Rockwells berühmtes Gemälde *Freedom of Speech* (Redefreiheit) aus dem Jahr 1941? Ein Arbeiter in zerknitterter Kleidung spricht stehend bei einer Versammlung. Die Menschen um ihn herum – darunter ältere Männer in Geschäftsanzügen – sitzen und hören zu. *Das* ist Höflichkeit.[56]

Höflichkeit ist auch das Herzstück von Wikipedia. Ich habe vor einigen Kapiteln die fünf Säulen der englischsprachigen Wikipedia erwähnt, von denen die erste lautet: »Wikipedia ist eine Enzyklopädie.« Und die vierte besagt: »Die Redakteure von Wikipedia sollten einander mit Respekt und Höflichkeit begegnen.« So zentral ist Höflichkeit bei Wikipedia.

»Versuche stets, den Standpunkt anderer Benutzer zu respektieren. Das heißt nicht, dass du damit übereinstimmen musst«, fordert die Website. »Halte dich an die Wikipedia-Etikette, und beteilige dich nicht an persönlichen Angriffen oder Edit-Wars. Strebe einen Konsens an und stifte niemals Unruhe in Wikipedia, nur um deinen Standpunkt zu bekräftigen. Handle in gutem Glauben und geh von guten Absichten anderer aus. Sei offen und freundlich gegenüber Neulingen.« Das erklärt den Zusammenhang zwischen »Geh von guten Absichten aus« und Höflichkeit: Indem wir von guten Absichten ausgehen, bringen wir anderen Menschen Vertrauen entgegen, das die meisten erwidern werden. So entsteht eine positive Rückkopplungsschleife aus gegenseitigem Vertrauen und Unterstützung. Ein dauerhafter höflicher Umgang erhält diese Rückkopplungsschleife aufrecht und verstärkt die gute Stimmung.

Man könnte meinen, dass all diese Freundlichkeit bei Wikipedia nur deshalb funktioniert, weil alle Wikipedianer sehr umgängliche Menschen sind, die Streit scheuen. Tatsächlich *sind* die meisten Wikipedianer freundliche Menschen. Aber sie *lieben* Diskussionen! Über alles. Nicht nur über große Themen wie Politik und Philosophie. Sie diskutieren über die Formulierung von Regeln, über Feinheiten der Grammatik, über alles Mögliche. Sogar über Zeichensetzung. Ich könnte dieses Buch und ein halbes Dutzend weitere nur mit Geschichten über die epischen Diskussionen der Wikipedianer füllen. Stattdessen werde ich nur eine kleine Geschichte erzählen, die verdeutlicht, was ich meine.

Im Jahr 2013 kam ein neuer *Star-Trek*-Film heraus. Das Studio nannte ihn *Star Trek Into Darkness*. Einige Wikipedianer fanden das verwirrend. Frühere *Star-Trek*-Filme wie *Star Trek II: Der Zorn des Khan* hatten einen Doppelpunkt, der anzeigte, dass »Star Trek« der

Titel war, und das, was nach dem Doppelpunkt kam, der Untertitel. Aber dieser hatte keinen Doppelpunkt. War »Into Darkness« also Teil des Titels, oder war es ein Untertitel? Und je nachdem, wie die Antwort darauf ausfiel, sollte das »into« von »Into Darkness« großgeschrieben werden oder nicht? Ich erspare Ihnen die (umfangreichen) weiteren Details und verrate Ihnen nur, dass die Wikipedia-Redakteure innerhalb von zwei Monaten über 40 000 Wörter austauschten, bevor sie sich schließlich darauf einigten, dass der Titel *Star Trek Into Darkness* geschrieben werden sollte.[57]

Also ja, Wikipedianer *lieben* Diskussionen.

Bei solchen Menschen reicht es natürlich nicht aus, zu sagen: »Hey, Leute, bitte benehmt euch.« Regeln sind nur Worte. Sie haben für sich selbst genommen keine Macht. Erst wenn Menschen ihre Legitimität anerkennen, werden sie wirksam. Um schließlich das Verhalten von Menschen wirklich zu prägen, muss die Einhaltung der Regeln zur Gewohnheit werden. Dann werden Regeln zu sozialen Normen. Und soziale Normen haben große Macht.

Nachdem wir Höflichkeit zu einer Wikipedia-Regel gemacht hatten, arbeiteten wir deshalb intensiv daran, diese Regel mit Leben zu füllen. Wir suchten nach Beispielen, in denen Wikipedianer Meinungsverschiedenheiten höflich ausgetragen hatten und zu konstruktiven Lösungen gelangt waren. Wenn wir solche Beispiele fanden, gratulierten wir den Beteiligten und lobten sie öffentlich. Wir präsentierten ihre Gespräche als Vorbild dafür, wie wir uns alle verhalten sollten, und ermutigten die Redakteure dazu, Höflichkeit zu loben, wenn sie ihnen auffiel. Teil dessen war die Vergabe eines »Barnstars« – eine Auszeichnung, die geschaffen wurde, um eine gute Stimmung in der Community zu fördern. Jede Wikipedianerin kann diesen an jede andere vergeben. Der Name »Barnstar« geht übrigens auf die Idee zurück, dass die gesamte Gemeinschaft zusammenkommt, um eine Scheune zu errichten. Traditionell wurden Scheunen in einigen Teilen der Vereinigten Staaten und Kanadas mit Sternen verziert. (Darüber gibt es natürlich einen Wikipedia-Artikel.)[58]

So hat sich Höflichkeit bei Wikipedia etabliert und zu einer sozialen Norm entwickelt. Das zog Menschen an, die Höflichkeit schätzen, und die Norm gewann im Laufe der Jahre immer größere Bedeutung.

Manchmal reichen jedoch selbst die strengsten sozialen Normen nicht aus. Wir haben festgestellt, dass es immer einige wenige Menschen gibt, die Spaß daran haben, unhöflich und beleidigend zu sein. Sie hören auch dann nicht auf, wenn sie höflich darum gebeten werden. Jede Gemeinschaft hat das Recht und die Pflicht, Mindeststandards für akzeptables Verhalten festzulegen und diese notfalls durchzusetzen. Deshalb haben wir ein Warnsystem entwickelt. Diejenigen, die die Warnungen ignorierten, konnten vorübergehend ausgeschlossen werden. Wenn sie sich danach weiterhin unangemessen verhielten, wurden sie für längere Zeit oder sogar dauerhaft ausgeschlossen.

Nun denken Sie vielleicht, dass dies alles Kindergartentugenden sind, bis hin zu Auszeiten für ungezogene Kinder. Damit haben Sie recht. Es *sind* Kindergartentugenden. Menschen brauchen Höflichkeit, um Beziehungen aufzubauen und zusammenzuarbeiten – egal, ob sie gemeinsam mit den Fingern malen oder einen Enzyklopädie-Artikel über geozentrische Modelle des Sonnensystems überarbeiten.[59] Es ist gefährlich, zu vergessen, was wir im Kindergarten gelernt haben.

Ich möchte jedoch nachdrücklich betonen, dass Höflichkeit nicht bedeutet, Meinungsverschiedenheiten herunterzuspielen, zu verharmlosen oder gar ganz zu vermeiden. Wenn wir aufrichtige, wohlüberlegte Einwände haben, dann *sollten* wir nicht nur anderer Meinung sein, wir *müssen* es sogar. Durch Meinungsverschiedenheiten lernen wir voneinander und werden gemeinsam klüger. Es ist nicht unhöflich, anderer Meinung zu sein. Höflichkeit verlangt lediglich, dass wir uns auf den Inhalt der Meinungsverschiedenheit konzentrieren und nicht auf die Person, die eine andere Meinung hat.

Die Person und nicht das Argument zu kritisieren ist ein alter und grundlegender Fehler, für den es sogar eine eigene verstaubte lateinische Bezeichnung gibt (*argumentum ad hominem*).[60] Das ist nicht zuletzt deshalb ein Problem, weil es vom Inhalt ablenkt. Genauso problematisch ist jedoch, dass die persönliche Kritik genau das zerstören kann, was für eine erfolgreiche menschliche Konversation benötigt wird.

Wann immer Menschen miteinander sprechen, so Ian Leslie, der britische Autor des exzellenten Buches *Conflicted* über die Kunst der produktiven Meinungsverschiedenheit, gibt es »zwei Kommunikationskanäle. Es gibt die ›Inhaltsebene‹, also das, worüber wir streiten – sei es Politik, wer mit dem Abwasch dran ist oder was auch immer. Das ist das vordergründige Thema der Unterhaltung. Zudem gibt es aber den unterschwelligen, unbewussten Kanal, die Beziehungsebene. Sie bleibt größtenteils unausgesprochen: ›Bekomme ich von Ihnen den Respekt entgegengebracht, den ich mir wünsche und verdiene?‹ Das wird auf alle möglichen Arten vermittelt. Es schwebt gewissermaßen über dem Gespräch und zeigt sich in der Mimik, im Tonfall und in der Körpersprache.«[61]

Menschen konzentrieren sich oft auf den Inhalt eines Gesprächs und vergessen alles andere. Das ist gefährlich. Sie könnten Signale wie Stirnrunzeln, zusammengepresste Lippen oder Ähnliches übersehen. Diese deuten möglicherweise darauf hin, dass sich die andere Person nicht respektiert fühlt und die Beziehung bröckelt. Wenn die andere Person dann von Ihren hervorragenden Argumenten und Beweisen nicht so beeindruckt ist, wie Sie es erwartet haben, »beginnen Sie sich Sorgen zu machen: ›Warum reagiert diese Person nicht auf meine Argumente?‹ Oder ›Warum scheint sie irrational, verärgert oder mürrisch zu sein oder sagt nichts?‹« Ihr eigener Ton wird daraufhin wahrscheinlich kühler werden, was die Sache nur noch schlimmer macht. Wenn diese Spirale erst einmal in Gang gekommen ist, bringt es nichts, Ihre Argumente und Beweise lauter vorzubringen. »Auf der Beziehungsebene findet etwas statt, das Sie erst klären müssen, bevor Sie sich mit dem Inhalt befassen können«, sagt Leslie.

Menschen *müssen* das Gefühl haben, den Respekt zu bekommen, den sie verdienen. Erst dann kann das Gespräch produktiv auf das zu diskutierende Thema übergehen. Die Beziehung steht an erster Stelle, der Inhalt an zweiter. Ich weiß, dass viele Nerds das nicht gerne hören, weil es nicht der strengen Logik entspricht, die Spock gutheißen würde. Aber Menschen sind keine Vulkanier. Menschen sind Menschen. Wenn sie sich nicht respektiert fühlen, reagieren sie feindselig, verschließen sich oder entziehen sich dem Gespräch. Das erste Ziel jeder konstruktiven Diskussion muss der Aufbau einer respektvollen Beziehung sein.

Höflichkeit fördert eine solche Beziehung, indem sie dem Gegenüber suggeriert: »Sie sind wichtig. Ich respektiere Sie. Ich höre Ihnen zu.« Eine einfache Technik, die Leslie in seinem Buch beschreibt, kann dabei helfen: Wenn jemand seine Meinung geäußert hat, fassen Sie das Gesagte in Ihren eigenen Worten zusammen. So vermeiden Sie mögliche Missverständnisse. Noch wichtiger ist, dass Sie der anderen Person damit implizit vermitteln: »Sehen Sie? Ich höre Ihnen wirklich zu. Weil ich Sie respektiere.«

Apropos Vulkanier: Ich möchte anmerken, dass Höflichkeit zwar verlangt, unsere Emotionen unter Kontrolle zu halten, aber nicht, dass wir so kalt logisch sind wie Spock. Ehrliche Emotionen können sehr produktiv sein. Leslie erzählte mir eine Geschichte von Bertrand Russell und Ludwig Wittgenstein, zwei herausragenden philosophischen Genies des 20. Jahrhunderts. Sie trafen sich eines Tages an der Cambridge University, fuhr Leslie fort, als »Wittgenstein den Raum betrat und über Logik zu sprechen begann«. Dies löste eine Reihe leidenschaftlicher Diskussionen aus, die Jahre andauerten. »Russell ist der logischste Mensch, der je gelebt hat. Er hat Bücher über mathematische Logik geschrieben. Aber er beschreibt diese Debatten mit Wittgenstein als unglaublich spannend. Die vielen Fortschritte, die sie dabei machten, lassen sich ihm zufolge auch darauf zurückführen, dass die Debatten emotional aufgeladen waren. Beide waren mit Leidenschaft bei der Sache, und das trieb sie zu neuen Erkenntnissen.«[62] Der Schlüssel liegt natürlich darin, dass Russell und Wittgenstein, egal wie hitzig die Diskussionen wurden, nie den gegenseitigen Respekt verloren.

GRÜNDE, BEWEISE, ARGUMENTE – NICHT DIE PERSON

Man kann nicht genug betonen, wie wertvoll es ist, die Diskussion und die Person auseinander zu halten. Allein schon, weil es so viel leichter fällt, der Argumentation und den Beweisen einer Person mit anderer Meinung wirklich zu folgen. Und – wenn es gerechtfertigt ist – sogar seine Meinung zu ändern.

Stellen Sie sich vor, wir hätten eine Meinungsverschiedenheit und ich kritisiere Sie. Nicht Ihre Argumentation. *Sie.* Ich nenne Sie dumm. Ignorant. Unehrlich. Würden Sie darauf reagieren, indem Sie die Beleidigung ignorieren, sachlich auf unser Streitthema, auf die von mir vorgelegten Beweise und auf meine Argumentation blicken und sagen: »Ich denke, Sie haben recht«? Auf keinen Fall. Sie wurden angegriffen! Das zu ignorieren, würde sich anfühlen, als würden Sie sich von mir ohrfeigen lassen. Wenn Sie angegriffen werden, wehren Sie sich. Sie geben keinen Zentimeter nach. Niemand würde das tun.

Stellen Sie sich nun jedoch vor, dass ich Ihnen aufrichtigen Respekt entgegenbringe, anstatt Ihnen Beleidigungen an den Kopf zu werfen. Und Sie fühlen sich dadurch respektiert. Sind Sie dann eher bereit, meine Argumente nüchtern zu prüfen? Sicherlich. Besteht die Chance, dass Sie sogar sagen: »Ich denke, Sie haben recht«? Natürlich. Denn unter diesen Umständen schmerzt die Aussage »Ich denke, Sie haben recht« viel weniger. Sie kann sich sogar gut anfühlen. Schließlich zeugt sie von Ihrer Aufgeschlossenheit und intellektuellen Integrität. Das ist lobenswert. Gut gemacht!

Richard Dawkins erzählt von dem Vortrag eines jungen Wissenschaftlers, der neue Erkenntnisse präsentierte. Diese zeigten, dass eine von einem angesehenen älteren Wissenschaftler vertretene Theorie falsch war. Am Ende des Vortrags kam der ältere Wissenschaftler auf die Bühne, schüttelte dem jungen Wissenschaftler die Hand und sagte: »Mein lieber Freund, ich möchte Ihnen danken. Ich hatte fünfzehn Jahre lang unrecht.« Das Publikum erhob sich und applaudierte begeistert.[63] All das wäre nicht möglich gewesen, wenn nicht alle Beteiligten die Person und die Diskussion auseinandergehalten hätten.

Nun mag das alles für Nichtwissenschaftler schrecklich idealistisch klingen. Sie zweifeln vielleicht an der Fähigkeit von Menschen, bei wichtigen Debatten, bei denen die Emotionen hochkochen, so vernünftig zu sein.

Doch wir sind dazu in der Lage.

In den letzten zwanzig oder 25 Jahren hat sich der Oberste Gerichtshof der Vereinigten Staaten zunehmend gespalten. Die Fronten zwischen dem liberalen und dem konservativen Flügel des Gerichts sind verhärtet wie lange nicht. Und dabei handelt es sich nicht um akademische Auseinandersetzungen. Viele Gerichtsentscheidungen dieser Jahre sind wegweisend und könnten die US-amerikanische Gesellschaft für viele zukünftige Generationen prägen. Es steht viel auf dem Spiel, und die Emotionen sind unter Hochspannung. Wenn die Beteiligten nicht in der Lage wären, die Person von der Diskussion zu trennen, würden sich die Richter des Obersten Gerichtshofs gegenseitig verachten.

Doch das tun sie nicht. »Die Mitglieder des Gerichts kommen persönlich gut miteinander aus«, schrieb Richter Stephen Breyer, nachdem er 2024 in den Ruhestand ging. »Das ist wichtig.«

Breyer gehörte zu den liberalen Richtern, aber er und seine Frau spielten oft mit einigen der konservativen Richter und deren Partnerinnen Bridge. »Richter Scalia und ich sprachen mit Schülern, Jurastudenten und anderen Zuhörern über das Gericht. Für sie alle war es offensichtlich, dass wir zwar verschiedene Ansichten darüber hatten, wie schwierige gesetzliche und verfassungsrechtliche Formulierungen ausgelegt werden sollten, aber dennoch Freunde waren.« Scalia war der prominenteste konservative Richter und gut mit Bader Ginsburg, der Löwin des liberalen Flügels, befreundet. Ihre politischen Ansichten hätten unterschiedlicher nicht sein können. Beide vertraten stets diametral entgegengesetzte politische und rechtliche Philosophien. Ihre Urteile waren oft vernichtend kritisch gegenüber der gegnerischen Position. Aber sie besuchten auch gerne gemeinsam die Oper.

»Wenn Richter, die so fundamental unterschiedlicher Meinung sind, dies respektvoll tun können«, so Breyer, »kann unser politisch gespaltenes Land das vielleicht auch.«[64]

Es ist nicht einfach. Aber es ist möglich. Und der potenzielle Nutzen ist groß.

WIKIPEDIA ALS FORSCHUNGSOBJEKT

Vor einigen Jahren wies eine wichtige, von Feng Shi, Misha Teplitskiy, Eamon Duede und James A. Evans verfasste wissenschaftliche Arbeit darauf hin, dass es gute Gründe für die Annahme gibt, Vielfalt verbessere die Leistungsfähigkeit von Teams. Zugleich würden jedoch »starke politische Überzeugungen mit Konflikten, Falschinformationen und einer Abneigung gegen den Austausch mit Menschen und Perspektiven außerhalb der eigenen Echokammer einhergehen«.[65] Was passiert also, wenn Menschen mit starken entgegengesetzten politischen Ansichten zusammenarbeiten? Theoretisch könnte das wunderbar funktionieren. Oder in einem Chaos enden.

Die Wissenschaftler wollten das in der Praxis untersuchen und wählten dafür die englischsprachige Wikipedia.

Mithilfe ausgefeilter Datenanalysen fanden sie heraus, dass US-Amerikaner, »die hauptsächlich liberale Artikel bearbeiten, sich stärker mit der Demokratischen Partei identifizieren, und diejenigen, die konservative Artikel bearbeiten, mit der Republikanischen Partei«. Das ist keine große Überraschung. Glücklicherweise bleiben die demokratisch und republikanisch eingestellten Redakteure jedoch nicht unter sich, sondern pflegen Kontakt miteinander. Wenn sie das tun, entdeckten die Wissenschaftler, kommt dabei etwas Großartiges heraus: Politisch vielfältige Gruppen von Redakteuren »erstellen Artikel von höherer Qualität als politisch homogene Teams«. Warum ist das so? Die Forscher untersuchten die Diskussionsseiten, auf denen Redakteure miteinander debattierten, und stellten fest, dass »politisch polarisierte Teams längere, konstruktivere, umkämpftere, inhaltlich fokussiertere und nicht zuletzt sprachlich vielfältigere

Debatten führen«. Wenn Menschen durch gegensätzliche Meinungen herausgefordert wurden, drangen sie tiefer in die Materie ein, dachten intensiver nach und lieferten bessere Arbeit ab. Diese Erkenntnis wurde 2024 abermals bestätigt, als eine weitere wissenschaftliche Arbeit Wikipedia-Artikel zum politisch polarisierenden Thema Klimawandel untersuchte.[66]

Ich möchte etwas Wichtiges klarstellen: Dass Redakteure mit unterschiedlichen Ansichten zusammenarbeiteten und hervorragende Artikel verfassten, bedeutet nicht, dass sie alle ihre eigenen Ansichten aufgaben und eine gemeinsame, gemäßigte Sichtweise einnahmen – so wie die Blinden, die erkannten, dass sie sich alle geirrt hatten und dass das, was sie berührten, ein Elefant war. Das nächste Kapitel handelt vom Wikipedia-Prinzip der »neutralen Sicht«. Dieses besagt im Wesentlichen, dass Wikipedia bei kontroversen Themen die verschiedenen Meinungen darlegt, ohne zu verkünden, welche Seite recht hat. Zum Beispiel wird im Artikel über die Abtreibungsdebatte aufgeführt: Die katholische Kirche sagt, Abtreibung sei unmoralisch und sollte illegal sein; die Non-Profit-Organisation Planned Parenthood sagt, der Zugang zu Abtreibung sei ein Recht und sollte legal sein. Der Wikipedia-Artikel über Abtreibung ergreift in diesem Streitfall nicht Partei.[67] Er legt lediglich die Sichtweisen der katholischen Kirche und von Planned Parenthood dar. Das ist mit dem neutralen Standpunkt gemeint.

Die Studien zeigen, dass Wikipedianer mit unterschiedlichen Ansichten zusammenarbeiten und gute Gespräche führen können – selbst über schwierige Themen wie Abtreibung. Und wenn sie das tun, entstehen Artikel, in denen die unterschiedlichen Standpunkte klar und fair dargestellt werden. Damit wird die Mission von Wikipedia erfüllt. Oder um es mit Jake Orlowitz' Metapher zu sagen: Der Fahnenmast wird senkrecht ausgerichtet.

Dies weist auf etwas hin, das man nicht erwarten würde. Oft wird davon ausgegangen, ein Wikipedia-Eintrag sei umso eher politisch voreingenommen, je politisch kontroverser das Thema ist. Für diese Annahme gibt es gute Gründe, schließlich zieht ein politisch brisantes Thema wahrscheinlich Redakteure an, die sich leidenschaftlich für das Thema interessieren – darunter auch solche, die jenseits des eigentlichen Zwecks von Wikipedia (»Wikipedia ist eine Enzyklopädie«) aktiv ihre politischen Ansichten vertreten wollen.

Wenn sich jedoch viele Menschen mit unterschiedlichen Ansichten für das Thema interessieren, haben diese politischen Aktivisten keine uneingeschränkte Freiheit beim Verfassen des Artikels. Sie werden gemeinsam mit anderen Menschen, die ganz unterschiedliche Ansichten vertreten, an dem Artikel arbeiten. Und wie die Forschung zeigt, sind Artikel, die unter solchen Umständen entstehen, mit größerer Wahrscheinlichkeit gut oder sogar ausgezeichnet. Es gibt unzählige Beispiele dafür, aber eines, das von Forschern dokumentiert wurde, ist der Artikel über den Amoklauf an der Virginia Tech in Blacksburg, Virginia, im Jahr 2007. Dieses Verbrechen löste eine Flut von Nachrichtenbeiträgen und heftige, landesweite Debatten über Waffengesetze und psychische Gesundheit aus. Die Menschen eilten zu Wikipedia, um darüber zu schreiben, und Forscher zählten innerhalb weniger Monate etwa 1700 beteiligte Personen, die 9200 Bearbeitungen vornahmen. Der daraus resultierende Artikel war bis dahin einer der meistgelesenen in der Geschichte von Wikipedia, und es scheint, dass ihn alle Beobachter qualitativ hochwertig fanden.[68]

Ein Sprichwort aus dem Bereich der Open-Source-Software besagt: »Mit genügend Augen sind alle Fehler leicht zu finden.« Das gilt auch für Wikipedia. Artikel, die von vielen Augen kontrolliert werden, sind in der Regel hervorragend.

Das hat jedoch auch eine negative Kehrseite: Voreingenommenheit findet sich meist nicht in hochkarätigen, stark umstrittenen Artikeln, sondern in den *obskuren* – insbesondere wenn eine kleine Gruppe ein starkes Interesse daran hat, den Artikel in eine bestimmte Richtung zu lenken, und es keine Gruppe gibt, die sich dem entgegenstellt. Ein klassisches Beispiel ist der Artikel über Transzendentale Meditation, eine von einer religiösen Sekte propagierte Praxis. Sektenmitglieder taten sich zusammen und schrieben auf Wikipedia über Transzendentale Meditation, um so ihre Ansichten zu verbreiten. Es gab keine organisierte Opposition. Es gab auch kaum wissenschaftliche Arbeiten, die die Behauptungen der Aktivisten auf den Prüfstand stellten. Da nennenswerter Widerstand ausblieb, stand dieser Fahnenmast lange Zeit schief. (Dank wachsamer Redakteure steht er jetzt viel gerader.)

Feng Shi und seine Kollegen machten deutlich, welche Lehre sich aus dieser Erfahrung und seiner Erforschung ziehen lässt. Wir können bessere Arbeit leisten – in der Wirtschaft, in der Regierung, überall –, wenn wir vielfältige Teams mit unterschiedlichen Ansichten zusammenstellen. Damit das funktionieren kann, müssen jedoch »die Richtlinien von Wikipedia intensiver genutzt werden«.[69]

Ein Pluspunkt für die Höflichkeit. Und für Wikipedia.

DER GELEGENTLICHE DIAMANT

Höflichkeit hat noch einen weiteren Vorteil. Es ist vielleicht nicht der wichtigste, aber sicherlich der überraschendste. Und wenn er eintritt, ist er auch der erfreulichste.

Vor fast zwanzig Jahren, als Wikipedia noch neu, aber bereits groß war und schnell wuchs, bearbeitete jemand eine Seite, um eine andere Person zu beleidigen. Das Wort »Arschgesicht« kam möglicherweise vor, aber der genaue Wortlaut der Beleidigung liegt im Dunkel der Vergangenheit. Es handelte sich um offensichtlichen Vandalismus, also entfernte ein Redakteur den Eintrag und hinterließ eine Nachricht für den Vandalen. Sie lautete in etwa: »Bitte mach so etwas nicht. Wir versuchen hier, etwas Gutes zu schaffen. Wenn du einen Beitrag leisten möchtest, kannst du das gerne tun, aber beschädige nicht die Arbeit anderer.« Sie war – mit einem Wort – höflich. Und unter den gegebenen Umständen sogar großzügig.

Was dieser höfliche Redakteur nicht wissen konnte, war, dass es sich bei dem Vandalen um ein zehnjähriges Mädchen handelte. Ihr Name war Emily Temple-Wood.

Emily lachte, als sie mir das viele Jahre später erzählte. »Ich hatte ein schlechtes Gewissen!« Als Emily zwölf Jahre alt war, machte sie ihren Fehler mit einer richtigen Überarbeitung eines Artikels in Wikipedia wieder gut. Wie so viele andere hatte sie Spaß daran, Artikel zu redigieren, also machte sie weiter. Unter dem Benutzernamen Keilana wurde Emily Wikipedianerin.

Tatsächlich wurde Emily eine besonders produktive und angesehene Wikipedianerin. Noch als Teenager wurde sie von ihren Mit-Wikipedianern zur Administratorin gewählt und war Mitglied des Arbitration Committees (Schlichtungsausschuss), das über die schwierigsten Konflikte entscheidet. Sie und andere stellten fest, dass es in Wikipedia einen deutlichen Mangel an Artikeln über Wissenschaftlerinnen gab – selbst sehr prominente wurden übersehen. Das korrigierte Emily im Alter von siebzehn Jahren gemeinsam mit anderen durch die Gründung des WikiProject Women Scientists, das neue Artikel schrieb und bestehende Artikel verbesserte. Im Jahr 2016 wurden sie und ihre Mitgründerin Rosie Stephenson-Goodknight zu den Wikipedianerinnen des Jahres ernannt.

Leider ist Wikipedia keineswegs immun gegen Cyber-Belästigung von Frauen, und so wurde Emily aufgrund ihrer Bekanntheit mit den üblichen hasserfüllten Troll-Kommentaren konfrontiert. Sie gab jedoch nicht auf und wurde auch nicht verbittert. Stattdessen schwor sich Emily, die damals Biologie studierte, jedes Mal, wenn sie von einem Troll belästigt wurde, einen neuen Artikel über eine Wissenschaftlerin zu schreiben. Sie und ihre Mitstreiterinnen verfassten Hunderte von Artikeln.

Dann erfuhren die Medien von Emilys Geschichte, und es wurde weltweit darüber berichtet. Immer mehr Menschen schlossen sich an. Die neuen Artikel sprudelten nur so heraus.

Das ist mehr als nur eine Wohlfühlgeschichte. Ein Datenanalyst stellte anhand einer Kombination aus Umfrageergebnissen und maschinellem Lernen fest, dass die Qualitätsunterschiede zwischen Wikipedia-Artikeln über Wissenschaftler und Wissenschaftlerinnen seit den Anfängen von Wikipedia bis zu Emily Temple-Woods Engagement stetig zugenommen hatten. Frauen waren marginalisiert worden. Doch danach? Der Trend kehrte sich um, und ab 2016 verringerte sich die Lücke. Dies war ein klarer Beweis dafür, dass entschlossene, anhaltende Bemühungen einer Handvoll Menschen einen echten Unterschied bewirken können. Er nannte dies zu Ehren von Emily Temple-Wood den »Keilana-Effekt«.[70]

Und möglicherweise wäre all dies nie geschehen, wenn dieser eine Redakteur nicht mit Höflichkeit und Großzügigkeit auf einen Akt des Vandalismus reagiert hätte.

Natürlich ist Emily Temple-Wood (sie ist mittlerweile Ärztin) ein Sonderfall. Ich habe jedoch so viele Geschichten von Menschen gehört, die ihre Karriere bei Wikipedia mit einer kleinen Freveltat begonnen haben und dann zu engagierten Wikipedianern wurden, die etwas Wunderbares für die Welt geschaffen haben. In jedem einzelnen Fall hat Höflichkeit dabei geholfen.

Es mag nur »Kindergarten-Ethik« sein. Aber sie kann einen großen Unterschied machen.

Das zeigt der Subreddit »Change My View« jeden Tag auf lebhafte Weise.

WARUM »CHANGE MY VIEW« FUNKTIONIERT HAT

»Change My View« wurde 2013 von dem siebzehnjährigen schottischen Teenager Kal Turnbull ins Leben gerufen. »Ich war besorgt darüber, wie wir miteinander kommunizieren«, sagt Turnbull. »Aber ich muss ehrlich sagen, es hat auch einfach Spaß gemacht, zu sehen, wie etwas wächst und bei den Menschen Anklang findet.«

Zu dieser Zeit war Turnbull in seinem letzten Jahr an der Highschool in Nairn, einer Stadt im schottischen Hochland. Damals wurde immer deutlicher, wie toxisch die Sozialen Medien und insbesondere Twitter waren. Turnbull hatte wenig Unterricht in der Schule, und so richtete er am Computer der Bibliothek einen Subreddit ein, in dem man »eine Meinung äußern und sagen kann: ›Seht mal, das ist meine Meinung, sagt mir, warum ich falsch liege.‹« Sein Ziel war von Anfang an, dass es kein rechtsfreier Raum werden sollte wie die meisten anderen Sozialen Medien. »Das Ganze hat eine Struktur«, sagt Turnbull.

Eine Handvoll Leute meldeten sich an und legten los. Turnbull rekrutierte freiwillige Moderatoren »aus den Reihen der ersten Nutzer, die von der Idee wirklich begeistert waren. Und gemeinsam begannen wir, Regeln aufzustellen.« Um sicherzugehen, dass sich alle auf den eigentlichen Zweck der Plattform konzentrierten – unterschiedliche Standpunkte zu diskutieren –, legten sie fest, dass Kommentare, die der anfangs vorgebrachten Meinung widersprechen, ganz oben angezeigt werden.

»Und sehr schnell legten wir auch die Regel fest, dass keine Angriffe *ad hominem* erlaubt sind. Man soll die Begründung angreifen, nicht die Person.« Außerdem wurde verboten, anderen schlechte Absichten bei ihren Argumentationen zu unterstellen. Wenn schlechte Absichten zu erkennen waren, sollten Nutzer die Moderatoren bitten, sich die Sache anzusehen und die Missetäter gegebenenfalls zu verwarnen. Wo die Grenzen gezogen werden sollten, war oft nicht klar, wie Turnbull feststellt. Offensichtliche Beleidigungen und Obszönitäten waren natürlich tabu, aber es gab viele uneindeutige Fälle, mit denen er und die anderen Moderatoren zu kämpfen hatten. »Wir hatten intern so viele Debatten darüber, wo die Grenze bei unhöflichen Kommentaren liegt.« Die gründliche Ausarbeitung der Regeln war entscheidend, sagt Turnbull, der sich 2019 von seinem Projekt zurückzog. »Ohne all diese Regeln gäbe es ›Change My View‹ nicht.«

Eine Besonderheit von Reddit ist, dass es zwar übergeordnete Regeln für die Hauptseite gibt, die meisten Regeln jedoch von den halb unabhängigen Subreddits selbst festgelegt werden. Wenn Nutzer einen Subreddit aufrufen, werden die lokalen Regeln in einer Seitenleiste zusammengefasst, die für weitere Details angeklickt werden kann. Auf diese Weise macht jede Community allen Nutzern deutlich, was erlaubt ist und was nicht. Ob diese Regeln mehr als leere Worte sind, hängt ebenfalls von jedem Subreddit und seinen Nutzern ab.

Die Moderatoren von »Change My View« sind Menschen, »die wirklich an die Mission glauben«, bemerkt Brett Johnson. Daher wurde hart daran gearbeitet, die Regeln zu sozialen Normen zu erheben. Von Anfang an wurden Personen, die gegen die Regeln verstießen, verwarnt und – falls erforderlich – ausgeschlossen. Wer sich an die Regeln hielt, wurde hingegen gefeiert. Die Delta-Auszeichnung war eine brillante Innovation für diesen Zweck. »Das Tolle an diesem System ist meiner Meinung nach, dass der ursprüngliche Verfasser – also die Person, die die Meinung vertreten hat – entscheidet, ob eine Auszeichnung vergeben wird oder nicht. Wenn Sie also schreiben: ›Katzen sind besser als Hunde‹, liegt die Entscheidung bei Ihnen«, wer, wenn überhaupt, mit dem Delta ausgezeichnet wird. »Das fördert von selbst einen zivilisierten Diskurs«, bemerkt Johnson zu Recht. »Wenn ich Sie als dumm oder Ihre Meinung als schrecklich bezeichne, wenn ich unhöfliche oder feindselige Äußerungen mache, werden Sie mich sicher nicht auszeichnen. Ich werde Sie nicht überzeugen können, wenn ich Ihnen feindselig begegne.« Respektieren Sie die Person. Konzentrieren Sie sich auf die Diskussion. »Und wenn ich das Thema aus einem anderen Blickwinkel beleuchten kann, einem Blickwinkel, an den Sie womöglich noch nie gedacht haben, findet das vielleicht mehr Gehör.«

Menschen, die Wert auf höfliche, aber unverblümte Gespräche legen, wurden von »Change My View« angezogen wie durstige Wanderer in der Wüste von einer Oase. Menschen, die nur daran interessiert waren, ihre eigenen Ansichten zu verbreiten – das verbotene »Soapboxing«, wie es im Jargon der Website genannt wird –, fanden den Subreddit jedoch unattraktiv. Das galt ebenso für Menschen, die Spaß daran haben, andere wütend zu machen. Heute sind auf der Website eine Vielzahl politischer Ansichten vertreten, von ultrakonservativ bis anarchistisch. Was aber alle diese verschiedenen Menschen vereint, ist der Respekt für zivilisierte Debatten.

Die Bilanz von »Change My View« ist nicht makellos. Selbst in dieser Oase der Vernunft mussten die Moderatoren jegliche Diskussion über Themen im Zusammenhang mit Transgender-Personen verbieten. »Das war eine schwierige Entscheidung«, sagt Johnson. »Die Gespräche waren äußerst toxisch. Wir scheuen zwar keine schwierigen Themen, aber die Diskussionen zu diesem Thema waren bei Weitem schlimmer als andere.« Aber in der heutigen Social-Media-Landschaft? Da gilt es als spektakulärer Erfolg, wenn man nur bei einem Thema daran scheitert, gute, produktive Diskussionen anzustoßen.

Um auf meine Frage zu Beginn zurückzukommen: Wie haben die Macher von »Change My View« einen Ort für scheinbar unmögliche Gespräche zwischen anonymen Fremden im Internet geschaffen? Fassen wir zusammen: Erstens haben sie das Ganze zu einer »persönlichen Sache« gemacht, indem sie gewissermaßen die Gespräche zwischen zwei Personen in den Vordergrund stellten. Zweitens haben sie dem Projekt eine positive Sicht auf die menschliche Natur und unseren Wunsch nach Zusammenhalt und Zusammenarbeit zugrunde gelegt. Drittens hatten sie ein klares Ziel. Viertens forderten sie die Menschen auf, einander zu vertrauen und von guten Absichten anderer auszugehen. Fünftens achteten sie auf einen höflichen Umgangston.

Ja, das sind die fünf Regeln des Vertrauens, die wir bisher abgedeckt haben.

Die Macher von »Change My View« haben Wikipedia nicht bewusst nachgeahmt, aber sie haben dasselbe erreicht: einen Online-Ort zu schaffen, wo sich Fremde aller Art treffen und produktiv miteinander diskutieren können.

KAPITEL SECHS

Die Tugend der Unabhängigkeit

Regel #6

Sie haben eine Mission. Halten Sie sich daran. Und ergreifen Sie nicht Partei in den Disputen von anderen, die ihre eigene Mission verfolgen.

Wenn Vertrauen jäh zerstört wird, hat wahrscheinlich jemand etwas falsch gemacht. Aber vielleicht auch nicht. In seltenen Fällen geht Vertrauen in Flammen auf wie die *Hindenburg,* weil jemand gar nichts getan hat.

Im Jahr 2024 lieferte Jeff Bezos der Welt ein bemerkenswertes Beispiel dafür.

Bezos ist der legendäre Gründer von Amazon und einer der reichsten Menschen der Welt. Er ist auch der Besitzer der *Washington Post,* jener Zeitung, deren Berichterstattung über die Politik in Washington oft in den nationalen und internationalen Nachrichten zu Schlagzeilen führt – wie damals, als Reporter der *Post* die Watergate-Affäre ans Licht brachten, wegen der Präsident Richard Nixon zurücktreten musste. Die *Washington Post* ist keine gewöhnliche Zeitung.

Und 2024 war kein gewöhnliches Jahr. Wie wir alle wissen, fand in jenem Jahr in den USA eine schwer umkämpfte Präsidentschaftswahl zwischen dem Republikaner Donald Trump und der Demokratin Kamala Harris statt. Weniger als zwei Wochen vor dem Wahltermin am 5. November 2024, als die Meinungsumfragen ein Kopf-an-Kopf-Rennen zeigten, schrieb die Redaktionsleitung der *Post* die Wahlempfehlung der Zeitung. Die *Post* wollte wie seit vielen Jahren bei jeder Wahl die Demokraten unterstützen. Der Leitartikel war schon zur Veröffentlichung vorbereitet.

Er wurde nie publiziert. Weil Jeff Bezos einschritt.

Bezos ordnete wohlgemerkt nicht an, dass die Redaktionsleitung den Republikaner unterstützen sollte. Er ordnete an, dass die Redaktionsleitung keine Wahlempfehlung aussprechen sollte. Und deshalb gab die *Post* 2024 zum ersten Mal seit Jahrzehnten keine Empfehlung für die Präsidentschaftswahlen ab. Sie tat nichts.

Was zu einer Explosion wie jener der *Hindenburg* führte.

»Das ist Feigheit«, tweetete Martin Baron, der weithin respektierte frühere Chefredakteur der *Post*, »und die Demokratie ist ihr Kollateralschaden«.[71] 21 Kolumnisten der *Post* veröffentlichten gemeinsam eine Kolumne, in der sie die Entscheidung als »eine Preisgabe der fundamentalen redaktionellen Überzeugungen der Zeitung, die wir lieben« angriffen.[72] Wenige Tage später berichtete die *Post*, dass ihr über 250 000 Abonnenten gekündigt hatten, ungefähr 10 Prozent ihrer digitalen Leserschaft.[73]

Alles nur, weil sie nichts getan hatte. Das ist ziemlich erstaunlich. Es verwundert sogar noch mehr, wenn man die lange Geschichte hinter dieser Entscheidung kennt.

Als die Zeitung ursprünglich ankündigte, sie würde keine Wahlempfehlung aussprechen, schrieb ihr Verleger William Lewis: »Wir kehren zu unseren Wurzeln zurück.« Nach dem Zweiten Weltkrieg hatte die *Post* jahrzehntelang – mit Ausnahme der Wahl von 1952 – keinen Präsidentschaftskandidaten empfohlen. Die Zeitung änderte ihren diesbezüglichen Kurs 1976, als sie zur Wahl des demokratischen Kandidaten Jimmy Carter aufrief, und seither hatte sie fast bei jeder Wahl den Kandidaten der Demokraten unterstützt (mit Ausnahme von 1988, als sie keinen Kandidaten empfahl). Aber »davor hatten wir es richtig gemacht«, schrieb Lewis, »und wir wollen dahin zurückkehren«.[74] Es war richtig von Lewis, die Geschichte der Zeitung zu zitieren, weil es eine sehr alte Debatte ist. Manche Journalisten haben lange Zeit argumentiert, dass eine Zeitung einen Kandidaten der Republikaner oder der Demokraten empfehlen kann, ohne ihre Unabhängigkeit zu kompromittieren. Leitartikel in Zeitungen würden von der Redaktionsleitung verfasst, merken sie an, und die Redaktionsleitung habe keinen Einfluss auf die Nachrichtenredaktion, die über das Tagesgeschehen berichtet. Das eine habe nichts mit dem anderen zu tun. Aber schon genauso lang haben andere Journalisten argumentiert, Leser würden nichts über die interne Organisation von Zeitungen wissen oder sich nicht dafür interessieren – deshalb würden Wahlempfehlungen unweigerlich die Unabhängigkeit der Zeitung in Zweifel ziehen. Die Unabhängigkeit sei zu wertvoll, um sie aufs Spiel zu setzen, argumentieren sie. Deshalb solle man Wahlempfehlungen bleiben lassen.

Beide Seiten haben gute Argumente, und vernünftige Menschen haben seit der Zeit von Calvin Coolidge (zwischen 1923 und 1929 der 30. Präsident der Vereinigten Staaten) Meinungsverschiedenheiten darüber. Also warum die Explosion?

Der Zeitpunkt machte den Unterschied, nicht die Entscheidung. Sie kam weniger als zwei Wochen vor der Wahl, nachdem die Chefredaktion ihre Wahlempfehlung schon formuliert hatte. Das sah nicht nach einer Bekräftigung der Unabhängigkeit aus, sondern wie ein Geschenk von Bezos für Donald Trump, mit dem er seine umfangreichen Geschäftsinteressen vor Trumps Zorn schützen wollte, falls der Republikaner die Wahl gewinnen sollte. Bezos ist nicht nur der Gründer von Amazon und Besitzer der *Washington Post*, ihm gehört auch das kommerzielle Raketen- und Raumfahrt-Start-up Blue Origin, das teure Verträge mit der US-Regierung abgeschlossen hatte.

Es war nur Spekulation, dass zwischen Bezos' Geschäftsinteressen und seiner Entscheidung, die *Post* solle 2024 keine Wahlempfehlung aussprechen, eine Verbindung bestand. Bezos veröffentlichte schnell eine Meinungsseite, in der er bestritt, die Entscheidung habe irgendetwas mit seinen Geschäftsinteressen zu tun. Er beharrte darauf, dass es nur um das Vertrauen ginge. »In den jährlichen öffentlichen Umfragen zu Vertrauen und Ansehen liegen Journalisten und die Medien regelmäßig ganz weit unten, oft nur knapp vor dem Kongress. Aber in der Gallup-Umfrage von diesem Jahr liegen wir sogar hinter dem Kongress. Unser Beruf genießt jetzt am wenigsten Vertrauen von allen. Was wir tun, funktioniert eindeutig nicht«, schrieb Bezos. Das müsse sich ändern. »Empfehlungen zur Präsidentschaftswahl beeinflussen das Wahlergebnis nicht. Kein unentschiedener Wähler in Pennsylvania wird sagen: ›Ich richte mich nach der Wahlempfehlung von Zeitung A.‹ Keiner. Wahlempfehlungen erzeugen nur einen Eindruck von Voreingenommenheit und mangelnder Unabhängigkeit. Das zu beenden ist eine Grundsatzentscheidung, und sie ist richtig.«

Auf die Gefahr hin, eine Viertelmillion früherer Leser der *Washington Post* zu verärgern: Ich finde, Jeff Bezos hatte recht. Auf die Gefahr hin, Jeff Bezos zu verärgern, denke ich auch, dass er das alles falsch angepackt hat. Der richtige Weg zur Änderung dieser Gepflogenheit wäre es gewesen, sofort nach der letzten Wahl – *lange bevor* die Kandidaten für die nächste Wahl bekannt waren – das Beenden der Wahlempfehlungen in der *Post* anzukündigen. Das hätte ihre Unabhängigkeit unterstrichen, statt sie zu unterminieren. Stattdessen änderte Bezos diese Regel weniger als zwei Wochen vor der Wahl – das war wie eine Regeländerung beim Baseball im siebten Spiel der World Series. Er hatte Glück, dass es nicht zu Aufständen kam.

Aber abgesehen davon stimme ich Bezos grundsätzlich zu. Das muss ich gewissermaßen. Wikipedia gewann das Vertrauen von Redakteuren und Lesern nicht zuletzt durch die Einführung einer ähnlichen Regel, die schon im letzten Kapitel erwähnt wurde.

Der neutrale Standpunkt ist extrem wichtig dafür, wie Wikipedia funktioniert. Deshalb ist er eine ihrer fünf Säulen.

NEUTRALER STANDPUNKT

Wir erinnern uns an die erste Säule von Wikipedia: »Wikipedia ist eine Enzyklopädie.« Das ist ihr Zweck, deshalb existiert sie.

Eine Enzyklopädie ist eine große Sammlung von Fakten wie: »Die Erde ist rund« oder »Paris ist die Hauptstadt von Frankreich«. Und diese Fakten werden in einer klaren, einfachen Sprache dargestellt, die ich zuvor »Nur die Fakten, Ma'am«-Sprache genannt habe.

Einfach, nicht wahr? In diesen beiden und in vielen anderen Fällen ist es das – aber nur, weil diese Fakten nicht ernsthaft infrage gestellt werden. Ein großer Teil des menschlichen Wissens wird jedoch angefochten, mehr oder weniger.

Hier ist ein Beispiel: George Washington war der erste Präsident der Vereinigten Staaten. Franklin D. Roosevelt war der 32., Ronald Reagan der 40. Keine vernünftige Person wird mir einen zornigen Brief schreiben, weil ich behauptet habe, dass dem so ist.

Aber jetzt stellen Sie sich vor, ich hätte geschrieben: »Ronald Reagan war einer der besten Präsidenten der Vereinigten Staaten.« Wenn ich das als Tatsache hinstellen würde, nicht als Meinung, genauso wie »Ronald Reagan war der 40. Präsident« eine Tatsache ist, dann würde ich mir ganz schön was anhören müssen. Viele schlaue, gut informierte Leute würden vielleicht meiner Feststellung zustimmen, aber noch viel mehr schlaue, gut informierte Leute würden mir widersprechen. Die chronologische Reihenfolge der Präsidenten wird von keiner vernünftigen Person bestritten, aber die *Qualität* der US-amerikanischen Präsidenten ist unter Millionen von vernünftigen Menschen heiß umstritten.

Das erklärt, warum es zwei sehr verschiedene Artikel in Wikipedia gibt. Einer heißt »Liste der Präsidenten der Vereinigten Staaten«. Er hält die Tatsache fest, dass Washington der erste Präsident war, Roosevelt der 32. und Reagan der 40.[75] Ein weiterer Artikel mit dem Titel »Historical rankings of presidents of the United States« präsentiert die Ergebnisse von 25 verschiedenen Untersuchungen, bei denen Experten die Präsidenten vom besten bis zum schlechtesten eingestuft haben. Diese Untersuchungen kommen oft zu sehr unterschiedlichen Ergebnissen. Ronald Reagan rangiert zum Beispiel zwischen dem 6. und dem 26. Platz. Welche Untersuchung hat recht, welche ist die beste, welche kommt der Wahrheit am nächsten? Wikipedia bezieht dazu keine Stellung. Sie gibt einfach neutral die Ergebnisse der Untersuchungen wieder und überlässt es den Lesern, sich einen Reim darauf zu machen.[76]

Das macht einen neutralen Standpunkt aus. Wenn es ernsthafte Auseinandersetzungen über die Fakten gibt, bleibt Wikipedia bei dem, was erwiesen ist. Sie sagt: »Eine Seite sagt dies« und »Eine andere Seite sagt etwas anderes«. Aber Wikipedia sagt nicht, welche Seite recht hat. Sie ist neutral.

Das ist ungefähr so wie eine Zeitung, die keinen Kandidaten empfiehlt. Die Zeitung berichtet darüber, was jeder Kandidat sagt und tut, aber sie zieht daraus keine Schlüsse, für wen die Wähler stimmen sollten. Sie ergreift nicht Partei. Sie ist neutral.

Oder, um es wie Jeff Bezos zu sagen: unabhängig.

DIE VERSTECKTEN KOSTEN DER PARTEINAHME

Unabhängigkeit ist oft entscheidend für den Aufbau von Vertrauen, weil – wie schon erwähnt – Vertrauen auf der Zuversicht beruht, dass eine Person oder eine Organisation das tun wird, was sie tun soll.

Wenn Sie unabhängig sind, ist Ihr einziger Zweck, das zu tun, was Sie tun sollen. Nur das. Aber wenn Sie Ihre Unabhängigkeit aufgeben und in einer Auseinandersetzung Partei ergreifen, haben Sie damit ein *zweites* Ziel, nämlich Ihre Seite zu unterstützen. Wird dieses zweite Ziel mit dem ersten konkurrieren? Wird es Sie davon abhalten, das zu tun, was Sie tun sollen? Sobald jemandem dieser Gedanke durch den Kopf geht, lässt sein Vertrauen zu Ihnen schon nach.

Für Wissenschaftler hat das eine große Tragweite.

Die meisten Menschen vertrauen der Wissenschaft. Aber warum? Die große Mehrheit von uns hat keine Universitätsabschlüsse. Wir lesen keine wissenschaftlichen Veröffentlichungen. Also warum vertrauen wir dann der Wissenschaft?

Weil wir darauf vertrauen, dass die Wissenschaftler ihre Aufgabe erfüllen: Wir verlassen uns darauf, dass sie wissenschaftliche Fragen klären und ihre Ergebnisse veröffentlichen, egal was sie herausgefunden haben, wessen Interessen damit gedient ist oder wem sie schaden. Als Wissenschaftler zum Beispiel untersuchten, ob Rauchen Lungenkrebs verursachen kann, vertraute die Öffentlichkeit darauf, dass sie ihre Arbeit machen und ihre Ergebnisse veröffentlichen würden – ungeachtet dessen, welche Auswirkungen ihre Forschungsergebnisse auf die Tabakindustrie oder sonst irgendjemanden haben würden. Wir vertrauten darauf, dass die Wissenschaft unabhängig war.

Das ist ein wichtiger Grund, warum Wissenschaftler traditionell vehement auf ihre Unabhängigkeit pochen.

Aber das taten sie nicht immer. Im Jahr 2020, mitten in der COVID-19-Pandemie, gab eine Reihe von Wissenschaftszeitschriften (einschließlich der altehrwürdigen *Nature*) eine Wahlempfehlung für den demokratischen Kandidaten Joe Biden und gegen den republikanischen Kandidaten Donald Trump ab. Diese Wahlempfehlungen wurden unter Wissenschaftlern und Journalisten kontrovers und breit debattiert. Welche Auswirkungen sie auf das Vertrauen hatten, war jedoch eine empirische Frage, die Wissenschaftler untersuchen konnten. 2023 berichtete eine Studie, dass die politische Wahlempfehlung von *Nature* das Vertrauen nicht nur zu dieser Zeitschrift, sondern generell zu Wissenschaftlern und der Wissenschaft beschädigt hatte.[77] Und es sprach wenig dafür, dass sie irgendjemanden überzeugt hat, Biden zu wählen.

Wie zu erwarten war, kam bei dieser Studie auch heraus, dass der durch die Wahlempfehlung verursachte Schaden nicht gleichmäßig verteilt war. Republikaner verloren Vertrauen. Die meisten Demokraten nicht. Der folgende Mechanismus könnte dahinterstecken: Wenn Sie Ihre Unabhängigkeit aufgeben und Partei ergreifen, wird die gegnerische Seite Ihnen weniger vertrauen. Für die Leute, die schon auf Ihrer Seite stehen, dürfte sich hingegen nichts ändern, außer dass sie Ihnen vielleicht noch *mehr* vertrauen. Das ist nicht gut, weil Sie einen Teil der Bevölkerung verlieren, von dem Sie möchten, dass er Ihnen vertraut. Aber zumindest behalten Sie das Vertrauen eines anderen Teils der Bevölkerung oder gewinnen vielleicht noch ein wenig dazu.

So könnte man denken. Andere Forschungsergebnisse deuten jedoch darauf hin, dass es in Wahrheit noch ein wenig komplizierter ist. Und düsterer.

Cory Clark ist eine Gastforscherin an der Wharton School of Business der University of Pennsylvania. Sie und einige Kollegen verschafften sich einen Überblick über eine große Bandbreite von Studien, die untersuchten, was geschah, wenn Organisationen – Unternehmen, Medien, Universitäten, Berufsgruppen – bei politischen Themen Partei ergriffen. »Im besten Fall passiert nichts«, sagt sie. Aber das ist eine seltene Ausnahme. Partei zu ergreifen »hat fast generell einen hohen Preis«, sagt Clark. Ein Überblick über 293 Unternehmen, die einen politischen Standpunkt vertraten – wie die Restaurantkette Chick-fil-A, die Geld an Gruppen spendete, die sich gegen die gleichgeschlechtliche Ehe aussprechen, oder die Biermarke Bud Light, die einen Transgender-Influencer anheuerte, als Transsexuelle ein wichtiges politisches Thema waren –, kamen zu dem Ergebnis, dass diese Handlungen ihren Aktienkurs und damit den Wert der Firma nach unten drückten. Andere Studien ergaben, dass der Ruf von Organisationen Schaden nahm und dass sie öffentliches Vertrauen verloren.[78]

Daraufhin führten Clark und ihre Kollegen sieben eigene Studien durch.

In einigen von Clarks groß angelegten Studien wurden US-Amerikaner zu ihrer politischen Einstellung befragt. Die Forscher fragten auch, wie die politischen Tendenzen von über siebzig Organisationen und Berufen wahrgenommen wurden – von Ökonomen bis zu Zahnärzten, Journalisten und der National Football League. Und sie stellten die Schlüsselfrage: Wie sehr vertrauen Sie dieser Gruppe?

Die Ergebnisse waren deutlich. Wenn Menschen dachten, eine Gruppe sei politisch gegen ihre eigene Position eingestellt, vertrauten sie dieser Gruppe weniger. Das war keine Überraschung. Aber wenn

Menschen dachten, die Gruppe habe Partei ergriffen und stünde politisch auf ihrer Seite – wenn ich links bin, sind sie links; wenn ich rechts bin, sind sie rechts –, vertrauten sie ihr *trotzdem* weniger. Es habe eine Ausnahme gegeben, stellt Clark fest. »Wir sahen kleine Vorteile bei Extremisten.« Wenn also Menschen das Gefühl haben, man habe für die Rechten Partei ergriffen, »vertrauen mir manche Rechtsextreme vielleicht mehr, aber die meisten Rechten werden mir ebenso wie Gemäßigte weniger vertrauen, und progressiv eingestellte Menschen sehr viel weniger.«

Bei ihren Untersuchungen fanden Clark und ihre Kollegen heraus, dass Park-Ranger in Sachen Vertrauenswürdigkeit und politischer Neutralität von der US-amerikanischen Bevölkerung Bestnoten bekamen. Also führten die Forscher ein Experiment durch, bei dem sie Leuten von einer fiktiven Park-Ranger-Organisation erzählten. Diese Gruppe propagiere den Wert von Outdoor-Aktivitäten, erzählten sie ihnen und stellten dann eine Reihe von Fragen wie: Würden Sie den Rat dieser Gruppe annehmen? Sind Sie dafür, dass diese Gruppe mehr öffentliche Finanzierung erhalten sollte? Die Forscher erzählten ihnen auch, dass sie dieser Gruppe Geld spenden wollten, und fragten, ob sie das Geld an diese Gruppe spenden sollten oder an eine Gruppe, die Feuerwehrleute vertrat, oder an eine, die Zahnärzte vertrat. In einer Version der Studie bekamen die Versuchsteilnehmer nur diese Information. Wenig überraschend erklärten sie, dieser Gruppe von Park-Rangern zu vertrauen und sie zu unterstützen. In einer anderen Version der Studie erzählte man den Teilnehmern jedoch wahlweise, diese Gruppe habe bei der Präsidentschaftswahl von 2020 eine Wahlempfehlung für den Demokraten Joe Biden beziehungsweise den Republikaner Donald Trump ausgesprochen. Das Vertrauen ging durchweg in den Keller. »Selbst die Unterstützer von Trump wollten weniger an sie spenden, wenn sie eine Wahlempfehlung für Trump ausgesprochen hatten«, sagt Clark, »und bei den Unterstützern von Biden war es genau das Gleiche.«

Dieses Forschungsergebnis gibt ein Rätsel auf: Wenn Organisationen regelmäßig dadurch Schaden erleiden, dass sie Partei ergreifen, und selten davon profitieren, warum tun sie es dann? »Es gibt einen

Interessenkonflikt zwischen Organisationen und den Menschen in den Organisationen«, argumentiert Clark. Wenn zum Beispiel der CEO eines großen Unternehmens oder ein führender Journalist der *New York Times* Partei für etwas ergreift, kann sich das für ihn nicht nur gut anfühlen, es wird auch unmittelbar mit Lob von extremen Parteigängern und zumindest einigen Kollegen belohnt. Diese Belohnung winkt jedoch der Person, die diese Entscheidung trifft. Den *Schaden* erleidet die Organisation. Und es dauert seine Zeit – manchmal sogar Jahre –, bis dieser Schaden offensichtlich wird. Wie Clark sagt: »Warum sollte es einen Reporter der *New York Times* heute kümmern, ob diese Zeitung in dreißig Jahren noch Vertrauen genießt? Dann ist er nicht mehr da.«

Wenn Clark recht hat, spricht das wieder dafür, Ziel und Zweck in den Mittelpunkt zu stellen. Die Organisation hat einen Zweck, ein Ziel. Wenn das Individuum, das für die Organisation arbeitet, andere, damit konkurrierende Ziele hat, muss es diese hintanstellen. Oder das Individuum sollte die Organisation verlassen. Organisationen und die Menschen, die ihnen angehören, dürfen nicht gegeneinander arbeiten.

Im vergangenen Jahrzehnt kam es für apolitische Unternehmen zunehmend in Mode, politisch Stellung zu beziehen. Während ich Anfang 2025 diese Zeilen schreibe, mehren sich die Anzeichen, dass Unternehmen es sich zunehmend anders überlegen. Erinnern Sie sich an die Pepsi-Werbung von 2017 mit Kendall Jenner, die bei einem Protest für Liebe und Verständnis wirbt, indem sie einem Polizisten ein Pepsi-Cola reicht? Ich bin ziemlich sicher, Pepsi wäre es lieber, man würde das vergessen.[79] Und Unternehmen sind nicht allein in ihrer wachsenden Wertschätzung der Unabhängigkeit. Auch Universitäten weigern sich zunehmend, Partei zu ergreifen.

Das mag überraschend klingen. Geht es nicht in einer Universität gerade um furchtlose Nachforschungen? Und bedeutet das nicht auch, die schwierigsten sozialen und politischen Fragen zu debattieren? Doch, das tut es. Aber *wer* debattiert da? Auf jeden Fall Professoren und Studenten, und wer auch immer noch eingeladen wird. Aber sollte die Universität *selbst* in diesen Debatten Partei ergreifen? Oder sollte die Universität nicht eher ein neutrales *Forum* für die Debatten sein?

Auch das ist wieder ein sehr alter Streit. 1967 gab die University of Chicago ihren berühmten »Kalven Report« heraus, der eine Politik der »institutionellen Neutralität« befürwortete. Das hieß, dass die Universität ein Forum für Debatten sein, aber nicht Partei ergreifen sollte. Es ginge nicht darum, Themen unter den Teppich zu kehren und Kontroversen zu vermeiden, betonte der Bericht. »Die Neutralität der Universität als Institution speist sich weder aus einem Mangel an Mut noch aus Gleichgültigkeit und Gefühllosigkeit. Sie speist sich aus dem Respekt für die freie Forschung und aus der Verpflichtung, die Verschiedenheit der Sichtweisen wertzuschätzen.« Das ist bis heute die offizielle Position der University of Chicago.

Viele US-amerikanische Universitäten haben keine offizielle Richtlinie wie die der University of Chicago eingeführt, aber sie waren generell zurückhaltend, sich in Kontroversen zu verstricken. Das hat sich in den letzten zehn Jahren geändert, mit unerwünschten Folgen. Universitäten, die politisch Stellung bezogen, mussten feststellen, dass sie nicht nur die Gegner ihrer Positionen abschreckten. Von ihnen wurde jetzt auch erwartet, sich weiterhin politisch zu betätigen: Wenn sich die Universität zu einem Thema äußert, aber zu einem anderen schweigt, bezieht sie mit diesem Schweigen dann indirekt Stellung? Oder findet sie dieses Thema nicht so wichtig? Das ist eines der Probleme, wenn man Stellung bezieht. Wenn man einmal damit angefangen hat, kann es so aussehen, als ob man indirekt Stellung bezieht, wenn man sich nicht zu einem Thema äußert. Es überrascht nicht, dass im letzten Jahrzehnt das Vertrauen in das US-amerikanische Hochschulwesen abgenommen hat. Die Abnahme war am deutlichsten unter den Republikanern, die Universitäten zunehmend für linksgerichtet halten. Das Vertrauen fiel aber auch unter den Unabhängigen, und selbst unter den Demokraten fiel es zwischen 2015 und 2024 um 12 Prozent.[80]

Dieser düstere Trend führte zu einer Gegenbewegung. Universitäten sind nicht nur zurückhaltender, in Kontroversen Partei zu ergreifen. Eine lange und wachsende Liste von Universitäten – einschließlich Harvard, Yale und Stanford – hat offiziell Richtlinien für die institutionelle Neutralität eingeführt, ähnlich jener der University of Chicago.[81]

Und ähnlich der von Wikipedia sollte ich hinzufügen.

ANDERERSEITS ...

Ich muss etwas zugeben. Bis jetzt habe ich so getan, als wäre es gar nicht schwer für eine Person oder Gruppe, unabhängig zu sein: einfach nicht Partei ergreifen. Erledigt. Was wäre leichter?

Aber es sieht nur einfach aus, weil ich alle möglichen Komplikationen, Vorbehalte und schwierigen Fragen weggelassen habe.

Eines der einfacheren Probleme hat mit Themen zu tun, die direkt die Aufgabe der Person oder Gruppe betreffen. Nehmen wir an, eine Universität verabschiedet eine institutionelle Neutralitätsrichtlinie. Welche Position sollte sie dann beispielsweise zu einem Krieg im Nahen Osten einnehmen? Oder zu Menschenrechtsverletzungen in Südamerika? Diese Themen sind für die Universität eindeutig weit weg. Sie sollte also nicht dazu Stellung beziehen. Aber wenn der politische Streitpunkt zum Beispiel ein Gesetz wäre, das die Freiheit der Rede oder der Forschung in Universitäten beschränken würde? Dann *sollte* die Universität eindeutig ihre Position dazu klarstellen und dafür kämpfen. In diesem Fall hat das Thema, das zur Debatte steht, direkte Auswirkungen auf die Aufgabe der Universität. Somit verfolgt sie kein zweites, entgegengesetztes Ziel, wenn sie Stellung bezieht, und erweckt auch keinen Verdacht, von ihrer Mission abzuweichen. Vielmehr *ist* es ihre Mission. Deshalb halten institutionelle Neutralitätsrichtlinien von Universitäten fest, dass die Einrichtung zu Themen Stellung beziehen darf, die sie unmittelbar betreffen.

Derselbe Vorbehalt gilt für Zeitungen, Wikipedia und jede andere unabhängige Organisation. Im Grunde ist das naheliegend. Aber wann genau hat ein Thema Auswirkungen auf die Organisation und wann nicht? Bei extremen Fällen wie Kriegen im Nahen Osten oder Menschenrechtsverletzungen in Südamerika ist es offensichtlich.

Weniger extreme Fälle können schon schwieriger zu entscheiden sein. Man kann davon ausgehen, dass halbwegs vernünftige Leute unterschiedlicher Meinung sein werden, wo genau die Grenze zu ziehen ist. Das ändert nichts am Prinzip. Aber es ist wichtig, anzuerkennen, dass zur Anwendung des Prinzips Debatten und Meinungsverschiedenheiten dazugehören, auch wenn sich alle einig sind, dass das Prinzip richtig ist.

Zeitungen sind mit einer weiteren Komplikation in Form der Meinungsjournalisten konfrontiert. Diese ergreifen Partei. Das müssen sie. Es ist ihre Aufgabe. Aber wenn sie Partei ergreifen, tun sie das als Individuen. Ihr Name steht über oder unter der Kolumne, und sie sprechen nicht für die Zeitung als Ganze. In diesem Sinne sind sie wie Professoren an einer Universität. Aber wenn die Zeitung beständig Meinungen zu Wort kommen lässt, die auf der einen oder der anderen Seite des politischen Spektrums stehen, und nur wenig oder gar keine Stimmen bringt, die einen gegensätzlichen Standpunkt vertreten, können die Leser davon ausgehen, dass die Zeitung voreingenommen ist. Um wirklich unabhängig zu sein, muss eine Zeitung mehr tun, als einfach keine Wahlempfehlung für politische Kandidaten abzugeben.

Ein viel schwierigeres Thema für Nachrichtenquellen – und Wikipedia – ist die Sprache. Ein simples Beispiel sind die Begriffe »linksextrem« oder »rechtsextrem«. In manchen Zusammenhängen kann es eine zutreffende und neutrale Tatsachenfeststellung sein, wenn man sie benutzt, um eine Position im politischen Spektrum zu beschreiben. Nur wenige Leute würden wahrscheinlich Einwände erheben, wenn man damit Stalins Kommunisten oder Hitlers Nazis beschreiben würde. In anderen Zusammenhängen suggeriert »rechtsextrem« oder »linksextrem« jedoch, eine Person oder eine Partei wäre gefährlich extrem. Dann ist es keine Beschreibung, sondern eine Kritik oder sogar eine klare Beleidigung. Zwischen diesen zwei Polen sind zahllose andere, viel verworrenere und unklarere Zuschreibungen denkbar. Ist es eine neutrale Beschreibung? Oder ist es eine mit subtiler Kritik aufgeladene Sprache? Gute Journalisten schlagen sich jeden Tag mit solchen Fragen herum. Wikipedia-Redakteure auch.

Und sehr häufig sind sie sich nicht einig. Auch wenn sie sich alle dem Prinzip der Unabhängigkeit verpflichtet fühlen. Auch wenn alle gut informiert und umsichtig sind. Trotzdem sind sie sich nicht einig.

Und das ist okay! Die Realität ist kompliziert. Vernünftige Menschen haben manchmal verschiedene Ansichten. In diesen Fällen kann ein zivilisiertes Gespräch reichen, um zu einer Übereinkunft zu kommen. Aber nicht immer. Dann müssen sie einfach ihre verschiedenen Meinungen respektieren. In einer totalitären Gesellschaft oder einer Theokratie wäre das nicht akzeptabel. In einer freien und offenen Gesellschaft sind respektvolle Meinungsverschiedenheiten jedoch völlig in Ordnung. Oder zumindest sollten sie das sein. Ich glaube, dass Menschen manchmal leider diese Grundwahrheit vergessen und Meinungsverschiedenheiten als Beweis dafür sehen, dass andere ignorant sind oder absichtlich Streit suchen. Das ist ein schwerer Fehler. Das Prinzip der Unabhängigkeit ist einfach, aber seine Anwendung ist es nicht. Vernünftige Leute *werden* darüber streiten, wie man mit bestimmten Fällen umgehen soll. Verlassen Sie sich drauf. Mit ehrlichen Meinungsverschiedenheiten zurechtzukommen ist essenziell, also sprechen Sie mir bitte nach: »Vernünftige Leute können Meinungsverschiedenheiten haben.«

Und das bringt mich zu einem der schwierigsten Themen, vor allem für Wikipedia. In der Wikipedia-Welt sind das die verlässlichen Quellen.

WENN SICH GUTE QUELLEN WIDERSPRECHEN

Wenn Sie jemals einen medizinischen Artikel auf Wikipedia gelesen haben – und das haben Sie wahrscheinlich, denn Wikipedia ist eine der meistgelesenen Quellen für Gesundheitsinformationen der Welt –, dann ist es ziemlich wahrscheinlich, dass Ihnen die Arbeit von Dr. James Heilman schon einmal begegnet ist. Er ist ein Notfallmediziner in der kanadischen Provinz British Columbia und hat eine überbordende Energie (sein Hobby ist Ultramarathonlauf). In seinen sechzehn Jahren als Wikipedia-Redakteur hat er etwa 300 000

Bearbeitungen vorgenommen. Damit gehört er zu den zweihundert produktivsten Redakteuren aller Zeiten. Heilmans Ansicht nach ist es nicht schwierig, Fakten von Falschinformationen zu unterscheiden.

Er veranschaulicht das anhand der Behauptung, Impfstoffe würden zu Autismus führen. »Die besten verfügbaren Quellen sind alle der Meinung, dass Impfstoffe keinen Autismus verursachen«, sagt er. »Es gibt keine halbwegs glaubwürdigen Quellen, die etwas anderes behaupten. Also ist das aus der Perspektive von Wikipedia ganz einfach. Wir beschreiben die Schlussfolgerung der besten verfügbaren Quellen, und das war's. Darüber gibt es keine wirkliche Debatte.«

Bei der Effektivität von Mammografien verfährt Wikipedia ganz anders. »Große, angesehene [wissenschaftliche] Organisationen kommen aufgrund ihrer Auswertung der Literatur zu diesem Thema zu unterschiedlichen Schlussfolgerungen«, sagt Heilman. »Bei Wikipedia haben wir im Prinzip gesagt: ›Wir sind nicht dazu da, zu entscheiden, welche dieser großen Organisationen recht hat. Wir fassen einfach ihre Positionen zu diesem Thema zusammen.‹«

Heilman sagt wohlgemerkt nicht, es gäbe *keine* Quellen, die behaupten, dass Impfstoffe Autismus verursachen. Es gibt *viele* Quellen, die das behaupten. Aber das sind keine von angesehenen Forschern in angesehenen Wissenschaftszeitschriften veröffentlichten Studien und auch keine von angesehenen Wissenschaftsorganisationen herausgegebenen Stellungnahmen. Die Redakteure von Wikipedia beurteilen manche Quellen als »verlässlich«. Diese werden zitiert. Andere, als nicht verlässlich beurteilte Quellen werden ignoriert. Wenn gute Quellen etwas übereinstimmend als Tatsache sehen, sagt Wikipedia, es ist eine Tatsache. Wenn sich gute Quellen widersprechen, legt Wikipedia die verschiedenen Meinungen dar und belässt es dabei.

Entscheidend ist, ob eine Quelle gut oder schlecht ist. Es gibt keine praktische, universelle Liste »guter Quellen«, deshalb müssen die Redakteure das selbst beurteilen. Daran führt kein Weg vorbei. Eine Beurteilung ist unvermeidlich.

Weiter oben habe ich gesagt, »Die Erde ist rund« sei eine Tatsache, von der jeder weiß, dass es eine Tatsache ist.[82] Das stimmt aber nicht ganz. Sogar heute noch glaubt eine beträchtliche Anzahl von Menschen, dass die Erde flach ist. Manche von ihnen sind Mitglied in einer entsprechenden Organisation. Sie schreiben Artikel und Bücher, um die Vorstellung zu verbreiten, dass die Erde eine Scheibe ist. Wenn Wikipedia-Redakteure die Qualität von Quellen nicht bewerten würden, müsste in dem Wikipedia-Artikel über die Erde so etwas stehen wie: »Manche behaupten, die Erde sei rund, aber andere sagen, sie sei flach.« Wikipedia wäre dann in Bezug auf die Form der Erde neutral, was, wie Sie sicherlich zugeben werden, ziemlich albern wäre. Und manche Folgen dieses Ansatzes wären viel schlimmer als albern. Stellen Sie sich vor, der Wikipedia-Artikel zum Holocaust würde lauten: »Manche behaupten, der Holocaust sei der Völkermord an den europäischen Juden zwischen 1941 und 1945 gewesen, aber andere sagen, das sei eine ausgeklügelte Täuschung.« Abstoßend, ja. Aber genau das würde in dem Artikel stehen, wenn die Wikipedia-Redakteure neben den angesehenen Historikern dieser Zeit auch antisemitische Holocaustleugner als verlässliche Quelle ansehen würden.

Glücklicherweise ist in diesen Extremfällen die Beurteilung einfach. Auf der einen Seite steht eine Website über die Erde als Scheibe, als Hobby geschrieben von jemandem, der meint, Geologie sei eine Verschwörung von Freimaurern. Auf der anderen Seite stehen alle führenden Wissenschaftszeitschriften und -organisationen. Das ist keine schwierige Entscheidung. Wenn sich die führenden Wissenschaftsorganisationen bei einem Thema wie Mammografien nicht einig sind, ist ebenso offensichtlich, dass beide Seiten »verlässliche Quellen« sind. Wikipedia sollte in diesem Fall daher einfach die Debatte darstellen, ohne Partei zu ergreifen.

Bei weniger extremen Fällen wird es schnell schwieriger.

Um bei diesen Entscheidungen zu helfen, stellt Wikipedia eine lange und ausführliche Abhandlung über die Grundsätze zur Verfügung, von denen man sich bei der Beurteilung der Qualität von Quellen leiten lassen sollte. Diese Abhandlung wurde verfasst wie alle Richtlinien von Wikipedia: Die freiwilligen Wikipedia-Redakteure redeten und redeten und redeten und debattierten und debattierten und debattierten, und dabei nahm die Abhandlung allmählich Form an. Jeder Redakteur, der meint, eine Überarbeitung würde die Richtlinie verbessern, kann das auch heute noch jederzeit zur Sprache bringen und versuchen, andere von einer Änderung der Richtlinie zu überzeugen. Und vergessen Sie nicht: »Jeder Redakteur« heißt jeder und jede auf diesem Planeten, der oder die sich einbringen will.[83]

Es gibt auch eine tolle Tabelle, die Hunderte von regelmäßig zitierten Quellen – wie Zeitungen und Zeitschriften – auflistet und mithilfe eines ausgefeilten Codierungssystems ermittelt, ob, wann oder wie Quellen benutzt werden sollten. Das alles wurde von ehrenamtlichen Redakteuren geschaffen. Jeder einzelne Eintrag auf dieser Liste ist das Produkt langer, komplexer Debatten unter ihnen. Wollte man die Protokolle dieser Diskussionen – die alle aufbewahrt werden und für jedermann öffentlich einsehbar sind – abdrucken, würden sie ganze Bücherregale füllen. Die Redakteure haben eine gewaltige Menge an Gedanken und Arbeit in all das gesteckt. Und es hat nie ein Ende. Wenn irgendjemand der Meinung ist, die Bewertung einer bestimmten Quelle sei falsch, darf derjenige jederzeit gerne seine Argumente vorbringen.

Im letzten Kapitel habe ich gesagt, dass die Redakteure von Wikipedia gerne debattieren. Das war eine Untertreibung.

Aber denken Sie daran: Ohne Meinungsverschiedenheit gibt es keine Debatte. Was hat es nun also damit auf sich? Diese ganzen Diskussionen sind Ausdruck davon, wie oft diese klugen, informierten, nachdenklichen Wikipedia-Redakteure, die mit guten Absichten handeln, sich nicht einig sind.

Wikipedia wird natürlich kritisiert, und manchmal tadeln diese Kritiker diese oder jene Entscheidung zur Wortwahl in Wikipedia. Oder zu Quellen. Oder zu Fakten. Und das ist völlig in Ordnung. Die Offenheit für Diskussionen und Debatten macht Wikipedia im Kern aus. Doch allzu oft sprechen diese Kritiker so, als wäre *ihre* Bewertung offensichtlich die richtige und keine ernst zu nehmende Person könnte dem widersprechen – weil sie die Diskussionsseite des Artikels nicht gelesen haben, wo die Redakteure diskutieren. Sonst hätten sie nämlich gemerkt, dass ernst zu nehmende Leute *sehr wohl* widersprochen haben und zu anderen Schlüssen gelangt sind als der

Kritiker. Das bedeutet nicht zwangsläufig, dass der Kritiker falsch liegt. Es heißt nur, wir sollten alle ein wenig bescheidener sein, was unsere eigene Urteilsfähigkeit anbelangt, und offener dafür, dass andere die Dinge anders sehen könnten.

Weil – ja, ich sage es gerne noch einmal – vernünftige Leute verschiedener Meinung sein können.

LETZTLICH GEHT ES IMMER UM DEN ZWECK

Wikipedia ist eine Enzyklopädie: Das ist die erste Säule. Wikipedia ist nicht dazu da, die Meinung oder Interessen oder Politik oder Ideologie von irgendjemandem zu verbreiten. Nicht Ihre. Nicht meine. Nicht die von irgendjemand anderem. Wikipedia stellt der Welt Wissen zur Verfügung. Das ist ihr einziger Zweck. Durch ihre Unabhängigkeit stellt Wikipedia sicher, dass sie nicht von dieser Aufgabe abweicht. Und alle guten Wikipedia-Redakteure haben das tief verinnerlicht.

Der alte Ausdruck »ohne Ansehen der Person« trifft gut die Einstellung herausragender Redakteure. Er bedeutet, fair und unparteiisch zu sein. Objektiv. James Heilman ist ein Beispiel dafür. Zu seinem Beruf gehört es, auf dem neuesten Stand der medizinischen Forschung zu bleiben. Er schreibt auch deshalb intensiv Artikel für Wikipedia, weil ihm das dabei hilft. Was sagen die neuesten Studien über dieses und jenes? Heilman erkundet alles voller Wissbegier und berichtet auf Wikipedia. Es kümmert ihn nicht, ob eine Studie für irgendeinen Pharmakonzern oder eine Aktivistengruppe oder eine politische Partei gut oder schlecht ist. Um so etwas geht es ihm nicht, wenn er für Wikipedia schreibt. Er lässt seine Gefühle zu einem Thema nicht seine Arbeit beeinflussen. Er möchte nur die Fakten herausfinden und mit der Welt teilen. Das ist »ohne Ansehen der Person«. Im Jahr 2024 wurde ich Zeuge einer bemerkenswerten Demonstration dieser Haltung.

Anton Protsiuk war damals 26 Jahre alt. Er schrieb schon seit seinem vierzehnten Lebensjahr für Wikipedia. Nach der Schule machte er an der Uni einen Masterabschluss in Moderner Geschichte Westeuropas und der Vereinigten Staaten.

Dann marschierte Russland in sein Land ein.

Protsiuk ist Ukrainer. Er schreibt an der ukrainischen Version von Wikipedia, und selbst in den dunkelsten Tagen des Krieges, als heftige Kämpfe die Ostukraine verwüsteten und russische Raketen und Bomben ukrainische Städte zerstörten, ließ er sich nicht davon abbringen. Es versteht sich fast von selbst, dass Protsiuk persönlich keine neutrale Haltung zu diesem Krieg einnimmt. Sein Herz gehört der Ukraine. Er fühlt so, wie jeder in seiner Lage fühlen würde.

Deshalb habe ich ihn gefragt, wie er es schafft, einen neutralen Enzyklopädie-Artikel zu schreiben.

Seine Antwort begann mit einem Gesichtspunkt, der so vielen anderen entgeht, wenn sie sich auf offensichtlich kontroverse Themen in Wikipedia fokussieren und ausschließlich über diese sprechen. »Wikipedia ist eine große Enzyklopädie, und nur ein Bruchteil der Themen hat mit aktuellen Ereignissen zu tun«, sagte er. »Viele Wikipedia-Redakteure [sehen es] seit Kriegsbeginn als Ablenkungsmöglichkeit, über Themen zu schreiben, die nichts direkt mit dem Krieg zu tun haben. Ganz am Anfang des Krieges habe ich einen Artikel über die neueste Richterin am Obersten Gerichtshof der Vereinigten Staaten, Ketanji Brown Jackson, geschrieben.«

Aber manchmal könne man sich nicht der Realität des Krieges entziehen, gab er zu. »Es ist wichtig, in Bezug auf Themen, die diesen Krieg betreffen, einen neutralen Standpunkt beizubehalten. Und ich glaube, man muss immer im Auge behalten, dass man an einer Enzyklopädie schreibt. Das Ziel ist es, eine Enzyklopädie zu schreiben. Es gibt eine Menge andere Möglichkeiten, seine Meinung zu äußern. Ich habe einen Facebook-Account. Ich habe einen Twitteraccount. Ich habe andere Möglichkeiten, meine Meinung kundzutun. Dafür ist Wikipedia nicht da.«

Seit einigen Jahren verschmähen vor allem in den Vereinigten Staaten manche Journalisten und Medienwissenschaftler die traditionelle Objektivität oder Neutralität als Leitlinie für den Qualitätsjournalismus. Viele Kritikpunkte daran sind mild und beschränken sich meist darauf, Synonyme für Objektivität und Neutralität zu verwenden und auf subtilere Formen der Voreingenommenheit zu achten. Das ist in Ordnung. Radikalere Kritiker bestehen jedoch darauf, dass all diese altmodischen Bedenken hinsichtlich professioneller Distanz und Unvoreingenommenheit über Bord geworfen werden sollten. Es sei ehrlicher, wenn Journalisten ihre Gefühle und Meinungen in den Mittelpunkt ihrer Berichterstattung stellen. Ich wünschte, Leute mit einer solchen Ansicht hätten hören können, was mir Anton Protsiuk erzählt hat.

»Ich glaube, ich sage das nicht nur als Ukrainer«, sagte er, »aber die neutralen Fakten sprechen immer noch für die Ukraine, oder nicht?« Nicht die Ukraine ist in Russland einmarschiert, sondern Russland in die Ukraine. »Deshalb glaube ich, selbst eine Schilderung der wahren, neutralen Fakten unterstützt letztlich die Ukraine. Einfach wegen der Natur dieses Krieges.«

Beachten Sie, was Protsiuk implizit damit sagt.

Protsiuk glaubt, wenn man den Lesern die »wahren, neutralen Fakten« präsentiert, werden sie selbst zu dem Schluss kommen, dass die Ukraine im Recht ist. Er vertraut den Tatsachen. Noch wichtiger, er vertraut *den Lesern.* Man muss ihnen nicht erzählen, was sie denken sollen. Schildern Sie ihnen einfach die Fakten. Den Rest erledigen sie dann allein.

Wenn Parteigänger – egal welcher Couleur – von Informationsquellen verlangen, Tatsachen zu verschweigen, die nicht für ihre Seite sprechen, oder Informationen hinzuzufügen, nur weil diese ihre Gegner schlecht aussehen lassen, oder wenn sie darauf bestehen, dass Zeitungen und Zeitschriften ihre Seite bejubeln und die andere schlecht machen, dann zeigen sie dadurch nur ihr mangelndes Vertrauen in die Leserschaft. Denn wenn Ihre Seite wirklich recht hat und Sie informierten Lesern zutrauen, das zu merken, dann brauchen Sie eine neutrale Präsentation der Tatsachen nicht zu fürchten. Sie sollten sie begrüßen. So wie Anton Protsiuk.

Die einzige Frage ist, ob man wirklich auf die Leser vertraut.

Wikipedia tut das. Darum sind wir unabhängig.

KAPITEL SIEBEN

Klar wie Glas

[Regel #7

Transparenz wirkt vertrauensbildend,
besonders wenn man etwas zu verbergen hat.]

Ich möchte dieses Kapitel mit einer Geschichte über einen Politiker beginnen, dessen Namen Sie in diesem Zusammenhang vielleicht überrascht.

In den Wochen vor der US-Präsidentschaftswahl von 1952 hatten die Republikaner Oberwasser. Der amtierende Präsident Harry Truman von den Demokraten war unpopulär, und der von seiner Partei nominierte neue Kandidat Adlai Stevenson ziemlich unbekannt. Der republikanische Kandidat dagegen war Dwight D. Eisenhower, der berühmte General aus dem Zweiten Weltkrieg. Eisenhower führte in den Umfragen. Es schien so gut wie sicher, dass es nach zwei Jahrzehnten, in denen die Demokraten das Weiße Haus kontrolliert hatten, wieder einen republikanischen Präsidenten geben würde.

Aber dann machten plötzlich Schlagzeilen von einem Skandal die Runde. Er betraf Eisenhowers Vizepräsidentschaftskandidaten, einen jungen Senator aus Kalifornien namens Richard Nixon. Nixon habe eine schwarze Kasse, berichteten die Zeitungen. Allein die Tatsache, dass sie geheim war, legte etwas Anzügliches nahe, aber einige Zeitungen gingen noch weiter und behaupteten, dass Nixon mit dem Geld Luxusgüter für sich und seine Frau Pat kaufte. Und weil dieses Geld von reichen Spendern der Republikaner stammte, roch es nach Bestechung und Korruption.

Der Skandal zog immer weitere Kreise und drohte, den Wahlkampf zu ruinieren. Eisenhower war drauf und dran, seinen Kandidaten fallen zu lassen, um nicht mit ihm unterzugehen.

Nixon handelte rasch: An einem Dienstagabend übertrugen Radios in ganz Amerika die trauervolle Stimme des kalifornischen Senators. Nixon war sogar auf dem Fernsehbildschirm zu sehen, der erstaunlichen neuen Technologie, die sich im Land ausbreitete. Er gab mit demütigem und reuevollem Blick zu, dass die Kasse existierte. Aber er bestand darauf, dass sie nie für Luxusgüter genutzt worden und dass »nicht ein Cent« an ihn persönlich gegangen sei. Vielmehr sei das Geld für Wahlkampfkosten wie Zugfahrkarten und Briefmarken verwendet worden, die nicht aus den Mitteln für die Verwaltung seines Büros und damit von den Steuerzahlern getragen werden sollten.

Nixon hatte auch eine berührende kleine Geschichte parat, in der er gestand, dass seine Familie nach der vorherigen Wahl ein »Geschenk« erhalten hatte. »Ein Mann in Texas hörte, wie Pat im Radio erwähnte, dass unsere beiden jüngsten Kinder so gern einen Hund gehabt hätten«, sagte Nixon. »Und ob Sie es glauben oder nicht, am Tag bevor wir zu unserer Wahlkampftour aufbrachen, bekamen wir eine Nachricht von der Union Station in Baltimore, dass sie ein Paket für uns hätten. Wir gingen hin und holten es ab. Raten Sie mal, was es war. Es war ein kleiner Cockerspaniel in einem Verschlag, den der Mann den ganzen Weg von Texas hierhergeschickt hatte. Schwarz-weiß gefleckt. Und unsere kleine Tochter Tricia, die sechsjährige, taufte ihn Checkers. Und wissen Sie, die Kinder lieben diesen Hund, und das möchte ich jetzt betonen, egal was Sie jetzt dazu sagen, wir werden ihn behalten.«

Nixons Ansprache war einer der bis heute größten Publikumserfolge der amerikanischen Geschichte. Und sie schlug ein wie eine

Bombe. Nixon badete in Unterstützung und rettete seine Kandidatur. Er und Eisenhower gewannen die Wahl mit einem Erdrutschsieg.

Die Presse titulierte Nixons Ansprache sofort als die »Checkers Speech«, und die Geschichte wurde in den folgenden Jahrzehnten unzählige Male nacherzählt. Zum einen lag das an ihrer geschichtlichen Bedeutung – sie rettete die Karriere eines Mannes, der später zweimal die Präsidentschaftswahl gewinnen sollte, um dann in Schande abzutreten –, zum anderen war sie ein Beispiel für die Macht einer emotionalen Geschichte. Aber der zweite Punkt ist etwas irreführend. Die Geschichte über den Cockerspaniel ist denkwürdig, aber sie war nicht mehr als eine kleine Randnotiz in der Rede. Tatsächlich war Nixon genervt, dass die Menschen dazu übergingen, sein Meisterstück »Checkers Speech« zu nennen.

Im Zentrum von Nixons Ansprache stand etwas ganz anderes, das die Rede erst wirklich kraftvoll machte.

Nixon begann die Rede folgendermaßen: »Ich spreche heute Abend zu Ihnen als Vizepräsidentschaftskandidat und als Mann, dessen Ehrlichkeit und Integrität infrage gestellt werden. Wenn Beschuldigungen gegen jemanden erhoben werden, ist es gebräuchlich, sie entweder zu ignorieren oder zu leugnen, ohne ins Detail zu gehen.« Nixon sagte, er wolle das aber nicht tun. »Meine Theorie ist«, sagte er, »dass es die beste und einzige Antwort auf eine Verleumdung oder auf wirklich missverstandene Tatsachen ist, die Wahrheit zu sagen.«

Es folgten viele Richtigstellungen. Detail auf Detail. Nixon legte alle Tatsachen offen. Er zeigte auch zwei Dokumente. Das eine war eine Buchprüfung von einer angesehenen Buchhaltungsfirma, das andere ein Rechtsgutachten von einer Top-Anwaltskanzlei. »Ich möchte Ihnen das Rechtsgutachten vorlesen, das Gibson, Dunn & Crutcher auf der Basis aller einschlägigen Gesetze und Bestimmungen erstellt haben, zusammen mit der von amtlich zugelassenen Rechnungsprüfern erstellten Buchprüfung.« Und das tat Nixon. Ausführlich.

Ich werde hier nicht wiederholen, was Nixon vorlas, denn es war lang und langweilig. Aber unterm Strich war klar: Nixon hatte nichts aus der Kasse erhalten und keine Gesetze oder sonstigen Bestimmungen verletzt.

Wenn es Nixon nur darum gegangen wäre, sich rechtlich reinzuwaschen, dann wäre dies das Ende der Ansprache gewesen. Aber Nixon war schlauer und legte jetzt erst richtig los. »Was ich jetzt vorhabe«, fuhr er fort, »und das hat es im Übrigen in der Geschichte der amerikanischen Politik noch nie gegeben – ich werde jetzt den Fernsehzuschauern und Radiohörern meine komplette finanzielle Vergangenheit offenlegen; alles, was ich je ausgegeben habe; alles, was ich je geschuldet habe. Ich möchte, dass Sie die Fakten kennen«, sagte Nixon ernst. »Dafür muss ich früh anfangen. Ich bin 1913 geboren ...«

Es folgte eine Liste von Fakten, die so langweilig war, dass selbst ein Buchhalter darüber einschlafen konnte: Wie viel Geld Nixon und Pat bis 1945 gespart hatten (10 000 Dollar in Regierungsanleihen), sein Gehalt als Kongressmitglied, dann als Senator, das durchschnittliche jährliche Einkommen, das er durch »nicht-politische Reden und Vorträge« erzielte (1500 Dollar), was er aus dem Vermögen seines Großvaters geerbt hatte (1500 Dollar), die Marke und das Alter seines Autos (Oldsmobile, 1950), die Miete für eine Wohnung in Virginia, in der die Nixons lebten (80 Dollar im Monat), der Preis für das Haus, das die Nixons später gekauft hatten (41 000 Dollar), wie hoch die Hypothek war, die sie noch abbezahlen mussten (20 000 Dollar), die Höhe eines Kredits von der Riggs Bank in Washington, D. C. (4500 Dollar) und die Zinsrate für diesen Kredit (4,5 Prozent). Und so weiter und so weiter.

Die ganze Rede dauerte eine halbe Stunde, und die meiste Zeit ging es darum, jeden Vermögenswert und jede Verbindlichkeit zu verlesen, die Richard Nixon und seine Frau jemals gehabt hatten. Es war vielleicht die langweiligste halbe Stunde der Hauptsendezeit in der Fernsehgeschichte. Und doch löschte diese Ansprache augenblicklich den Skandal aus und verschaffte Nixon das Vertrauen von Millionen von US-Amerikanern.

Ich kann keine Gedanken lesen und schon gar nicht die von US-Amerikanern aus vergangenen Zeiten. Aber ich habe einen starken Verdacht, warum diese Rede so wirksam war. Und es war nicht der Cockerspaniel.

Zum einen kam Nixon aus bescheidenen Verhältnissen. Wenn er also seine persönlichen finanziellen Verhältnisse seit der Geburt offenlegte, zeigte er der Bevölkerung damit gleichzeitig, dass er ein gewöhnlicher Mensch war – so wie sie. Das ist gute Politik.

Aber unterschätzen Sie nicht, wie peinlich das für ihn war.

In diesen Zeiten war Privatsphäre wichtig. Man sprach einfach nicht öffentlich über persönliche finanzielle Belange. Ihre Hypothek? Ihre Ersparnisse? Was Sie von Ihrem Großvater geerbt haben? Solche Informationen waren absolut privat. Sie öffentlich zu enthüllen war undenkbar. Und das alles im öffentlichen Radio und Fernsehen? So etwas hatte noch nie jemand getan. Was Nixon da tat, war absolut demütigend.

Und *deshalb* war es so wirksam.

Nixon verstand, dass es seinen Worten Glaubwürdigkeit verlieh, jedes quälende Detail offenzulegen.

Ein Mann, der glaubwürdig spricht, ist ehrlich. Und ein ehrlicher Mann ist vertrauenswürdig.

Richard Nixon stand vor einem Skandal, der seine Karriere hätte beenden können, doch er konnte die US-Amerikaner überzeugen, ihm zu vertrauen. Das gelang ihm mit der Kraft der Transparenz.

EINE SELBSTBELASTENDE AUSSAGE

Als Rechtsanwalt wusste Nixon zweifellos, dass es im US-amerikanischen Recht – und im britischen Recht, von dem es geprägt ist – eine sehr alte Regel gibt, die »Hörensagen« verbietet, wie es Rechtsanwälte nennen.

Hörensagen ist eine außerhalb des Gerichts gemachte Aussage, die als Beweismittel im Gericht eingebracht wird.

Stellen Sie sich vor, ich höre eines Tages Smith draußen auf der Straße sagen: »Ich habe gesehen, wie Jones mit der Waffe abgedrückt hat.« Eine Rechtsanwältin, die beweisen möchte, dass Jones geschossen hat, ruft mich als Zeugen auf. Vor Gericht sage ich: »Ich habe gehört, dass Smith gesagt hat, er habe gesehen, wie Jones mit der

Waffe abgedrückt hat.« Das ist Hörensagen. Es ist nicht zugelassen. Der Richter wird mich stoppen und meine Worte aus dem Protokoll streichen lassen. Wenn die Rechtsanwältin Smiths Aussage als Beweismittel möchte, muss sie Smith zur Zeugenaussage aufrufen, nicht mich.

Der Grund für diese Regel ist naheliegend: Wenn Smith aussagt, können die Geschworenen seinen Worten lauschen und sehen, wer Smith ist, wie er sich präsentiert – und einschätzen, ob Smith die Wahrheit sagt oder nicht. Wenn ich Aussagen über das mache, was ich Smith sagen gehört habe, können sie das alles nicht. Das macht das Hörensagen unzuverlässig, weshalb es verboten ist. Aber es gibt eine wichtige Ausnahme.

Hörensagen *kann* als Beweismittel benutzt werden, wenn das, was Smith gesagt hat, »eine selbstbelastende Aussage« war. Was als eine solche zählt, unterscheidet sich von Ort zu Ort, aber im Grunde ist damit eine Aussage gemeint, die Smith schadet. Vielleicht riskiert er durch sie eine Strafanzeige oder eine Zivilklage. Oder vielleicht könnte sie dazu führen, dass Smith von der Öffentlichkeit verachtet wird. Wenn die Aussage Smith schadet, ist Hörensagen erlaubt. Die Gerichte haben nämlich schon lange herausgefunden, dass eine selbstbelastende Aussage wahrscheinlich der Wahrheit entspricht. Was ja auch absolut einleuchtet: Wenn Ihnen eine Aussage schaden könnte, haben Sie gute Gründe, zu schweigen. Wenn Sie trotzdem reden, müssen Sie wirklich glauben, was Sie sagen. Kurz gesagt, Ihre Aussage ist glaubwürdig.

Nicht nur die Gerichte wissen das schon lange. Viele andere auch. Und Menschen wie Richard Nixon machen es sich zunutze.

DIE GANZE WAHRHEIT

Im Jahr 1986 startete ein kanadisches Unternehmen namens Buckley's – ein Hersteller von Erkältungsmitteln – eine neue Werbekampagne, die zu einer bedeutenden Innovation auf dem Gebiet der Vermarktung von Medizinprodukten führte. In der Anzeige sah man keine Menschen, die vorher krank gewesen waren und jetzt lächelnd aus dem Bett hüpften und in die Sonne hinausrannten. Stattdessen zeigten die Anzeigen von Buckley's Menschen, die Grimassen schnitten und ganz elend aussahen, während sie einen Löffel des Hustensafts schluckten. Warum? Buckley's schmeckt fürchterlich.

»Es schmeckt fürchterlich«, stand darunter. »Und es funktioniert.«

Buckley's Hustensaft wurde 1919 erfunden und wird seither in Kanada verkauft. Anfang der 1980er-Jahre dümpelte er auf den unteren Rängen des Marktsegments an neunter oder zehnter Stelle. Die kontraintuitive neue Werbekampagne trieb jedoch den Verkauf in die Höhe. Buckley's schoss auf den ersten Platz.[84]

Richard Nixon würde verstehen, warum: »Es schmeckt fürchterlich« ist eine Feststellung, die Buckley's schadet. Das macht die Aussage glaubwürdig und verleiht der nächsten Aussage – »Und es funktioniert« – mehr Glaubwürdigkeit.

Buckley's war bei Weitem nicht der erste Werbetreibende, der diese Technik nutzte. Anfang der 1960er-Jahre, als die Vereinigten Staaten große, schicke, teure Autos mit langen, geraden Linien liebten, brachte Volkswagen ein Auto auf den amerikanischen Markt, das klein und billig war und dessen Form einem Marienkäfer glich. Wenn die Leute einen Volkwagen sahen, war ihre erste Reaktion so ähnlich, wie wenn sie Buckley's Hustensaft probierten. Deshalb nutzte die Werbekampagne den Slogan: »Er ist hässlich, aber er bringt sie ans Ziel.« Der Käfer wurde ein Hit, der eine Ära prägte, und das Prinzip war geboren, mit selbstbelastenden Aussagen zu werben. Bald gehörte es beim Marketing fast zum guten Ton, ein Produkt hässlich zu nennen.[85]

Ich muss aber zugeben, dass Werbefachleute, Rechtsanwälte und Politiker nicht wirklich einen tadellosen Ruf genießen, ehrlich zu sein. Und Richard Nixon? Er wurde nicht ohne Grund »Tricky Dick« genannt. Es wäre also verständlich, wenn Ihnen das alles wie eine zynische Form von Manipulation vorkommt. Ich bin sicher, dass skrupellose Menschen manchmal *tatsächlich* selbstbelastende Aussagen auf diese Weise nutzen. Es hängt jedoch davon ab, wie die Leute die Ehrlichkeit des Redners einschätzen. Wenn jemand dabei nicht ernsthaft und ehrlich vorgeht, kann das ganz leicht nach hinten losgehen. Der Slogan von Volkswagen funktionierte, weil er stimmte, so wie auch der von Buckley's der Wahrheit entsprach und alles auf Richard Nixons langer Liste von Enthüllungen tatsächlich so war. Es ist also nicht unethisch, auf diese Weise Vertrauen aufzubauen. Tatsächlich kann die vertrauensbildende Kraft der Transparenz einen positiven Anreiz bieten, negative Informationen offen auszusprechen, und damit Menschen und Organisationen ermutigen, sich besser zu verhalten.

Das wurde auch in einer Studie über wissenschaftliche Fachzeitschriften deutlich.

Für Akademiker ist es entscheidend, Artikel in guten Fachzeitschriften zu veröffentlichen, um die Karriere voranzubringen, einen Ruf aufzubauen und Fördermittel einzuwerben. Am schlimmsten ist es, wenn ein schon veröffentlichter Artikel offiziell zurückgezogen wird, nachdem ernsthafte Fehler oder absichtliche Täuschungen darin entdeckt wurden. Das ist ein Albtraum für Akademiker.

Aber *wie sehr* schädigt es den Ruf eines Akademikers, wenn einer seiner Artikel zurückgezogen wird? Forscher hatten eine schlaue Idee, wie sie das herausfinden konnten. In wissenschaftlichen Artikeln werden andere wissenschaftliche Artikel zitiert, und je öfter ein Artikel zitiert wird, desto einflussreicher ist er. Zitationen setzen jedoch Vertrauen voraus. Würde man einem wissenschaftlichen Artikel vertrauen, der gerade offiziell zurückgezogen wurde, weil der Autor bei den Daten darin gelogen hat? Natürlich nicht. Und man wird nicht nur den zurückgezogenen Artikel meiden, sondern auch die früheren Artikel dieses Autors, denn sie könnten ebenfalls fehlerhaft sein.

Als die Forscher Daten sammelten, fanden sie genau das, was man in einem solchen Fall erwarten würde: Der Ruf des Wissenschaftlers erleidet einen schweren Schlag, und seine früheren Veröffentlichungen werden wesentlich seltener zitiert. Es gab aber eine große Ausnahme.

Wenn ein Artikel offiziell zurückgezogen wurde, weil der Autor eingestanden hatte, dass er fehlerhaft war, und darum bat, ihn zurückzuziehen, tat das dem Ruf dieser Person keinen Abbruch. Tatsächlich gab es schwache Anzeichen dafür, dass die anderen Artikel dieses Autors *häufiger* zitiert wurden. Mit anderen Worten, wenn ein Autor die Flucht nach vorne antrat, die Fehler in seinem Artikel offen zugab und darum bat, ihn zurückzuziehen, konnte er dadurch von einer sogenannten Vertrauensdividende profitieren.[86] Diese Ehrlichkeit sollte in der Wissenschaft selbstverständlich sein. Und im Leben. Sie *sollte* belohnt werden.

Wenn ich Sie jetzt immer noch nicht überzeugt habe, dass es ethisch einwandfrei sein kann, Vertrauen durch Transparenz zu steigern, betrachten wir zwei geradlinige Menschen: Warren Buffett und Thomas Friedman.

Wie schon erwähnt, ist Buffett für seine unumstößliche Ehrlichkeit berühmt. Kein Pfeil fliegt gerader als Warren Buffett. Aber wie der Psychologe Robert Cialdini als Erster festgestellt hat, benutzt Buffett seit Langem den »Schmeckt schrecklich und funktioniert«-Ansatz in den jährlichen Aktionärsberichten von Berkshire Hathaway, in denen Buffetts persönlich verfasste Updates eine begeisterte Leserschaft gefunden haben. Seine Technik ist einfach: Buffett beginnt immer mit der Besprechung eines Fehlers oder Rückschlags; erst dann macht er mit den guten Nachrichten und aufregenden Zukunftsplänen weiter. In Jahren, in denen es keinen neuen Fehler oder Rückschläge einzugestehen gibt, führt er welche aus vorangegangenen Jahren auf. Aber er beginnt immer mit einem Eingeständnis.[87]

Und dann ist da noch Thomas Friedman. Er ist dreimaliger Gewinner des Pulitzerpreises, ein weltweit geachteter Autor von Büchern über internationale Themen und Langzeitkolumnist der *New York Times*. Vertrauen sei die Grundlage seiner ganzen Tätigkeit, sagt er. »Vertrauen ist die Währung in meinem Gefilde. Wenn Ihnen die Leser nicht vertrauen, lesen sie Ihre Artikel nicht und Sie bewirken nichts. Deshalb nehme ich das sehr ernst.«

Um das Vertrauen der Leser zu gewinnen und zu erhalten, sind laut Friedman zwei Schritte entscheidend.

Erstens: »Stellen Sie sicher, dass Ihre Fakten stimmen, und wenn sie falsch sind, stellen Sie sie richtig.« Richtigstellungen tun weh.

Niemand sagt gern: »Ich hab's verbockt.« Aber dadurch wird Vertrauen aufgebaut.

Zweitens sagt Friedman: »Ich glaube, für das Vertrauen der Leser ist es wirklich wichtig, dass Sie unparteiisch sind.« Die Aufgabe von Meinungsjournalisten ist es, eine Meinung zu haben und Stellung zu beziehen. Aber manche Kolumnisten beziehen für eine Seite Stellung und weichen niemals davon ab. Sie unterstützen immer die Leute auf ihrer Seite und verdammen die im anderen Lager, unabhängig von der Faktenlage im jeweiligen Fall. Friedman sagt, das sei ein großer Fehler. Unparteiisch zu sein bedeutet, im Zweifelsfall auch die eigenen Leute zu kritisieren, wenn es nötig ist, und die anderen zu loben, wenn sie es verdient haben. Auch wenn Sie dafür die Zähne zusammenbeißen müssen.

Friedman ist Demokrat, und zu sagen, dass er kein Fan des republikanischen Präsidenten Donald Trump ist, wäre maßlos untertrieben. Aber als Trump im Jahr 2020 Israel, die Vereinigten Arabischen Emirate und verschiedene weitere Länder dazu brachte, ihre Beziehungen durch die Unterzeichnung des Abraham-Abkommens zu normalisieren, lobte er diese Vereinbarung. »Ich schrieb eine Kolumne, dass ich das einfach fantastisch fand. [Trump] rief mich deshalb an und sagte: ›Tom, ich kann nicht glauben, dass die *New York Times* Sie das sagen lässt.‹ Ich antwortete ihm: ›Sie wissen, ich kann schreiben, was immer ich will‹, und das stimmt auch. Und ich kann Ihnen gar nicht sagen, wie viele Republikaner danach davon Notiz nahmen. Menschen von der anderen Seite fangen an, Ihnen zu vertrauen, wenn sie sehen, dass Sie etwas tun, das Ihnen wirklich schwerfällt.«

Der junge Richard Nixon hatte recht, als er sagte, wenn Beschuldigungen gegen jemanden erhoben würden, sei es gebräuchlich, sie entweder zu ignorieren oder ohne nähere Erklärung zu leugnen. Genauso üblich ist es, Informationen, die einem irgendwie schaden könnten, zu verbergen, zu ignorieren oder kleinzureden. Wir tun das, weil wir befürchten, andernfalls unsere Glaubwürdigkeit und das Vertrauen anderer zu verspielen, was beides für uns essenziell ist.

Nixon hatte aber auch recht, dass es eine bessere Methode für den Schutz dieses wertvollen Vertrauens gibt: nämlich genau das

Gegenteil davon zu tun. Nichts verstecken. Die Vorhänge öffnen. Das Licht anschalten. So transparent sein wie ein frisch geputztes Fenster und jeden hereinsehen lassen.

Wenn der Präsident Nixon konsequent dem Pfad des Senators Nixon gefolgt wäre, hätte sich wahrscheinlich vieles völlig anders entwickelt für Tricky Dick.

RADIKAL TRANSPARENT

Bei Wikipedia ist unser Modell der junge Nixon.

Wenn Sie viel Zeit auf Wikipedia verbringen, ist Ihnen zweifellos schon einmal eines unserer großen redaktionellen Banner aufgefallen. Sie befinden sich gewöhnlich am Anfang eines Artikels oder eines Abschnitts.

Es gibt mehrere verschiedene dieser Banner. Eines lautet: »Diese Projektseite bedarf einer grundsätzlichen Überarbeitung. Näheres sollte auf der Diskussionsseite angegeben sein. Bitte beteilige dich an der Verbesserung und entferne anschließend diese Markierung.« Ein weiteres: »Dieser Artikel scheint mehr als ein Lemma zu behandeln, geht auf einen Teilaspekt des Themas zu ausführlich ein oder ist unüberschaubar lang. Es wird darum eine Auslagerung eines Teils des Textes in einen anderen oder in einen neuen Artikel vorgeschlagen.« Neben diesen Hinweisen befinden sich kleine Symbole. In der Wikipedia-Welt bedeuten sie, dass der Artikel Schwachstellen hat.

Diese »Bewertungsbausteine« sind Standardvorlagen. Jeder Redakteur kann einen zu jedem beliebigen Artikel hinzufügen, wo er für alle Redakteure und Leser sichtbar ist. Es stehen viele solche Bausteine zur Auswahl, und häufig geht es um mehr als nur einfache Verbesserungen.

Einer warnt beispielsweise: »Dieser Artikel 1 steht im Widerspruch zu den Informationen aus dem Artikel 2.«

Banner wie dieses machen Redakteure und Leser auf Probleme mit der Substanz von Artikeln aufmerksam. Sie sind Warnungen, und manche üben unmissverständliche Kritik.

Hier ist ein Beispiel: »Dieser Artikel oder nachfolgende Abschnitt ist nicht hinreichend mit Belegen (beispielsweise Einzelnachweisen) ausgestattet. Angaben ohne ausreichenden Beleg könnten demnächst entfernt werden. Bitte hilf Wikipedia, indem du die Angaben recherchierst und gute Belege einfügst.«

Und hier noch eines: »In diesem Artikel oder Abschnitt fehlen noch folgende wichtige Informationen:

Auflistung der Lücken.

Hilf der Wikipedia, indem du sie recherchierst und einfügst.«

Oder: »Die Neutralität dieses Artikels oder Abschnitts ist umstritten. Eine Begründung steht auf der Diskussionsseite.«

Die Warnhinweise sind mit Symbolen wie Ausrufezeichen, Fragezeichen oder Werkzeugen versehen, um ihre Bedeutung zu unterstreichen. Und weil sie am Anfang des Artikels stehen, sind sie nicht zu übersehen. Zeitungen und Zeitschriften machen das nicht, genauso wenig wie Enzyklopädien und wissenschaftliche Fachzeitschriften. Mir fällt tatsächlich keine größere Publikation auf der ganzen Welt ein, die etwas Ähnliches macht.

Das ist *radikale* Transparenz.

Wenn es den Vertrauensaufbau fördern würde, Kritik und peinliche Enthüllungen in einem verschlossenen Koffer auf dem Dachboden aufzubewahren, würden sich diese Warnbanner wie Säure durch das Vertrauen der Leser fressen. Das tun sie eindeutig nicht. Ich denke, sie bewirken genau das Gegenteil.

Wie jede menschliche Kreation hat Wikipedia Makel. Vorurteile und Fehler können sich einschleichen, Autoren und Redakteure können auf jede erdenkliche Art und Weise Mist bauen. Der Fantasie sind da keine Grenzen gesetzt. Aber Wikipedia verleugnet das nicht und präsentiert definitiv keine perfekte Fassade. Stattdessen lädt Wikipedia jeden ein, Angaben, die seiner Meinung nach falsch sind, zu markieren. So können alle darüber diskutieren und den betreffenden Artikel gegebenenfalls verbessern. Das baut meiner Wahrnehmung nach bei Lesern Vertrauen auf.

Diese Markierungen sind bei Wikipedia zudem nur die offensichtlichste Art von Transparenz.

Wenn jemand auf Wikipedia etwas als Tatsache darstellt, dann fordern wir die Leser nicht auf, darauf zu vertrauen, dass die Behauptung korrekt ist. Wir bitten die Autoren, eine glaubwürdige Quelle anzugeben, die diese Behauptung stützt. Jeder kann diese Quelle überprüfen und sich selbst ein Bild machen – nicht nur, was ihre Qualität betrifft, sondern auch, ob sie in Wikipedia korrekt wiedergegeben wird. Wojciech Pędzich, ein herausragender Redakteur der polnischen Wikipedia (eine der ältesten und umfangreichsten nicht englischsprachigen Wikipedias) lenkte meine Aufmerksamkeit auf ein großartiges Beispiel dafür: Der polnische Wikipedia-Artikel über die britische Heavy-Metal-Band Iron Maiden ist unglaublich ausführlich und detailliert. Er ist hauptsächlich das Werk eines der größten Fans der Gruppe, aber unterscheidet sich von den üblichen Artikeln aus Fanzeitschriften. Dieser Superfan besitzt »eine ganze Wand mit Büchern und Zeitschriften über Iron Maiden«, sagte Pędzich. Alles, was er schreibt, ist sorgfältig durch diese Quellen belegt. »Als ich das letzte Mal nachsah, war er bei gut 950 Quellenverweisen angelangt.«

»Vertrauen ist gut, Kontrolle ist besser« heißt ein altes russisches Sprichwort, das durch Ronald Reagan in den 1980er-Jahren zu einem geflügelten Spruch wurde. Die Vereinigten Staaten und die Sowjetunion unterzeichneten damals Abrüstungsverträge (Vertrauen), zu denen auch Inspektionsmechanismen gehörten, um deren Einhaltung zu überprüfen (Kontrolle).[88] Wikipedia zeigt, wie Vertrauen und Kontrolle verbunden sind: Wenn ich transparent mache, was ich tue, und Ihnen die Möglichkeit gebe, alles zu Ihrer Zufriedenheit zu überprüfen, werden Sie mir mehr Vertrauen schenken – auch wenn Sie nicht jeden einzelnen der 950 Verweise in diesem polnischen Artikel über Iron Maiden nachprüfen.

Zudem wird so ziemlich alles, was auf Wikipedia geschieht, aufgezeichnet und gespeichert. Für immer. Möchten Sie sehen, wer zu einem Artikel beigetragen hat? Wer welche Entscheidungen getroffen hat? Wer zu diesen Entscheidungen was gesagt hat? Auf der Diskussionsseite steht all das nachzulesen. Und nicht nur für das, was gerade verändert wurde. Wenn es einen Artikel seit Jahrzehnten gibt, kann man sich in die Protokolle vertiefen, die bis zum Anfang des Artikels zurückreichen. Wer sich die Mühe machen will, kann das gesamte Leben dieses Artikels nachvollziehen, vom Beginn bis zur gegenwärtigen Form. Es ist alles da.

In den frühen Tagen von Wikipedia, als die Homepage noch die wichtigste Seite jedes Webauftritts war, beschloss irgendein Spaßvogel, dass die Homepage von Wikipedia ein großes Foto von einem menschlichen Penis brauchte. Wir beeilten uns, es zu entfernen. Der Witzbold lud es wieder hoch. Wir entfernten es. Er lud es wieder hoch. Das ging quälend lange so. Und wenn sich jemand durch die Editionsprotokolle vieler Jahre wühlen wollte, dann könnte er dank unserer Politik der radikalen Transparenz den ganzen absurden Vorfall noch einmal nachbilden. Wenn man sich für eine Politik der Transparenz entschieden hat, kann man dabei nicht wählerisch sein.

Zur Transparenz von Wikipedia gehört sogar, wie Wikipedia über sich selbst schreibt. Es gibt keinen Wikipedia-Artikel, in dem Loblieder auf Wikipedia aufgelistet werden, aber es gibt einen langen und detaillierten Artikel mit dem Titel »Kritik an Wikipedia«.[89]

Möchten Sie etwas über unsere Fehler und Skandale lesen? Sie werden alle dort aufgelistet. Oder über Kritik an Wikipedia? Sie ist ordentlich nach Typ in Kategorien eingeteilt (Verfehlung des enzyklopädischen Anspruchs, Inhaltliche Beeinflussungen, Qualitätsfragen, Rechtsfragen, Bedrohung traditioneller Medien, Mitarbeiterstruktur) und Untertyp (die inhaltlichen Beeinflussungen sind beispielsweise unterteilt in: Strikte Relevanzkriterien und schnelles Löschen, Unausgewogenheit, Einflussnahme durch Interessengruppen, Bezahltes Schreiben und mehr). Und das ist nur ein Überblick! Es gibt auch lange, detaillierte Artikel über bestimmte Vorfälle und Streitpunkte wie die Seigenthaler-Affäre, die ich am Anfang des Buches erwähnt habe.[90]

Und vergessen Sie mich nicht! In den letzten 25 Jahren gab es gelegentlich (kleine) Schlagzeilen über mich, auf die ich gerne hätte verzichten können. Das können Sie alles im Wikipedia-Artikel über mich nachlesen. Ich bin auch immer wieder in interne Streitigkeiten und Kontroversen verwickelt. Zum Beispiel, als ich damals Nupedia für die Zukunft der Enzyklopädien hielt und einen Doktoranden namens Larry Sanger anstellte, der mit mir an diesem Projekt arbeiten sollte. Larry war maßgeblich an der Umstellung auf Wikipedia und dem Lancieren der Website beteiligt. Ich habe mich lange als »der Gründer von Wikipedia« bezeichnet, aber in Anbetracht von Larrys Beiträgen denken manche, ich sollte lieber Mitgründer sagen. Tatsächlich bezeichnet der Wikipedia-Artikel über Larry ihn als Mitgründer von Wikipedia.

Das ist jetzt nicht gerade ein Watergate-Skandal, aber wer mehr über die Gründungsgeschichte von Wikipedia erfahren will, könnte es interessant finden. Wenn Sie also mehr darüber lesen wollen, finden Sie natürlich alle Einzelheiten in den Wikipedia-Artikeln über mich, Larry Sanger und die Geschichte von Wikipedia. Und ich hoffe wirklich, dass Sie diese Artikel alle lesen werden, weil ich tatsächlich finde, dass Larrys früher Beitrag zu Wikipedia nicht genug Anerkennung bekommt. Ich sollte auch erwähnen, dass der Eintrag über Larry eine ausführliche Darstellung seiner Kritik an Wikipedia enthält. Wie Sie sich denken können, habe ich eine andere Meinung dazu, aber seine Kritikpunkte an Wikipedia sind alle auf dieser Plattform zu finden, weil das für Wikipedia zentral ist.

Und weil ich ja so klar wie Glas sein will, sollte ich fürs Protokoll noch erwähnen, dass Tom Friedman ein Freund von mir ist. (Er ist auch ein grundanständiger Mensch.)

Vielleicht müsste ich auch zugeben, dass ich in der dritten Klasse mal abgeschrieben habe, aber ich glaube, mittlerweile ist mein Punkt rübergekommen. Transparenz baut Vertrauen auf, und Vertrauen ist gut für die Menschen.

Transparenz kann auch für Unternehmen gut sein, wie Airbnb herausgefunden hat – auf die harte Tour.

DER DURCHBRUCH VON AIRBNB

Viele Kapitel weiter oben habe ich erwähnt, dass Airbnb nach seiner Gründung im Jahr 2007 einen holprigen Start hinlegte. Die drei Gründer arbeiteten in den folgenden beiden Jahren lang und hart, doch Airbnb dümpelte vor sich hin.

Ab 2010 zahlte sich die harte Arbeit jedoch allmählich aus, erst mit Investitionen von Risikokapitalgebern, dann mit zunehmenden Wohnungsinseraten und Buchungen. 2011 verwandelte sich alles in Gold. Das Wachstum war explosionsartig. Zusätzliche Investitionen hoben den Wert des Unternehmens auf 1,2 Milliarden Dollar, was Airbnb zu einem begehrten Start-up-Unicorn machte (ein neues Unternehmen, das über 1 Milliarde Dollar wert ist). Und das Beste war, dass die Geschäfte des Unternehmens ruhig liefen und nicht durch Ereignisse wie Brandstiftung und Axtmorde getrübt wurden – jene Horrorszenarien, die anfangs potenzielle Investoren abgeschreckt hatten. Im Mai 2011 wurde Firmenchef und Mitgründer Brian Chesky in einem Interview gefragt, welche Risiken für Gastgeber und Gäste bestünden. Da prahlte er: »Wir hatten bis jetzt Buchungen für 1,6 Millionen Nächte, und niemandem ist etwas passiert, es gibt keine Berichte über größere Probleme.«

Sie können sich wahrscheinlich denken, was dann passierte.

Am 29. Juni 2011 postete eine Frau unter dem Kürzel »EJ« Folgendes in ihrem Blog: »Ich sitze zusammengekauert auf den mit Teppich verkleideten alten Stufen meines Wohnhauses, wie ein Fötus nach vorne gekrümmt«, schrieb sie. »Ich bin auf dem letzten Treppenabsatz vor dem obersten Stockwerk, wo ich wohne. Aber ich kann die mentale Energie für die letzten Schritte in meine Wohnung nicht aufbringen.«[91] Drei Tage zuvor hatte EJ entdeckt, dass die Leute, die ihre Wohnung in San Francisco auf Airbnb gemietet hatten, gehaust hatten wie die Vandalen.

Plünderung war noch das geringste Problem. Die Chaoten hatten ihre Kleider und Kissen zerschnitten, Bleichpulver verstreut und dann noch Bettlaken und Kleidungsstücke in der offenen Feuerstelle bei geschlossenem Rauchabzug verbrannt, sodass die Zimmer mit Asche bedeckt waren. Es war eine grausame Zerstörungswut ohne ersichtlichen Grund. EJ war eine freischaffende Schriftstellerin, und sie packte ihren Schock und ihren Schmerz in beißende Worte, die durch ihre sichtlich maßvolle und vernünftige Haltung umso mehr Kraft bekamen. »Ich glaube wirklich, dass ungefähr 97 Prozent der Nutzer von airbnb.com gute und ehrliche Leute sind«, schrieb sie. »Leider hatte ich es mit den anderen 3 Prozent zu tun.«

Als EJ entdeckte, dass ihre Wohnung verwüstet worden war, rief sie ihren Worten zufolge als Erstes die Polizei. Sie sah zu, wie die Polizisten mit gezogener Waffe die Wohnung betraten. Ihr nächster Anruf galt Airbnb. Niemand antwortete. Das Unternehmen meldete sich erst am nächsten Tag. EJ lobte zwar großmütig die Leute vom Kundenservice dafür, dass sie – nachdem sie schließlich jemanden erreicht hatte – »Empathie, emotionale Unterstützung und echte Besorgnis um mein Wohlergehen« gezeigt hätten, doch viel mehr hatte das Unternehmen nicht getan. Wofür, fragte sie, hatte Airbnb also eine Gebühr aus der Vermietung bezogen? Was bot ihr Airbnb, das sie nicht auch mit einer kostenlosen Anzeige bekommen hätte, die offen darauf hinweist, dass die Nutzer alle Risiken selbst übernehmen und auf sich allein gestellt sind?

EJs Post ging viral. Und Airbnb verfiel in das unternehmerische Äquivalent eines Schockzustandes.

Die Anwälte gaben Chesky den üblichen Rat für eine solche Situation. Lassen Sie die Anwälte verhandeln, sagten sie. Lassen Sie den Kundenservice ein paar nette Worte sagen. Aber der CEO? Kein Wort. Machen Sie weiter, als wäre nichts geschehen. Chesky befolgte diesen Rat. Ein Monat verging, aber es wuchs kein Gras über die Sache. Die Verwirrung und die Kommunikationsprobleme nahmen immer mehr zu.

Chesky wurde zornig, nicht zuletzt auf sich selbst. Und dann tat er etwas für einen CEO auf dem heißen Stuhl sehr Unübliches: Er übernahm die Verantwortung für die Unzulänglichkeiten des Unternehmens. »Im Lauf der letzten vier Wochen haben wir wirklich Mist gebaut«, schrieb Chesky in einer öffentlichen Erklärung. »Wir haben [EJ] im Stich gelassen, und das tut uns sehr leid. Wir hätten schneller reagieren, sensibler kommunizieren und entschiedener handeln sollen.«

In Cheskys Erklärung gab es keine juristischen Spitzfindigkeiten. Er ging hart mit sich und seinem Unternehmen ins Gericht. Ausführlich und detailliert.

»Unser ganzes Geschäftsmodell ist auf Vertrauen aufgebaut, also hätten wir uns in diesem Moment menschlich verhalten sollen«, erinnerte sich der Mitgründer Nathan Blecharczyk, als wir über den Vorfall sprachen. »Ich glaube, wir haben uns aber wie ein Unternehmen verhalten. Wir haben das getan, was uns die Anwälte geraten hatten, nämlich: Sagen Sie so wenig wie möglich dazu, bleiben Sie oberflächlich, übernehmen Sie keine Verantwortung.«

Erinnern Sie sich noch an Kapitel 1 und die erste Regel des Vertrauens? *Machen Sie es zu einer persönlichen Sache.* Menschen beurteilen die Vertrauenswürdigkeit anderer schon seit Menschengedenken, und die meiste Zeit benutzten sie dafür keine abstrakten Begriffe für große Einheiten wie »das Unternehmen« oder »die Regierung«. Sie taten es von Person zu Person. Kann ich dir vertrauen, mein Maisfeld zu bestellen und in meiner Hütte zu schlafen, solange ich auf die Jagd gehe? Solche Urteile wurden von Angesicht zu Angesicht gefällt.

Deshalb ist es nicht überraschend, dass das von Wissenschaftlern entwickelte Modell zur Beschreibung, wie Menschen Vertrauenswürdigkeit einschätzen, so perfekt in diesen menschlichen Maßstab passt. Hier ist das Dreieck noch einmal.

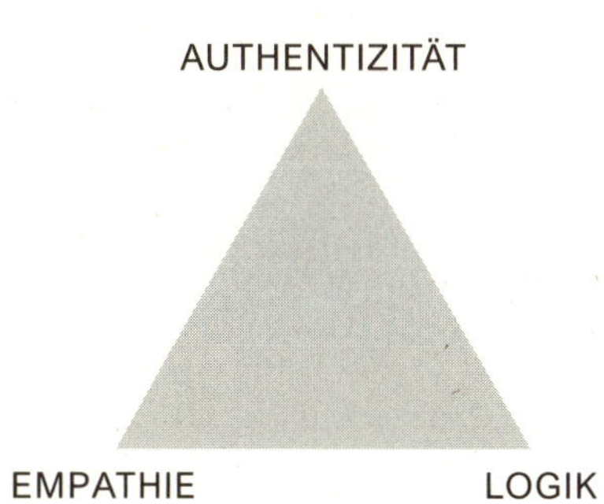

Stellen Sie sich drei einfache Fragen: Erstens, ist Ihr Gegenüber eine authentische, ehrliche und integre Person, der es etwas ausmachen würde, ein Versprechen nicht einzuhalten? Zweitens, ist sie Ihnen und anderen gegenüber empathisch und fürsorglich? Und drittens, kann sie liefern, kann sie am Ende auch leisten, was erforderlich wäre?

Durch diese Brille gesehen war Cheskys unverblümte, ehrliche Stellungnahme dazu, wo Airbnb EJ und ihrer verwüsteten Wohnung gegenüber versagt hatte – seine transparente selbstbelastende Aussage –, entscheidend. Nichts fühlt sich ehrlicher an als ein Eingeständnis. Und nichts erzeugt den Eindruck von Authentizität und Integrität schneller.

Doch Chesky ging noch weiter. Er machte deutlich, dass er verstand, wie verletzt EJ war, wie sie gelitten hatte, weil Airbnb »wirklich Mist gebaut« hatte. Das ist Empathie. Es schmerzte Chesky, dass es EJ schlecht ging. Er und sein Unternehmen waren nicht gefühllos.

Aber gute Absichten reichen nicht. Alle Authentizität und Empathie der Welt können kein Vertrauen erzeugen, wenn die andere Person nicht glaubt, dass man auch liefern kann, was man versprochen hat. Die Frage von EJ stand immer noch im Raum: Warum sollte man für Airbnb bezahlen? Was *tut* das Unternehmen, um Schaden abzuwenden und denjenigen zu helfen, die Schäden erlitten haben?

Airbnb machte sich daran, Antworten auf diese Fragen zu finden. Nathan Blecharczyk erinnerte sich, was danach folgte. »Wir stoppten im ganzen Unternehmen sämtliche Tätigkeiten und baten alle, sich darüber Gedanken zu machen, wie wir die Website sicherer und vertrauenswürdiger machen können«, erzählte er. »Zweihundert Leute unterbrachen ihre Arbeit und überlegten, wie die Website vertrauenswürdiger und sicherer gemacht werden konnte. Und die Ideen setzten wir dann um.«

Das war keine bloße Übung. Innerhalb eines Monats kündigte Airbnb Dutzende von neuen Vertrauens- und Sicherheitsmaßnahmen an. Diese neuen Regeln waren weit mehr als Kosmetik. Ein großer Schritt war ein Programm zur Identitätsprüfung. Anonymes Mieten und Vermieten waren jetzt nicht mehr möglich. Für Gastgeberinnen wie EJ kündigte das Unternehmen zudem einen »Schutz für Gastgeber:innen bei Sachschäden« an. Ursprünglich waren bis zu 5000 Dollar vorgesehen, aber Marc Andreessen, ein Risikokapitalgeber, der in Airbnb investiert hatte, forderte die Gründer auf, »eine Null hinzuzufügen«. Das taten sie. Airbnb legte Versicherungsunternehmen die Daten zur Sicherheit der Vermietungen vor, und so war das Unternehmen wenige Monate später in der Lage, die Garantiesumme für Gastgeber auf 1 Million Dollar zu erhöhen. »Und heute sind es 3 Millionen Dollar«, merkte Blecharczyk an, »und auch die persönliche Haftung ist inbegriffen.«

Eine potenziell existenzbedrohliche Krise wurde für das Unternehmen stattdessen zu einer Lernerfahrung, durch die es bedeutend besser wurde. »Wir haben nicht nur versucht, die Krise zu managen. Vielmehr haben wir uns reingekniet und gesagt, das ist ein Moment, in dem wir tatsächlich über uns hinauswachsen können, indem wir innovativ und kreativ Verantwortung übernehmen, um gestärkt daraus hervorzugehen«, sagt Blecharczyk. »Ich glaube, dass die Leute das wertgeschätzt haben, als sie das sahen.«

Die Zahlen deuten darauf hin, dass Blecharczyk recht hat. Trotz der Welle von fürchterlichen Schlagzeilen über EJs Wohnung beschleunigte sich das rasante Wachstum von Airbnb sogar noch weiter.

Transparenz ist tatsächlich wirksam. Sie ist einer der wichtigsten Bestandteile zum Aufbau von Vertrauen. Aber mit Reden allein kommt man nicht ans Ziel. Und wie die alte Redewendung besagt: Worten müssen Taten folgen.

Man muss liefern.

KAPITEL ACHT

Unterm Strich

> Vertrauen zu gewinnen und zu bewahren hängt letztlich davon ab, ob man seine Versprechen einhält. Die Regeln des Vertrauens bringen nichts, wenn man sie nicht lebt.

Ende 2005, fast fünf Jahre nach der Gründung von Wikipedia, veröffentlichte mit *Nature* eine der ältesten und angesehensten wissenschaftlichen Fachzeitschriften der Welt eine von ihren eigenen Herausgebern durchgeführte Studie. Für diese suchten sie jeweils fünfzig Einträge von Wikipedia und der *Encyclopædia Britannica* zu den gleichen Stichworten heraus, »über Themen, die eine breite Palette von Wissenschaftsdisziplinen repräsentierten«. Auch die Themenvielfalt war sorgfältig gewählt, um »eine gute Mischung von Menschen, Dingen, Ereignissen, Ideen/Prozessen und Orten« zu gewährleisten. Sie entfernten alles, was auf die Quelle hindeuten konnte. Dann schickten sie jedes Artikel-Paar an einen hochgeachteten Experten für das jeweilige Fachgebiet und baten darum, die Artikel nach drei Arten von Ungenauigkeiten zu beurteilen: »inhaltliche Fehler, wichtige Auslassungen und irreführende Angaben«.

Nature erhielt 42 Überprüfungen zurück und veröffentlichte die Ergebnisse. Die Zeitschrift fasste sie folgendermaßen zusammen: »Die Prüfung ergab zahlreiche Fehler in beiden Enzyklopädien, aber unter den 42 überprüften Einträgen war der Unterschied an Genauigkeit nicht besonders groß: Die wissenschaftlichen Einträge in Wikipedia enthielten im Durchschnitt etwa vier Ungenauigkeiten, in der Britannica ungefähr drei.«[92]

Der *Britannica* gefiel das nicht. Ihre Herausgeber schrieben einen offenen Beschwerdebrief, dass die Studie mangelhaft sei. Das widerlegten die Herausgeber von *Nature* Punkt für Punkt.[93] Die Redakteure von Wikipedia reagierten ebenfalls: Sie baten *Nature,* die Fehler zu benennen, damit sie diese beheben konnten. Das beeindruckt mich bis heute. Wikipedia war damals nicht so gut wie die *Britannica,* aber *Nature* bewies, dass wir gar nicht so viel schlechter waren. Das war ermutigend. Doch die Reaktion der ehrenamtlichen Wikipedianer, nicht zu lamentieren oder sich zu verteidigen, sondern einfach um Informationen zu bitten, um Fehler zu beheben und besser zu werden – darauf war und bin ich enorm stolz. Fremde kamen zusammen und vollbrachten etwas Ehrgeiziges und Anspruchsvolles. Das Herzstück von Wikipedia. Solche Momente fühlen sich wie eine echte Ehrenrettung an, nicht für mich persönlich oder für eine einzelne Person, sondern für die Idee, dass gegenseitiges Vertrauen und Zusammenarbeit Berge versetzen können.

Aus der *Nature*-Studie entwickelte sich in den folgenden Jahren fast ein eigenes Genre. Im Juni 2006 verglich der Historiker Roy Rosenzweig die Biografien berühmter US-Amerikaner in Wikipedia, Encarta und American National Biography Online. Er kam zu dem Schluss, dass Wikipedia »Namen, Daten und Ereignisse in der Geschichte der USA erstaunlich genau wiedergibt«. Das wichtigste Wort ist hier »erstaunlich«. Ob die Studien von populären Computerzeitschriften, Bibliothekaren oder Zeitungen durchgeführt wurden – das Wort »erstaunlich« tauchte immer wieder auf. Manche dieser Studien waren breit und allgemein angelegt, andere dagegen hochspezifisch zu Themen wie beispielsweise Pharmakologie oder psychische Gesundheit. Doch meine Erkenntnis aus all diesen Studien und ihren im Wesentlichen ähnlichen Schlussfolgerungen lautete: Wikipedia war noch lange nicht perfekt und hatte noch viel Arbeit vor sich, um ihren Ansprüchen zu genügen, aber sie war trotzdem verdammt gut. *Erstaunlich* gut.

Übrigens: Wenn Sie noch mehr über diese Studien erfahren möchten, einschließlich ihrer genauen Kritik an Wikipedia, finden Sie diese zusammengefasst auf Wikipedia. Natürlich.[94]

Als Wikipedia 2016 ihren fünfzehnten Geburtstag feierte, waren diese Studien schon ein alter Hut und keiner interessierte sich mehr dafür. Das ist schade, finde ich. Im Laufe der Zeit hat Wikipedia ihre Standards immer höher gesetzt. Ich glaube, Wikipedia würde heute noch besser abschneiden, wenn man diese Tests von damals wiederholen würde.

Doch einen wichtigen Unterschied würde es geben. Niemand würde mehr sagen, dass Wikipedia »erstaunlich« gut sei. Menschen sind schon lange nicht mehr über die Qualität von Wikipedia erstaunt.

SIEBEN REGELN – PLUS EINE, DIE ÜBER ALLEN STEHT

Erinnern Sie sich an meine Frage in der Einleitung?

Wie hat sich Wikipedia von einer belächelten Idee, die nie und nimmer funktionieren konnte, zu einer weltweit vertrauenswürdigen Informationsquelle entwickelt, während zugleich so viele andere Institutionen herbe Vertrauensverluste erlebten?

Ich hoffe, die Antwort ist Ihnen jetzt klar.

Wir befolgten die erste Regel des Vertrauens und »machten es zu einer persönlichen Sache«. Wikipedia basiert auf zwischenmenschlichem Vertrauen und auf einem Verständnis davon, wie dieses entsteht.

Zweitens waren wir »positiv«. Wir entwickelten Wikipedia in dem Glauben, dass wir Menschen uns von Natur aus miteinander verbinden und mit guten Zielen zusammenarbeiten wollen.

Drittens hatten wir »einen klaren Zweck«. Dieser Zweck – »Wikipedia ist eine Enzyklopädie« – erwies sich als übergreifendes Ziel, das alle unsere Bemühungen prägte und leitete.

Viertens brachten wir die Wikipedia-Community dazu, »vertrauensvoll zu sein«. Wir machten es zu einer starken sozialen Norm unter den Redakteuren, einander einen Vertrauensvorschuss zu geben. Das half dabei, eine Kultur des Vertrauens unter ihnen zu entwickeln.

Fünftens blieben wir »höflich«. Indem wir gegenseitigen Respekt als Norm zugrunde legten, stellten wir sicher, dass Redakteure mit einem breiten Spektrum von Hintergründen und Glaubensrichtungen produktive Gespräche führen, ihre verschiedenen Perspektiven vereinen und die Weisheit der Vielen entfalten konnten.

Dank dieser Elemente konnten Fremde aus der ganzen Welt zusammenkommen, sich gegenseitig vertrauen und beim Aufbau der größten Enzyklopädie aller Zeiten zusammenarbeiten.

Das war alles intern. Nach außen hin folgten wir der sechsten Regel des Vertrauens: Wir bestanden auf der »Unabhängigkeit« von Wikipedia und blieben dabei, dass exaktes Wissen für alle umsonst sein sollte.

Und siebtens – »Klarheit« – machten wir Wikipedia in nie gekanntem Ausmaß transparent. Diese letzten beiden Elemente versicherten den Lesern, dass Wikipedia das tun würde, wofür es da war. Diese Zuversicht ist Vertrauen.

Das bringt uns zum letzten Element. Ich bezeichne es nicht als Regel, weil es etwas Größeres ist. Tatsächlich geht es über alles das hinaus, wovon die vorherigen Kapitel handeln. Um Vertrauen aufzubauen, müssen Sie nicht nur die anderen überzeugen, dass Sie das tun werden, was Sie tun sollen. *Sie müssen es auch tun.* Es gibt ein englisches Sprichwort, das diese Idee auf den Punkt bringt: »It does exactly what it says on the tin« (Es macht genau das, was auf der Dose steht). Das war ursprünglich ein Werbespruch für eine Holzbeize. Was macht diese Holzbeize? Genau das, was auf der Dose steht. Darauf können Sie sich verlassen.[95]

Alle anderen Regeln des Vertrauens sind wichtig, aber sie sind nichts wert, wenn Sie am Ende nicht das tun, was auf der Dose steht.

Deshalb sind alle diese Studien so wichtig für Wikipedia. Sie haben bewiesen, dass Wikipedia tut, was ihre Aufgabe ist, nämlich der Welt akkurates Faktenwissen bereitzustellen. Sie haben bewiesen, dass Wikipedia das tut, was auf der Dose steht.

Das war's. Die Frage ist beantwortet.

EINE FRAGE NOCH

Nein, halt. Warten sie noch.

Wie Columbo habe ich nur noch eine Frage.

Haben Sie je diese *Nature*-Studie von 2005 gelesen? Oder zumindest etwas darüber gelesen? Denn um von dieser Studie überzeugt zu sein, müssen Sie sie gelesen haben. Oder etwas darüber gelesen haben.

Was ist mit dieser Rosenzweig-Studie? Oder mit den anderen, die ich erwähnt habe? Sie haben hier etwas darüber gelesen. Aber haben Sie davor schon einmal von diesen Studien *gehört*?

Manche Leser schon, da bin ich sicher. Aber nicht viele, relativ gesehen. Milliarden von Menschen lesen Wikipedia und verlassen sich darauf, dass die Informationen dort stimmen, aber ich bin mir ziemlich sicher, dass nur ein winziger Bruchteil von ihnen diese Studien gelesen oder auch nur davon gehört hat.

Und das ist ein wenig rätselhaft.

Milliarden von Menschen suchen auf Wikipedia korrekte Informationen, weil sie Wikipedia vertrauen. Sie glauben, dass Wikipedia hält, was sie verspricht. Warum? Wenn sie nicht von den Studien über die Genauigkeit von Wikipedia überzeugt wurden, dass Wikipedia genau das tut, was auf der Dose steht, warum dann?

Fangen wir doch mal bei Ihnen persönlich an: Warum haben *Sie* angefangen, auf Wikipedia nachzulesen? Wie sind *Sie* zu dem Schluss gekommen, dass man Wikipedia vertrauen kann und dass sie ihre Aufgabe erfüllt?

Wenn Sie so wie die überwiegende Mehrheit der Menschen sind, ist die Antwort auf diese Frage komplizierter als: »Die Studien haben mich überzeugt.« Komplizierter, aber auch interessanter. Und sie zeigt viel besser, wie Vertrauen aufgebaut wird – nicht von Person zu Person, sondern in der Größenordnung von Tausenden oder Millionen. Oder sogar Milliarden.

Um dieses Phänomen zu erklären, möchte ich noch einmal zu Airbnb zurückkehren und eine klaffende Lücke in der Geschichte füllen.

»TUN SIE DINGE, DIE NICHT SKALIERBAR SIND«

In Kapitel 3 wurde der holprige Start von Airbnb besprochen, dem ein Pendant zu »Wikipedia ist eine Enzyklopädie« fehlte – keine klare Darstellung seiner Idee, damit potenzielle Vermieter und Mieter schnell verstehen konnten, warum es sich lohnte, Airbnb zu nutzen. Im letzten Kapitel habe ich die Geschichte wieder aufgegriffen, als das Unternehmen schon so groß war und so schnell wuchs, dass sein Börsenwert 1 Milliarde Dollar überstieg. Wie konnte also ein Unternehmen, dessen gesamte Existenz auf Vertrauen beruhte, von drei Typen mit vagen Plänen zu einem Konzern mit Milliardenumsatz aufsteigen?

Nachdem sie ein Gästezimmer an Teilnehmer einer Konferenz in San Francisco vermietet hatten, kamen die drei Gründer von Airbnb – Brian Chesky, Joe Gebbia und Nathan Blecharczyk – zu dem Schluss, dass die Konferenz der springende Punkt war. »Wir nahmen an, dass Konferenzen der Schlüssel für den Aufbau des nötigen Vertrauens waren«, erinnert sich Blecharczyk. »Wir gingen davon aus, dass jemand, der sein Zuhause öffnet und einen Fremden in seine vier Wände lässt, verstehen muss, warum jemand zu ihm kommt. Und eine Konferenz schien uns ein berechtigter Grund zu sein. Es war glaubhaft und ließ sich einfach nachprüfen.« So entwickelten sie das Konzept, und im Jahr 2008 gingen sie damit für South by Southwest, eine große Film- und Musikkonferenz in Texas, an den Start. Die Resonanz war gelinde gesagt überschaubar. »Nur ein paar Leute nutzten es.«

Einer dieser Wenigen war Brian Chesky. Er machte eine großartige Erfahrung mit einem Gastgeber, der ihn sogar bekochte. Damals hatte Airbnb jedoch noch nichts mit der Bezahlung zu tun, deshalb bat der Gastgeber Chesky um Bargeld. Chesky hatte keines, und er sagte, er würde es am nächsten Tag bringen. Er vergaß jedoch, zu einem Geldautomaten zu gehen, und wieder musste er sich dafür entschuldigen, dass er nicht zahlen konnte. »Und plötzlich wurde es ziemlich unangenehm«, erzählte Blecharczyk. »Der Gastgeber denkt sich wahrscheinlich: ›Was ist hier los? Ich habe es mit diesem verrückten Service namens Air Bed and Breakfast versucht. Wer weiß, was das ist? Und ich habe hier diesen Typ in meinem Haus, den ich aus dem Internet kenne. Er schläft auf meiner Luftmatratze, ich koche für ihn, und er erfüllt seinen Teil der Abmachung nicht. Wo ist das Geld?‹ Also wurde es heikel.« Die Gründer zogen den richtigen Schluss: Airbnb sollte die Zahlungen regeln, um Gastgebern und Gästen die Unsicherheit zu nehmen und die Erfahrung für beide Seiten angenehmer zu gestalten.

Diesen praktischen Ansatz zur schrittweisen Lösung von Problemen verfolgten die Gründer einige Jahre lang. Airbnb hatte keine Angestellten. Und kein Geld. Also erledigten die drei ehemaligen Zimmergenossen buchstäblich alles selbst. Irgendwann wurde ihnen klar, dass gute Fotos wichtig waren. Leute boten ihre Zimmer oft mit schlechten oder gar keinen Fotos an. »Wir riefen tatsächlich die Nutzer an und fragten: ›Hätten Sie gerne kostenlos professionelle Fotos?‹«, erzählte Blecharczyk. »Wenn sie ja sagten, kamen eine Woche später, klopf-klopf, Joe und Brian, die Gründer höchstpersönlich, um Fotos zu machen.« Aber dabei ging es um mehr als Fotografieren. »Diese ersten Gastgeber nahmen das gar nicht richtig ernst. Wer weiß, wie sie da reinstolperten, aber es war ihnen nicht wirklich wichtig. Deshalb war es der erste Schritt, bei diesen Früheinsteigern Vertrauen aufzubauen. Wir erschienen persönlich, machten Fotos und gaben ihnen also etwas umsonst, aber dadurch schufen wir auch eine persönliche Verbindung.«

Gastgeber für Gastgeber begannen die Gründer gewissenhaft, Beziehungen aufzubauen. Und verbuchten ein wenig Vertrauen. Mit diesem Ansatz ließ sich kein schnelles Wachstum erreichen, da er nicht skalierbar war. Er konnte niemals einen globalen Giganten hervorbringen. Doch damals waren die drei jungen Gründer schon von Y Combinator – dem Gründerzentrum von Silicon Valley – unter die Fittiche genommen worden. Der legendäre Paul Graham gab ihnen einen auf den ersten Blick paradoxen Rat: »›Tun Sie Dinge, die nicht skalierbar sind‹«, erinnert sich Blecharczyk. »›Treffen Sie sich mit Ihren Kunden. Es ist besser, hundert Kunden zu haben, die

Sie lieben, als tausend Kunden, die Sie nur irgendwie mögen.‹« Das exponentielle Wachstum konnte später kommen.

Das mag der wachstumsbesessenen Kultur des Silicon Valley widersprochen haben, aber Grahams weiser Rat spiegelt eine Lektion wider, die Menschen schon lernen, seit sie die Sprache erworben haben: Wenn jemand mit Ihnen glücklich ist, erzählt er es anderen.

Albert Einstein hat angeblich gesagt: »Die mächtigste Kraft im Universum ist das gemeinsame Interesse.« Das hat er wahrscheinlich nicht gesagt, was gut ist, weil ich ungern Albert Einstein widersprechen würde. Ein guter Ruf hat insofern viel mit einem gemeinsamen Interesse gemeinsam, als beides ein überwältigendes Momentum erzeugen kann. Ich würde aber sagen, ein guter Ruf ist noch mächtiger, weil das, was er bewirkt, mehr wert ist als Geld.

MUNDPROPAGANDA

In Kapitel 4 habe ich die Spieltheorie erwähnt, die zu erklären hilft, warum Menschen zusammenarbeiten. Wenn sich zwei Leute nur einmal begegnen und sicher sind, dass sie sich nie wieder über den Weg laufen werden, dann haben sie wenig Anreiz, fair zu spielen. Bei Gelegenheit hauen sie den anderen eher übers Ohr. Aber wenn dieselben zwei Leute glauben, dass es zumindest möglich ist, dass sie künftig wieder miteinander zu tun haben, dann ist der Anreiz zur Kooperation größer. Sie möchten vielleicht ihrem Nachbarn die Kuh stehlen – aber das werden Sie nicht tun, wenn Sie vielleicht eines Tages beim Bau Ihrer Scheune seine Hilfe brauchen könnten. Ein gutes Verhältnis zu Ihrem Nachbarn ist zu wertvoll, um es aufs Spiel zu setzen.

Natürlich haben Menschen immer in Gruppen gelebt, und gute Nachbarschaftsbeziehungen waren immer nur ein Baustein eines großen Geflechts. Wenn andere sehen, wie Sie und Ihr Nachbar sich gegenseitig unterstützen, oder Ihr Nachbar den anderen erzählt, was Sie für eine wunderbare Person sind, werden die anderen ebenfalls besser von Ihnen denken – und eher bereit sein, auch mit Ihnen zusammenzuarbeiten. Da man durch die Kooperation mit anderen Sicherheit und Wohlstand gewinnt, ist ein guter Ruf die wertvollste Währung.

Weise Menschen haben das schon immer verstanden. »Verliere Geld für die Firma, und ich werde verständnisvoll sein«, lautet ein berühmter Spruch von Warren Buffett, nachdem er die Kontrolle über Salomon Brothers übernommen hatte. »Verliere auch nur einen Hauch des guten Rufes der Firma, und ich werde unerbittlich sein.«[96]

Indem die Unternehmensgründer hart dafür arbeiteten, das persönliche Vertrauen der ersten Gastgeber von Airbnb zu erringen, legten sie die Grundsteine für den guten Ruf des Unternehmens. »Am Anfang ist jeder einzelne Kunde wichtig«, sagt Blecharczyk. Die Gründer klopften nicht nur an die Tür, fotografierten und plauderten. »Später luden wir sie auch auf ein Bier ein, erzählten ihnen, wie wir zu Unternehmern geworden waren, und bauten eine so gute Beziehung zu ihnen auf, dass sie uns Erfolg wünschten.« Zudem sahen sie sich genau an, was ihre Kunden taten, sodass »wir ihnen ein Feedback geben konnten wie: ›Ihr Preis scheint mir nicht realistisch. Warum steigen Sie nicht tiefer ein? Vielleicht 75 Dollar pro Nacht. Wären Sie bereit, das zu versuchen? Wenn dann zu viele Buchungen kommen, können Sie immer noch mehr verlangen, aber tun Sie uns bitte den Gefallen.‹ Und sie sagten: ›Ja, klar.‹ Das hätten sie nie gemacht, wenn sie uns nicht persönlich begegnet wären.« Wenn diese Beratung zu positiven Erfahrungen führt und den Geldbeutel des Kunden füllt, »dann werden sie unsere Apostel. Sie erzählen es anderen.« Die kleine Gruppe von Airbnb-Fans fing langsam zu wachsen an.

Die Gründer nutzten den Ruf auch, um ein hervorragendes Bewertungssystem einzurichten. »Nach jedem Aufenthalt bewertet der Gast den Gastgeber und umgekehrt. Beide Parteien sammeln Bewertungen.« In der heutigen Onlinewelt ist das normal, damals war es das noch nicht. Und es war verzahnt mit den ausführlichen Profilen, die Airbnb förderte. Gastgeber und Gäste, die Airbnb regelmäßig nutzten und ehrlich und zuverlässig waren, wurden schnell zu sehr realen Menschen mit einem Ruf, den buchstäblich jeder sehen konnte. Was gut für sie war. Und gut für Airbnb.

Wikipedia ist etwas ganz anderes als Airbnb, aber der gute Ruf spielt auch in der Wiki-Welt eine wichtige Rolle.

Intern haben neue Redakteure keinen Ruf, und das macht einen Unterschied, wenn andere ihre Argumente bewerten. Regelmäßig aktive Redakteure werden innerhalb ihrer Wikipedia-Community bekannt, auch wenn sie unter einem Pseudonym arbeiten. Ein schlechter Ruf (»ungehobelt, aufdringlich, dogmatisch«) vermindert das Gewicht der Worte eines Redakteurs, ein makelloser Ruf (»aufgeschlossen, fair, voll konzentriert auf die Ziele von Wikipedia«) bekommt dagegen garantiert die Aufmerksamkeit der anderen und verleiht den Worten der Person mehr Gewicht. Aber diese Pseudonyme sind ein wichtiger Unterschied zwischen Wikipedia und Airbnb. Als Wikipedia gegründet wurde, haben wir das nur deshalb zugelassen, weil das damals im Internet normal war und wir auch gar keine Möglichkeit hatten, die Identität zu überprüfen. Und vielleicht senkte das auch die Hemmschwelle zum Mitmachen. Wahrscheinlich war es aber dem Vertrauensaufbau nicht so förderlich wie der Ansatz von Airbnb, der die seitherigen technologischen Fortschritte und einen Richtungswechsel hin zur Identitätsprüfung widerspiegelt. Abgesehen davon lernen sich bei Wikipedia regelmäßige Redakteure sehr gut kennen, und mit der Zeit werden die Pseudonyme fast wie Spitznamen unter Freunden und Kollegen verwendet. Und in einer solchen Umgebung ist der Ruf wirklich wichtig.

Zweifellos hat der Ruf auch die Leserschaft von Wikipedia vergrößert: Eine Person liest einige Artikel und findet sie »erstaunlich gut«. Diese Person erzählt das jemand anderem, der sich ebenfalls Wikipedia ansieht. Über die Jahre hat sich das ständig wiederholt. Und ich bin sicher, dass manche Leute auch damals im Jahr 2005 diese *Nature*-Studie gelesen und Freunden davon erzählt haben.

So erzeugt der gute Ruf auf magische Weise Vertrauen. Vielleicht sind auch Sie dadurch auf Wikipedia gekommen.

Aber die gute alte Mundpropaganda, die Hunderte in Tausende und sogar Millionen verwandelt, ist nicht die einzige Art und Weise, wie die Urteile anderer in die Bildung unserer eigenen Meinung einfließen. Es gibt noch einen weiteren, grundlegenderen Mechanismus, der vielleicht sogar noch wirksamer ist. Und durch ihn werden aus Millionen Milliarden.

WAS MACHEN ALLE ANDEREN?

Ende des 19. Jahrhunderts wurden Personenaufzüge in New York immer gebräuchlicher. Viele Menschen hatten jedoch Angst, einen zu benutzen, und das aus gutem Grund.

Eine Suche im Archiv der *New York Times* nach der Wendung »killed in elevator«, also »im Aufzug ums Leben gekommen«, fördert Dutzende von Artikeln mit gruseligen Beschreibungen zutage, wie Menschen in Aufzugschächte stürzten oder, noch schlimmer, zwischen einem fahrenden Aufzug und einem Stockwerk eingeklemmt wurden. (Ich erspare Ihnen eine Leseprobe. Gern geschehen.)

Diese Aufzüge hatten noch keine der vielen Sicherheitsvorkehrungen, die heute selbstverständlich sind – nicht einmal Türen. Ihr sicherer Betrieb hing allein von den Fähigkeiten des Aufzugführers ab, der den Fahrstuhl »steuerte«, indem er ein Seil bremste oder freigab. Gute Aufzugführer konnten die Fahrt sanft und sicher gestalten, die schlechten waren gewöhnlich verantwortlich für die Schlagzeilen.

Im Laufe der Zeit wurden Sicherheitsmaßnahmen hinzugefügt wie Türen an den Aufzügen und den Stockwerken, Aufzüge, die an der richtigen Stelle automatisch anhielten, Türen, die sich nur dann automatisch öffneten und schlossen, wenn es sicher war, und den Betrieb durch Druckknöpfe. Jede Neuerung erhöhte die Sicherheit der Aufzüge und machte die Aufzug*führer* immer überflüssiger. Ab den 1920er-Jahren gab es vollautomatische Aufzüge: einsteigen, Knopf drücken, warten. Das war alles. Aber sie waren noch selten und wurden nur in kleinen Gebäuden benutzt. Ab den 1940er-Jahren konnten dank weiterer Innovationen automatische Aufzüge auch in großen Bürogebäuden eingesetzt werden. Das Zeitalter der uniformierten Aufzugführer war endgültig vorbei.

Oder so schien es. Tatsächlich dauerte es bis zum unwiderruflichen Ende ihrer Ära trotz der Ersparnis für die Gebäudebesitzer noch Jahrzehnte. Zum Teil, weil die Umrüstung nur langsam voranging, aber ein weiterer Faktor war die Angst.

Aufzüge hatten schon immer Führer gehabt. Ein Fahrstuhl ohne Führer war für die Leute in den 1940er und 1950er-Jahren so seltsam und beunruhigend wie heute ein Auto ohne Fahrer. Waren sie wirklich sicher? Wie konnte irgendjemand diesem neumodischen Ding vertrauen? Heute können wir uns das schwer vorstellen, aber der Architekturhistoriker Lee Gray sagt, diese Ängste seien verständlich. »Es ist ein geschlossener Kasten. Ich weiß nicht, wie er funktioniert. Ich weiß nur, was ich im Fernsehen und im Kino gesehen habe, nämlich brechende Kabel. Das ist nicht beruhigend. Und jetzt habt ihr auch noch die verantwortliche Person entfernt.« Leute weigerten sich manchmal, den Aufzug zu benutzen. Mieter drohten sogar mit ihrem Auszug, wenn die Hausbesitzer einen neuen Aufzug einbauen wollten.[97]

Springen wir in die 1980er-Jahre, sind Aufzugführer so gut wie verschwunden. Die alten Sorgen sind nicht nur verflogen, sondern sogar vergessen. Einen automatischen Aufzug zu betreten und selbst den Knopf zu drücken ist so normal und langweilig wie Zähneputzen.

Was ist geschehen?

Es war die soziale Natur des Menschen. Je allgegenwärtiger automatische Aufzüge wurden, desto mehr Leute benutzten sie und fanden sie sicher und effizient. Man sah, dass viele andere Leute die neue Technologie benutzten und damit gut zurechtkamen, und das war genug. Automatische Aufzüge wurden so gebräuchlich, dass schon die Frage »Trauen Sie automatischen Aufzügen?« bizarr geklungen hätte. Anders ausgedrückt: Alle trauten ihnen, weil alle ihnen trauten.

Der Psychologe Robert Cialdini nannte das »soziale Bewährtheit« (social proof). Verrückte Ideen wie eBay, Wikipedia, Uber und Airbnb, die unmöglich funktionieren konnten, wurden auf der ganzen Welt zu gewöhnlichen Bestandteilen des Alltags. Wer das miterlebte, wurde Zeuge einiger der erstaunlichsten Vorführungen der Macht der sozialen Bewährtheit in der Geschichte der Menschheit.

»Ich kann mich noch erinnern, wie ich zum ersten Mal in einem Uber mitfuhr«, sagt Judd Antin lachend. »Wie seltsam das war! Da hält ein x-beliebiges Auto, und ich soll auf dem Rücksitz Platz nehmen?« Antin ist Sozialpsychologe und lehrt an der University of California in Berkeley. Er arbeitet auch als Berater für die Tech-Industrie und war bis 2022 Leiter des Designstudios von Airbnb. »Wie baut man für so etwas Vertrauen auf? Man erschafft etwas, das für so viele Menschen wirklich nützlich ist, dass irgendwann jeder davon gehört hat. Vielleicht hat Ihnen eine Freundin von ihren guten Erfahrungen damit erzählt«, sagt Antin. Wenn es erst einmal Mainstream ist, entwickelt sich eine Eigendynamik. »Wir nennen es Vertrauen. Für mich ist es Vertrautheit und Gebrauchswert.« Sie kennen es. Sie wissen, dass es funktioniert. Jeder weiß, dass es funktioniert.

Das ist alles. Das ist der ganze Trick.

DIE ZERBRECHLICHKEIT DES VERTRAUENS

Antins Argument des Gebrauchswerts ist wichtig. Soziale Bewährtheit ist keine Zauberei. Wenn heute automatische Aufzüge versagen würden und »killed in elevator« wieder in die Schlagzeilen der *New York Times* geriete, würden sich schnell wieder Zweifel an der Technologie in unseren Köpfen breitmachen. Der Flugzeugkonzern Boeing lieferte in den vergangenen Jahren ein anschauliches Beispiel für diese Gefahr.

Seit Jahrzehnten war die Zivilluftfahrt immer sicherer geworden, und schlimme Flugzeugabstürze, die hin und wieder für Tragödien gesorgt hatten, kamen so gut wie gar nicht mehr vor. Die Flugzeuge von Boeing zählten fast unangefochten zu den besten und sichersten der Welt. Es gab sogar den Spruch: »Ist es keine Boeing, geh ich nicht zum Boarding.«

Aber 2018 und 2019 verunglückten gleich zwei neue Boeing 737 MAX, und nun wollten sich ängstliche Fluggäste vor der Buchung erst vergewissern, mit welchem Flugzeug ihr Flug stattfinden sollte. Die Flugsicherheitsbehörden verbannten schließlich das Flugzeug weltweit auf den Boden. Die Probleme wurden erkannt und behoben, und das Flugzeug wurde wieder für den Passagierverkehr freigegeben. 2024 löste sich bei einer 737 MAX der Verschluss eines unbenutzten Notausstiegs, was zu einem abrupten Druckabfall führte. Dieses Flugzeug konnte noch sicher landen, aber ein weiterer, vorläufiger Flugstopp wurde angeordnet. Diese Ereignisse führten für Boeing zu vernichtenden rechtlichen Problemen. Und was noch schlimmer war, sie fügten Boeings einst makellosem Ruf ernsthaften Schaden zu.

Das veranlasst mich zu einer wichtigen Ergänzung meiner Metaregel des Vertrauens: Sie müssen das tun, was Sie tun sollen. Aber nicht nur einmal, sondern *ständig*. Denn egal wie sehr die Menschen Ihnen vertrauen, egal wie angesehen Ihr Produkt oder Service ist, egal wie viele Millionen oder Milliarden Menschen sich auf Sie verlassen und keinen Gedanken daran verschwenden, weil sie Ihnen so blind vertrauen – Sie können das trotzdem alles wieder verlieren.

Sie müssen nicht nur das tun, was auf der Dose steht. Sie dürfen auch nicht aufhören, es zu tun.

Und ja, das gilt auch für Wikipedia. Wir haben das Vertrauen der Welt vor vielen Jahren errungen, aber um es uns zu erhalten, dürfen wir es nicht beschädigen. Wikipedia ist eine Enzyklopädie, die der Welt kostenlos und unvoreingenommen korrekte Informationen liefert. Und so muss es bleiben.

KAPITEL NEUN

Eine optimistischere Zukunft

In Großbritanniens Politikbetrieb gibt es einen schönen alten Brauch, die sogenannte *surgery*. US-Amerikaner reagieren ob dieser Bezeichnung meist erschrocken bis verdutzt, weil sie einen OP-Tisch vor Augen haben. Dabei sind hier keine Skalpelle oder Nähte im Spiel.

Surgeries sind ganz einfach Sprechstunden, in denen die Unterhausabgeordneten den Bewohnern ihres Wahlkreises Rede und Antwort stehen. Zu diesen Terminen hat jeder Bürger die Möglichkeit, sich mit seinem MP (Member of Parliament) über alle möglichen Themen auszutauschen. Die Treffen können im Wahlkreis- oder im Parteibüro, genauso gut aber auch im Nachbarschaftszentrum, im Gemeindesaal oder gar im Pub stattfinden. Surgeries sind »oldschool«, sie sind Graswurzelarbeit, eng an der Basis. Sie sind Demokratie in Reinform.

An dieser Stelle muss ich innehalten und eine Warnung aussprechen: Was ich im Folgenden beschreibe, ist eine schreckliche Tragödie. Die Erinnerung daran schmerzt, doch es ist wichtig, dass wir nicht wegschauen. Bisher hat viel Zuversicht in diesem Buch gesteckt, denn eben dieser positive Geist hat vor bald einem Vierteljahrhundert die Gründung von Wikipedia angespornt. Doch in vielen Teilen der Welt hat sich die Stimmung seitdem verdüstert, viele Menschen blicken voller Sorge in die Zukunft. Wir sollten uns diesen Ängsten stellen und Wege suchen, wie wir ihnen entgegenwirken können.

Ein Anfangspunkt für diese Suche ist die Erinnerung an das tragische Ereignis, zu dem es am 16. Juni 2016 kam.

Jo Cox saß für den Wahlkreis Batley and Spen im Unterhaus. In Birstall, einem kleinen Ort in West Yorkshire, hatte sie an diesem sonnigen Nachmittag eine Bürgersprechstunde in der Bibliothek. Gutgelaunt traf sie mit zwei Begleitern ein.

Vor dem Bibliotheksgebäude kam ein Mann auf sie zu. Er richtete ein Kleinkalibergewehr auf die Politikerin und schoss. Cox stürzte. Der Mann packte sie, zerrte sie zwischen mehrere parkende Autos und hieb mehrfach mit einer Stichwaffe auf sie ein. Als ein 77 Jahre alter Mann eingriff, versetzte der Angreifer auch ihm einen Messerstoß und zog sich dann zurück, da er sein Ziel, die Ermordung von Cox, anscheinend erreicht hatte.

Aber Jo Cox war nicht tot. »Lauft weg!«, rief sie ihren Begleitern zu. »Er soll euch nicht auch noch verletzen!« Der Angreifer wandte sich wieder in ihre Richtung, schoss erneut, stach wie besessen auf sie ein und gab dabei politische Schlagworte von sich. »Britain first!«, brüllte er. »Großbritannien muss unabhängig bleiben. Unser Land kommt immer zuerst!«[98]

Es tut mir leid, dass ich diese grausame Tat hier wiedergebe. Aber ich finde, wir müssen uns ein klares Bild von der durch Spaltung und Hass angefeuerten Gewalt machen. Und wir sollten uns genau anschauen, was für ein Mensch Jo Cox war.

Es ist nämlich so, dass ich mit Jo befreundet war. Viele Menschen waren mit ihr befreundet, denn in dieser kleinen, knapp über 1,50 Meter messenden Person steckte eine große Seele. Wie viel Herz muss ein Mensch haben, der sich um die Sicherheit anderer sorgt, obwohl er selbst gerade angegriffen wird. Wie viel Mut, die anderen aufzufordern, sich zu retten, während auf einen selbst geschossen und eingestochen wird. Aber genau so ein Mensch war Jo Cox. »Sie war eine besondere Frau«, erinnerte sich Gemma Mortensen, als wir neun Jahre nach dem Mord über Jo sprachen. Die beiden Frauen verband eine langjährige Freundschaft. »Wir waren in Schottland zusammen wandern. Wir waren gleichzeitig im Mutterschutz. Und wir haben beide eine NGO geleitet.«

Jo Cox war Absolventin der Cambridge University und vertrat Oxfam bei den Vereinten Nationen, bevor sie als Abgeordnete der Labour Party ins Parlament gewählt wurde. Sie wurde nicht privegiert geboren: Sie war die Erste in ihrer Familie, die zur Uni ging. »Sie konnte überall funktionieren, und hat dabei nie die Erdung verloren. Wenn sie einen Raum betrat, waren alle mit einem Mal entspannt. Aber genauso gut konnte sie bei einer Sitzung die Führung übernehmen. Sie hatte einen scharfen Verstand und besaß eine enorme Präsenz für eine so kleine Person.« Jo konnte Gräben überwinden. »Sie hat da unglaubliche Fähigkeiten entwickelt«, erinnerte sich ihre Freundin. »Sie wusste, dass man nur dann wirklich etwas bewegen kann, wenn man Verbündete findet und aufgeschlossen bleibt, ganz gleich, wo diese Verbündeten politisch oder gesellschaftlich stehen.« Auf wen Jo auch traf, sie wollte etwas von ihren Mitmenschen erfahren. »Sie hatte starke Überzeugungen, die sie deutlich äußerte, zugleich aber blieb sie neugierig und interessiert an anderen Menschen. Und das sorgte dafür, dass da eine große Offenheit in ihr war, und das spürten die Leute.«

Nach dem Attentat fanden im ganzen Land Mahnwachen statt. Zur größten, auf dem Londoner Trafalgar Square, kamen rund zehntausend Menschen aller politischen Lager zusammen. »Viele der Trauerbekundungen, die nach ihrer Ermordung geradezu hervorbrachen, aber auf gute Weise, stammten von der politischen Gegenseite«, hob Mortensen hervor. Cox war eine so leidenschaftliche Anhängerin der Labour Party, dass sie bei ihrer Hochzeit zusammen mit ihrem frisch angetrauten Ehemann die Labour-Hymne anstimmte. Zugleich aber arbeitete sie eng mit konservativen Abgeordneten zusammen und »baute sehr tiefe Vertrauensbeziehungen auf. Zum Teil stand man sich über die Parteigrenzen hinweg näher als manchen Leuten in den eigenen Reihen.«

In einer Demokratie sollte so etwas selbstverständlich sein. Es gibt keinen Grund, warum Meinungsverschiedenheiten und Parteizugehörigkeit eine Zusammenarbeit und Kompromissfindung verhindern sollten. Wer auf der anderen Seite des politischen Spektrums steht, mag Diskussionsgegner sein, aber niemals Feind.

Doch das sehen manche Menschen anders.

So auch Thomas Mair, der Mörder von Jo Cox, zum Zeitpunkt der Tat ein 52 Jahre alter, arbeitsloser Gärtner. Er war nicht vorbestraft, aber er war ein Einzelgänger und Anhänger der rassistischen Ideologie der »White Supremacy«, der weißen Vorherrschaft. Vor Gericht wurde Mair für zurechnungsfähig und damit für seine Taten verantwortlich befunden, doch war der Mann eindeutig psychisch labil.

In den Monaten und Wochen vor dem Attentat war die politische Lage in Großbritannien höchst angespannt. Es gab eine Flüchtlingskrise, da zehntausende Menschen vor dem Bürgerkrieg in Syrien nach Großbritannien flohen. Hinzu kam das Brexit-Referendum, in dem über den Verbleib Großbritanniens in der Europäischen Union entschieden werden sollte. Cox setzte sich leidenschaftlich für die Aufnahme und Unterstützung der syrischen Flüchtlinge ein, und ebenso leidenschaftlich befürwortete sie den Verbleib in der EU. Für Menschen wie Thomas Mair war sie damit keine Kontrahentin, sondern eine Feindin.

Mit einem Feind kann man nicht zusammenarbeiten. Man kann nicht einmal mit ihm sprechen. Einen Feind kann man nur besiegen. Wenn möglich an der Wahlurne. Falls nötig mit anderen Mitteln.

Ich erzähle diese Geschichte, weil ich befürchte, dass unsere Zukunft viel mehr dem dunklen, wütenden, hasserfüllten Denken von Thomas Mair ähneln könnte als dem offenen, neugierigen, einladenden Denken von Jo Cox. Und ich bin mit dieser Angst offenbar nicht allein.

Seit mehr als einem Vierteljahrhundert führt die PR- und Marketingberatung Edelman jährlich eine internationale Umfrage für ihr Edelman Trust Barometer durch. Im Jahr 2025 gaben im Durchschnitt 42 Prozent der aus 28 Ländern stammenden Befragten an, sie hätten den Eindruck, ihr Land sei »sehr« oder »extrem« gespalten. Beunruhigende 28 Prozent glaubten, diese Spaltung würde zu einer »Unüberwindbarkeit von ideologischen Gräben und Uneinigkeit in wichtigen Fragen und Herausforderungen« führen. Die Frage, ob die Demokratie als Regierungsform ihre Funktionsfähigkeit verliere, bejahte etwas mehr als die Hälfte.[99]

Im Jahr 2023 hatte Edelman unter anderem wissen wollen, ob die Befragten der folgenden Aussage zustimmen würden: »Die politische und ideologische Polarisierung in diesem Land ist so extrem geworden, dass die Situation einem kalten Bürgerkrieg ähnelt.« In den damals 26 untersuchten Ländern stimmten durchschnittlich 43 Prozent dieser Aussage zu.

Besonders alarmierend sind die Zahlen in den Vereinigten Staaten. Über zwei Drittel der US-Amerikaner – 68 Prozent – gaben an, das Land sei »sehr« oder »extrem« gespalten. Fast die Hälfte glaubt, dass das Land seine Spaltungen nicht überwinden kann. Genau die Hälfte stimmte der Aussage zu, dass »die Demokratie als Regierungsform ihre Funktionsfähigkeit verliert«. Und etwas mehr als die Hälfte der US-Amerikaner beurteilte die Lage so schlecht, dass sie sich vorkommen »wie mitten in einem kalten Bürgerkrieg«.

Eine weitere wichtige Erkenntnis von Edelmanns Untersuchung lautet: Ob jemand sein Land als »unwiederbringlich gespalten« ansieht, also glaubt, dass die Gräben so tief sind, dass sie nicht überwunden werden können, hängt in erster Linie damit zusammen, ob die Menschen das Vertrauen in die Regierung und die Nachrichtenmedien verloren haben.

Vertrauen ist also der Kern des Problems.

Vertrauensverlust ist sowohl Symptom als auch Ursache.

Ich will hier nicht die düsteren Zahlen aus der Einleitung wiederholen. Es sieht schlecht aus, und es wird immer schlimmer. Selbst wer die Statistiken nicht kennt, wird wissen, wovon ich spreche. Und wir alle wissen auch, zu welcher Haltung dies führt: »Alle Politiker sind Lügner.« »Regierungen können gar nichts, außer die Leute zu schikanieren.« »Die Medien lügen, um ihre verborgene Agenda voranzutreiben.« »Alle sind korrupt.« Zynismus dieser Art hat sich weit ausgebreitet, und er ist so alltäglich geworden, dass wir ihn kaum noch bemerken, geschweige denn darüber nachdenken, wie zerstörerisch er ist. Und das am besten, bevor wir das Handy herausholen und in die Jauchegruben der Sozialen Medien abtauchen.

Behauptet man etwas, mit dem andere Wikipedia-Redakteure – oder das wunderbare Subreddit »Change My View« – nicht einverstanden sind, wird man wahrscheinlich gesagt bekommen: »Ich finde, du liegst falsch, und zwar aus folgenden Gründen.« So etwas nennt man eine gesunde Diskussion. Trifft man dagegen dieselbe Behauptung in den Sozialen Medien, kann man davon ausgehen, dass man von Andersdenkenden mit Emojis, GIFs, abfälligen Bemerkungen und Beleidigungen bombardiert wird. Wahrscheinlich wird man zudem den Vorwurf zu hören bekommen, man verberge seine wahren, schändlichen Motive. Tatsächlich haben die Sozialen Medien das Wikipedia-Prinzip »Geh von guten Absichten aus« zu »Unterstelle stets böse Absichten« verdreht. Das zeigt sich auch darin, dass prominente Meinungsgegner regelmäßig als Betrüger bezeichnet werden, eben weil sie eine andere Position vertreten – denn wer nicht auf der eigenen Seite steht, kann ja nur ein Abzocker sein, der auf Klicks und Geld aus ist.

Die Unterstellung böser Absichten macht einen konstruktiven Austausch unmöglich. Schlimmer noch, diese Denkweise ist gefährlich. Denn wenn man grundsätzlich davon ausgeht, dass der andere lügt und seine wahren, niederträchtigen Motive geheim hält, wird es ganz schnell finster um einen. So hat Elon Musk auf seiner Plattform X eine britische Politikerin angeprangert, mit der er in einer wichtigen politischen Frage nicht einer Meinung war. Doch statt zu sagen: »Die Staatssekretärin irrt, und zwar aus diesen Gründen«, bezeichnete er sie als das »pure Böse«.[100]

Ich betone, dass ich diese Aussage nicht herausgreife, weil sie von Elon Musk stammt oder weil sie ungewöhnlich extrem ist. Ich zitiere sie, weil eine solche Ausdrucksweise in den Sozialen Medien *vollkommen alltäglich* ist. Das sollte uns alle in Angst und Schrecken versetzen. Mit dem puren Bösen kann man nicht arbeiten geschweige denn reden. Man kann das pure Böse nur besiegen. Wenn möglich an der Wahlurne. Falls nötig mit anderen Mitteln.

Die meisten Menschen werden diese Argumentation nicht bis zum bitteren Ende denken und danach handeln. Aber die Thomas Mairs unter uns vielleicht schon.

Fünf Jahre nach der Ermordung von Jo Cox wurde ein weiteres Mitglied des Parlaments, Sir David Amess, bei einer Bürgersprechstunde erstochen. Amess war Konservativer, der Mörder ein Islamist. In den Vereinigten Staaten wurde in den vergangenen Jahren ein republikanischer Kongressabgeordneter erschossen, es gab einen versuchten Mordanschlag auf den älteren Ehemann einer demokratischen Kongressabgeordneten in deren Zuhause und mindestens zwei ernst zu nehmende Versuche, Donald Trump zu töten. Morddrohungen sind für Politiker, Richter und andere hochrangige Beamte zum Alltag geworden. Selbst im friedlichen, gemäßigten Kanada musste der für die Sicherheit im Parlament zuständige Beamte feststellen, dass die Belästigung von Parlamentsabgeordneten stark zugenommen hat. »2019 hatten wir vielleicht acht aufgenommene Fälle, in denen es um die direkte oder indirekte Bedrohung von Abgeordneten ging, 2023 waren es dann 530 Fälle.«[101]

Besonders beunruhigen sollte uns eine Tendenz in der öffentlichen Meinung hinsichtlich der Legitimität von Gewalt. »Jeder fünfte Erwachsene in den USA glaubt, dass die Amerikaner möglicherweise zu Gewalt greifen müssen, um ihr Land wieder auf Kurs zu bringen«, hieß es im April 2024 im Public Broadcasting Service (PBS).[102] Die Billigung politischer Gewalt reichte von 12 Prozent unter den Demokraten über 18 Prozent unter den Unabhängigen bis hin zu 28 Prozent (das ist mehr als jeder Vierte) unter den Republikanern. Ähnlich ernüchternde Zahlen musste man im Dezember 2024 verzeichnen, nachdem ein Mann den CEO einer Krankenversicherung erschossen hatte: Etwa 17 Prozent der US-Amerikaner gaben an, der kaltblütige Mord sei »vertretbar« oder »teils vertretbar«. Unter den 18- bis 29-jährigen Amerikanern stieg die Zustimmung gar auf erschreckende 41 Prozent.[103]

Als der Wörterbuchverlag Merriam-Webster »Polarisierung« zum Wort des Jahres 2024 kürte, wird das kaum jemanden überrascht haben. Die Spaltung in verfeindete Lager ist zu einem prägenden Merkmal des modernen Lebens geworden.

Fraglos tragen die Sozialen Medien zumindest eine gewisse Mitschuld an dieser vergifteten Atmosphäre. Die Plattformen handeln mit Klickraten für Werbekunden, ihre Ware ist unsere Aufmerksamkeit, und ihre Algorithmen haben längst gelernt, dass sich diese

Aufmerksamkeit am besten maximieren lässt, wenn man mit Empörung, Angst und Hass arbeitet. Es werden reihenweise »Content Creators« beschäftigt, die von Social-Media-Algorithmen effektiv darauf trainiert wurden, bei jeder Gelegenheit Empörung, Angst und Hass zu schüren. Als sich in den Anfängen der Sozialen Medien unsoziales Verhalten breitmachte, trösteten wir uns mit dem Gedanken, die Menschen würden schon noch neue gemeinschaftliche Normen entwickeln, und bald würde es wieder zivilisierter zugehen. Doch das war ein Trugschluss. Im Gegensatz zu Wikipedia haben Social-Media-Plattformen keinen anderen Zweck, als Werbekunden mit Klickzahlen zu versorgen, sodass es nichts gab, was eine Entwicklung von Normen für ein faires Miteinander und konstruktiven Austausch befördert hätte. Ja, Soziale Medien haben inzwischen klare und eindeutige soziale Normen entwickelt, doch handelt es sich dabei um die konsequente Unterstellung von Böswilligkeit, um Unhöflichkeit, Dogmatismus, Extremismus, Desinteresse, Boshaftigkeit, Spott und generell ein Verhalten, das man von Kleinkindern in der Trotzphase kennt. Soziale Medien appellieren nicht an Abraham Lincolns »bessere Engel unserer Natur«. Sie appellieren an das Hässlichste in uns. Sie machen uns zu schlechteren Menschen. Die wichtigsten Kommunikationskanäle der modernen menschlichen Gesellschaft sind riesige, hypereffiziente Maschinen zur Erzeugung antisozialer Gefühle und Verhaltensweisen. Das erklärt zwar nicht ganz, warum man den Eindruck hat, dass unsere Gesellschaft den Zusammenhalt verliert. Aber es erklärt es zum großen Teil.

Sogar Wikipedia wird in diesen Fiebersumpf hineingezogen.

Seit einiger Zeit diffamiert Elon Musk es als »Wokepedia« und verbreitet die Idee, die Seiten würden von linken Propagandisten bearbeitet, die verbissen ihre Politagenda vorantreiben. Ende 2024 rief Musk seine Anhänger dazu auf, keine Spenden mehr an »Wokepedia« zu leisten, bis »die Ausgewogenheit ihrer redaktionellen Leitung wiederhergestellt« wäre. Eine erstaunlich fehlgeleitete Aufforderung. Zunächst einmal gibt es bei Wikipedia keine Redaktionsleitung. Es gibt lediglich offene Gruppen, die im gemeinsamen Austausch redaktionelle Entscheidungen treffen.

Und dann: Würde denn ein Boykott von Wikipedia die Plattform verbessern? Das würde und könnte er nicht. Falls sich tatsächlich viele Konservative für einen Boykott von Wikipedia entschieden, würde dieser genau die Voreingenommenheit schaffen und fördern, die Musk angreift. Denn wenn Musk die Leute davon überzeugt, dass Wikipedia nur linke Propaganda verbreitet, würden Konservative, die sonst vielleicht zur Wikipedia beigetragen hätten, von einer Mitarbeit absehen. Damit wären in den Redaktionen keine konservativen Stimmen mehr zu hören, konservative Perspektiven würden nicht berücksichtigt, und es wüchse das Risiko eines nicht unerheblichen anti-konservativen Bias. »Vielfalt« ist in Musks Kreisen sicher kein beliebter Begriff, aber wie wir in einem früheren Kapitel gesehen haben, ist eine umfassende Vielfalt – also nicht nur demografische, sondern auch intellektuelle Vielfalt – essenziell für das Funktionieren von Open-Source-Projekten wie Wikipedia. Bleiben Konservative (oder jede andere Gruppe) fern, nimmt die Vielfalt ab, und das Produkt wird schwächer. Das ist keine verrückte linke Idee. Es gibt eine Fülle von Forschungsergebnissen, die diese Beobachtung belegen.[104] Eben aus diesem Grund sind viele Konservative zu Recht besorgt, dass in bestimmten akademischen Bereichen, etwa der Psychologie, nur wenige Konservative vertreten sind. Das ist nicht nur schlecht für Konservative, es ist schlecht für diese Fachgebiete.

Leider ist Musk offenbar fest entschlossen, diese Logik zu ignorieren, und so propagiert er weiterhin eine Reaktion, die die von ihm befürchtete Voreingenommenheit nur noch verstärken wird. Und was geschieht dann? Die Wut steigert sich. Es kommt zu noch mehr Aufrufen, Wikipedia zu meiden. Und damit beschleunigt sich der Prozess immer weiter. Am Ende verkommt eine der letzten verbliebenen Informationsquellen, die weltweit und über das gesamte politische Spektrum hinweg als vertrauenswürdig gilt, zu einer weiteren Nische, die je nach politischer Einstellung gepriesen oder verdammt wird.

Die auf Vertrauen basierenden Prinzipien, die Wikipedia ausmachen, werden Musks Verunglimpfungen überstehen, davon bin ich überzeugt. Doch so widerstandsfähig Wikipedia sein mag, befürchte ich dennoch, dass das einer Institution zugrunde liegende Vertrauen anfällig ist. Vertrauen ist kein unerschütterlicher Berg, sondern ein Stein für Stein errichtetes Gebäude. Wenn man genügend Steine herauszieht, gerät es ins Wanken.

Es wäre eine Tragödie, wenn Wikipedia durch Musk oder andere wie ihn beschädigt würde. Aber es wäre eine besondere Tragödie für die Vereinigten Staaten und andere Länder, in denen die »affektive Polarisierung« – der Hass gegenüber Andersdenkenden – um sich greift. In diesen Ländern haben die Menschen inzwischen nur noch wenige oder gar keine gemeinsamen Nachrichten- oder Informationsquellen. In den Vereinigten Staaten schauen überzeugte Republikaner Fox News, hören Joe Rogan und lesen Blogs, die ihre Meinung bestätigen. Überzeugte Demokraten schauen MSNBC, hören Ezra Klein und lesen Blogs, die wiederum ihre Sicht der Dinge stützen. Eine der letzten Informationsquellen, die diese Spaltungen überwindet und von allen gemeinsam genutzt wird, ist Wikipedia. Wenn Wikipedia nun zu einem weiteren Opfer des Kulturkrieges wird – wenn es von den einen als »gleichgesinnt« geschätzt und von den anderen als »andersgesinnt« verachtet wird –, dann verlieren die Menschen eine ihrer letzten Quellen für allgemeine Fakten. Was aber passiert, wenn man sich nicht einmal mehr auf grundlegende Fakten einigen kann?

Christiane Amanpour, Moderatorin bei CNN International, ist eine Journalistin der alten Schule, die schon überall war und alles gesehen hat, von Kriegsgebieten über Flüchtlingslager bis hin zu Herrscherpalästen. Sie gehört zu den wenigen Journalisten, die weltweit und über alle politischen Lager hinweg weiterhin Respekt genießen. Sie erschrickt bei dem Gedanken, was mit einer Gesellschaft geschieht, die sich nicht mehr auf die Fakten einigen kann. »Uns muss klar sein«, sagte sie mir, »dass unsere Demokratien untergehen, wenn wir nicht akzeptieren, dass es eine Reihe grundlegender, unbestreitbarer Fakten gibt. Anschließend können die Menschen nachdenken und sich eine Meinung bilden und mit dieser Faktenbasis umgehen, wie sie wollen. Aber es ist nicht hinnehmbar, wenn grundlegende Fakten – dass der Himmel blau und das Gras grün ist – infrage gestellt werden.« Ohne gemeinsame Fakten, so Amanpour, »können autoritäre Herrscher, Diktatoren und Sektenführer einfach behaupten: ›Die Sonne ist der Mond, und der Mond ist die Sonne.‹« Ohne von der Allgemeinheit akzeptierte Fakten werden wir wieder so leben wie die Menschen vor der Aufklärung, vor der Wissenschaft und der liberalen Demokratie – aufgeteilt in Stämme, die alle, die nicht zu ihnen gehören, für verachtenswerte Ketzer halten.

Wenn Menschen so denken, ist eine vielfältige, offene, freie und demokratische Gesellschaft unmöglich.

Das ist die Zukunft, vor der ich mich fürchte.

Sollte sie eintreten, werden ihre Historiker den Mord an Jo Cox als Vorboten des kommenden Sturms betrachten.

EINE ANDERE ZUKUNFT

Entschuldigen Sie, das war jetzt ziemlich deprimierend.

Aber lassen wir uns davon nicht runterziehen. Geben wir nicht auf. In der Vergangenheit gab es weitaus schlimmere Zeiten, und wir haben sie überstanden. Denken wir nur an das Jahr 1932, als die Weltwirtschaftskrise wütete. Sämtliche Standardlösungen scheiterten, die Lage schien hoffnungslos. Was sollte man nur tun? Während seines Präsidentschaftswahlkampfs in jenem Jahr hielt Franklin D. Roosevelt eine berühmte Rede, in der er zu »kühnem und beharrlichem Experimentieren« aufrief.

»Es entspricht dem gesunden Menschenverstand, dass man eine Methode auswählt und sie ausprobiert«, sagte Roosevelt »Wenn sie fehlschlägt, gibt man das offen zu und probiert eine andere aus. Das Wichtigste aber ist, dass man etwas versucht.«

Wer nicht weiterweiß, sollte Experimente wagen.

Nach dem, was ich über das Projekt Wikipedia über Vertrauen gelernt habe, nach den Lehren aus diesem Buch und den vielen Gesprächen mit Leuten, die sich seit vielen Jahren mit diesen Problemen beschäftigen, habe ich ein paar Ideen entwickelt, die einen Versuch wert sein könnten. Weiß ich, ob meine Vorschläge funktionieren werden? Nein. Experimente machen wir, wenn wir etwas herausfinden möchten. Durch Experimente lernen wir. Als wir Wikipedia starteten, wusste ich nicht, ob es funktionieren würde. Eine Garantie für Erfolg gibt es nicht.

Es ist auch gar nicht so entscheidend, ob meine Ideen gelingen. Es geht darum, eine Diskussion anzuregen. Ich hoffe, meine Vorschläge können Anstoß zum Nachdenken, zum Reden und Träumen sein. Und zum Ausprobieren. Ich erinnere an den Satz des Open-Source-Softwareentwicklers Eric Raymond: »Given enough eyeballs, all bugs are shallow.« Wenn nur genug hinschauen, sind Fehler leicht zu finden. Richten wir also viele Augen auf das Problem. Entwickeln wir viele verschiedene Ideen, und probieren wir diese aus. Nur so kann uns eine bessere Zukunft gelingen.

Meine Ideen habe ich jeweils unter einem Leitgedanken zusammengefasst. Der erste ist der einfachste, und er führt zu Ideen, die wir alle ausprobieren können.

ERSTENS: ERKENNEN WIR, WAS WIR HABEN, BEVOR WIR ES VERLIEREN

Die Folksängerin Joni Mitchell hat etwas sehr Grundlegendes über das Leben der Menschen verstanden. »Don't it always seem to go«, sang sie, »that you don't know what you've got till it's gone.«[105] Man weiß erst, was man hatte, wenn man es verloren hat. Jeder weiß, wie wichtig ein gesundes Herz ist, aber wie soll man sich denn Gedanken über seine Herzgesundheit machen, wenn man ständig zu tun hat und jeden Tag neue, dringende Aufgaben zu bewältigen sind? Wer denkt schon daran, was Bewegungsmangel und schlechte Essgewohnheiten dem Herzen antun? Höchstens, wenn einen der Arzt daran erinnert. Ansonsten: Fehlanzeige. Das Leben ist einfach zu hektisch! Man nimmt sich vor, Sport zu treiben und sich besser zu ernähren. Irgendwann. Nur nicht jetzt. So vergehen Monate, Jahre, gar Jahrzehnte, ohne dass sich etwas ändert – bis man von einem Herzinfarkt erwischt wird. Dann ändert sich alles schlagartig.

So ist es auch mit Vertrauen. Genauso wie ein gesundes Herz ist auch Vertrauen eine Voraussetzung für alles Gute in unserem Leben. Aber wir denken selten oder nie darüber nach. Es ist zu viel los. Man hetzt von einer eiligen Aufgabe zur nächsten. Es bleibt keine Zeit, über etwas so Abstraktes wie Vertrauen nachzudenken.

Doch das ist gefährlich.

Die Corona-Politik in den USA hat es deutlich gezeigt: Zu Beginn der COVID-19-Pandemie befürchteten die Gesundheitsbehörden, dass es zu wenige dringend benötigte Masken für medizinisches Personal geben könnte, wenn sich die Bevölkerung in großen Mengen mit ihnen versorgte. Die Lösung? Sie forderten die Bevölkerung auf, keine Masken zu kaufen. Masken seien nicht notwendig, hieß es. Sie hätten gar keinen Effekt. Angesichts einer drohenden Maskenknappheit für medizinisches Personal mag dieser Ratschlag sinnvoll gewesen sein. Doch zu welchem Preis? Zeynep Tufekci, Soziologin an der Princeton University und Kolumnistin der *New York Times*, schrieb damals, auf diese Weise würde »Misstrauen geschürt«.

Nur wenige Monate später war die Maskenproduktion hochgefahren, und man machte sich keine Sorgen mehr über Engpässe. Sodann verkündete ein Teil ebenjener Beamten, die den US-Amerikanern zuvor gesagt hatten, Masken seien unnötig, dass diese sehr wohl wirksam wären und man sie in der Öffentlichkeit ständig tragen sollte. Nun hieß es gar, ihre Schutzfunktion sei so bedeutend, dass das Tragen einer Maske verpflichtend sein sollte. Verständlich, dass sich bei allen, die sich an die früheren Empfehlungen erinnerten, die Vermutung regte, dass diese Beamten nicht ehrlich zu ihnen gewesen waren.

Es war zudem nicht das einzige Mal, dass man der Öffentlichkeit nicht ganz die Wahrheit sagte. Im Jahr 2024 verfasste Tufekci einen vernichtenden Essay, in dem sie aufzeigte, dass sich dieses Muster durch die gesamte Pandemie zog: Die Verantwortlichen »lösten« akute Probleme ähnlich wie das Risiko von Maskenengpässen, indem sie gegenüber der Öffentlichkeit nicht ganz aufrichtig waren. Es steht außer Frage, dass die wahnsinnige Politisierung der Pandemie das öffentliche Vertrauen erschüttert hat, doch das Verhalten der

Behörden beschädigte zudem »bei einer Vielzahl an Menschen das Vertrauen in das Gesundheitswesen«, schrieb Tufekci. »Nicht nur die Verantwortlichen werden mit den Folgen leben müssen, sondern leider auch der Rest von uns.«[106]

Wie kam es aber dazu, dass Behörden sich so verhielten? Ich vermute, dahinter steckt ganz einfach, dass sie schnell handeln und dringende Probleme lösen mussten. Wenn Vertrauen überhaupt erwähnt wurde, dann nur als fernes, abstraktes Anliegen und Teil der Bedenken, die gerne vom Tisch gewischt werden, sobald es *akut* brennende Probleme zu bewältigen gilt.

Wir müssen damit aufhören. Wir müssen erkennen, was wir haben, *bevor* wir es verlieren.

Jede Organisation, vom Kiosk an der Ecke bis zur nationalen Regierung, sollte eine Art *Vertrauensbilanz* aufstellen. An einem ruhigen Tag, wenn es mal keine Brände zu löschen gibt, könnten sich alle Beteiligten zusammenfinden und diese einfache Frage stellen: »Wessen Vertrauen ist für den Erfolg unserer Organisation unerlässlich?« Das ist der erste, entscheidende Schritt, um Vertrauen nicht länger als selbstverständlich anzusehen.

Der nächste Schritt besteht darin, den Status quo zu hinterfragen. Und er erfolgt am besten gleich im Anschluss an die Vertrauensbilanz.

Die Leitfrage lautet hier: »Wodurch wird derzeit das Vertrauen in uns eingeschränkt, und wie können wir es verbessern?«

Ich möchte anhand eines Beispiels zeigen, wie Antworten auf diese Frage aussehen könnten: Dazu stelle ich mir vor, welche Vorschläge ich machen würde, wenn mir diese Frage in einem Gespräch über Wikipedia gestellt würde.

Einige Kapitel zuvor habe ich darüber gesprochen, wie Transparenz Vertrauen schafft. Ich möchte behaupten, Wikipedia ist äußerst transparent. Möchte beispielsweise jemand wissen, welche Redakteure aus welchem Grund beschlossen haben, eine Formulierung zu verändern (oder eine andere redaktionelle Entscheidung zu treffen), kann er in den Protokollen nachsehen und findet dort eine vollständige Abschrift der Diskussion. Transparenter geht es kaum, würde man meinen. Aber ist das tatsächlich so? Nicht einmal annähernd.

Denn die Aufzeichnungen sind oftmals sehr komplex und schwer verständlich. Es sind zwar sämtliche Informationen vorhanden, für den Laien aber ist das Ganze unübersichtlich. Nur mit großer Mühe lassen sich die einzelnen Informationen in eine kohärente Geschichte verwandeln, aus der hervorgeht, wer was gesagt hat und was warum passiert ist. Wissenschaftler und Journalisten nutzen zuweilen die Wikipedia-Dokumentation, um genau das aufzudröseln. Aber das ist ihr Job. Sie sind dazu ausgebildet und werden dafür bezahlt. Die meisten Menschen haben weder die Zeit noch die Ressourcen dafür. Für sie ist die Diskussion damit nicht *völlig* transparent.

Wir sind also weit entfernt vom Idealzustand. Aber gibt es eine Möglichkeit, wie Wikipedia es besser machen und dadurch mehr Vertrauen gewinnen kann? Ich denke schon. KI ist bestens geeignet, komplexe Informationen zu erfassen und in einfache Sprache zu übersetzen. Sie ist geradezu perfekt für dieses Problem. Wie wäre es also, wenn man ein einfaches KI-Tool entwickelt und in Wikipedia einbettet, wo es jeder nutzen kann? Man könnte das KI-Tool beispielsweise fragen: »Warum haben die Wikipedia-Redakteure beschlossen, diese politische Partei als ›rechtsextrem‹ zu bezeichnen? Bitte informiere mich über die Debatten, die zu dieser Entscheidung geführt haben.« Die KI würde daraufhin in Sekundenschnelle eine verständliche Zusammenfassung dazu liefern, wer an der Diskussion beteiligt war, was die verschiedenen Personen gesagt haben und wie sie zu einem Konsens gekommen sind. Damit wäre eine erstaunliche Transparenz erreicht.

Ich beschäftige mich inzwischen intensiv mit dieser Idee und habe sie »Glass Mountain« getauft. Aber ich lade alle ein, sie zu übernehmen, denn sie könnte weit über Wikipedia hinaus von Nutzen sein. Unternehmen häufen gerne Berge von Informationen an und veröffentlichen diese. Diese Offenlegung soll Vertrauen schaffen, doch aufgrund der schieren Größe und Komplexität der Daten können die meisten Menschen sie nur schwer verstehen und kaum nutzen. Und so bleiben sie undurchsichtig. Fügt man aber eine KI-Zusammenfassung hinzu, wird der Berg plötzlich zu Glas und man kann durch den Wust hindurchsehen.

Und das bringt mich zu einer letzten, leicht umsetzbaren Reform. Sobald eine Organisation eine Vertrauensbilanz erstellt hat, weiß sie, auf wessen Vertrauen sie angewiesen ist und welchen Stellenwert dieses Vertrauen hat. Nun gilt es, dem Entscheidungsprozess einen kleinen Schritt hinzuzufügen. Vor jedem Beschluss sollte nämlich die Frage stehen: »Wie könnte sich diese Entscheidung auf das in uns gesetzte Vertrauen auswirken?« Sobald diese Überlegung zum Standardvorgehen gehört, läuft man auch bei akuten Herausforderungen nicht mehr Gefahr, das Vertrauen aus den Augen zu verlieren.

Hier ein Beispiel, wie ein solcher Entscheidungsprozess aussehen könnte: Heute sind Fehl- und Desinformation zu einem großen Problem herangewachsen, zu dessen Lösung vielerorts auf der ganzen Welt eine staatliche Zensur von Social-Media-Plattformen gefordert wird. Auf den ersten Blick eine sinnvolle Maßnahme: Mit den Fake News verschwindet auch das Problem, ganz einfach. Dabei vergisst man aber die Frage: »Wie könnte sich dies auf das Vertrauen auswirken?« Und die Antwort: Zensur würde fast zwangsläufig dazu führen, dass viele Menschen vermuten, die Behörden würden ihnen misstrauen oder ihnen gar bewusst Informationen vorenthalten. Das wäre Gift für das Vertrauen der Öffentlichkeit in die Regierung – Vertrauen, das in einer Demokratie unerlässlich ist. Wenn so die Antwort aussieht, sollten sämtliche Alarmglocken schrillen. Und uns sollte klar sein, dass wir das Problem gründlicher durchdenken müssen.

Wir sollten uns Joni Mitchells Lektion zu Herzen nehmen und Vertrauen nicht länger als selbstverständlich ansehen, bis es auf einmal verschwunden ist.

Vertrauen ist essenziell, das sollten wir immer im Kopf behalten. Unsere Entscheidungen können das Vertrauen anderer stärken oder schwächen, und das sollten wir bei jedem Vorhaben berücksichtigen.

Es ist ganz einfach. Aber es könnte viel bewirken.

ZWEITENS: MACHEN WIR UNS KLAR, DASS WIR MEHR GEMEINSAM HABEN ALS UNS TRENNT

Nach dem Mord an Jo Cox schlossen sich mehrere ihrer Freunde, darunter Gemma Mortensen, zu einer NGO zusammen, die der zunehmenden Polarisierung etwas entgegensetzen wollte. In ihrer ersten Rede im britischen Parlament hatte Jo über die vielfältige Bevölkerung ihres Wahlkreises gesagt: »Wir sind viel enger miteinander verbunden und haben mehr gemeinsam, als uns trennt.« Dieses Mehr an Gemeinsamkeiten nahmen sich Jos Freunde zum Motto und beschlossen, die Gruppe »More in Common« zu nennen.

Im Jahr 2019 veröffentlichte die NGO eine bahnbrechende Meinungsumfrage, in der US-Amerikaner mithilfe der Sozialpsychologie in sieben »versteckte Stämme« (»hidden tribes«) unterteilt wurden.[107] Die Studie kam zu dem Ergebnis, dass den Positionen am rechten und linken Rand gerade einmal 14 Prozent der Gesamtbevölkerung zugeordnet werden können. Dennoch dominieren diese Extreme in den Sozialen Medien. Und auch die Mainstream-Nachrichten haben sie oft zum Thema. Dadurch entsteht der Eindruck, die Mehrheit der US-amerikanischen Bevölkerung würde in eines der beiden extremen Lager fallen, und es führt dazu, dass die Anhänger der beiden großen Parteien die Gegenseite für viel extremer halten, als sie wirklich ist.

»More in Common« hat inzwischen ähnliche Untersuchungen im Vereinigten Königreich, in Frankreich, Deutschland, Polen, Spanien und Brasilien durchgeführt. In allen Ländern fanden sich weitgehend ähnliche Muster. Mit ihren Analysen bewies die NGO, dass ihr Name nicht nur ein Wunschgedanke ist. Denn es stimmt: Wir haben wirklich mehr gemeinsam, als wir glauben.

Es wäre sehr hilfreich, wenn noch viel mehr Menschen zu dieser Erkenntnis kämen.

Dazu könnten wiederum Meinungsforscher beitragen, indem sie viel mehr Umfragen zu dieser »Wahrnehmungslücke« durchführen und die Menschen nicht nur nach ihrer Meinung fragen, sondern auch nach ihrer Wahrnehmung der Fakten – die dann mit der Realität verglichen werden können. Gestützt auf Befragungen, die er mit dem Meinungsforschungsinstitut Ipsos durchführte, hat der Sozialwissenschaftler Bobby Duffy in seinem faszinierenden Buch *Die Tücken der Wahrnehmung* große Unterschiede in der gängigen Wahrnehmung verschiedenster Themen aufgedeckt. Im Zusammenhang mit der US-amerikanischen Geschichte und deren Vermittlung hat sich auch »More in Common« mit diesem Thema befasst.[108] Es handelt sich um spannende, aufschlussreiche Untersuchungen, die aber aus irgendeinem Grund nur selten durchgeführt werden. Daher ergeht meine Bitte an alle Meinungsforscher: Machen Sie die Erforschung von Wahrnehmungslücken zu einem festen Bestandteil öffentlicher Umfragen.

Nachrichtenmedien könnten diese Bemühungen unterstützen, indem sie sicherstellen, dass die von ihnen zitierten und veröffentlichten Autoren die tatsächliche Bandbreite der Meinungen widerspiegeln, nicht nur die lauten Extreme. Und auf ihren Websites könnten die Medien regelmäßige Realitätschecks in Quizform anbieten, in denen beispielsweise gefragt wird, wie viel Prozent der Republikaner einer bestimmten Aussage zustimmen würden oder wie viel Prozent der Demokraten für eine bestimmte Meinung stehen – im Anschluss sollte es dann die richtige, oft erhellende Antwort geben. Auch »More in Common« arbeitet mit solchen Online-Einschätzungen.[109] Wenn sie gut gemacht sind, sind sie ein wirkungsvolles Instrument, das echte Aha-Momente liefern kann, die unsere Wahrnehmung verändern.

Die wirkungsvollsten Ansätze ergeben sich jedoch aus der sogenannten Kontakthypothese, die der US-amerikanische Psychologe Gordon Allport entwickelt hat: In seinem 1954 erschienenen Buch *The Nature of Prejudice* stellt er fest, dass wir alle automatisch stereotypisieren und dass der Weg zur Überwindung von Vorurteilen über John Lennons »Come together!«, also den Kontakt zu Mitgliedern anderer Gruppen führt. Doch es reicht nicht aus, sich einfach nur an einem Ort zu versammeln. Laut Allports Theorie braucht es Gleichberechtigung, persönliche Interaktion, Zusammenarbeit statt Konkurrenz und eine gemeinsame Zielsetzung, um Vorurteile zu hinterfragen. Zahlreiche, über Jahrzehnte getätigte Forschungen und Erfahrungen legen nahe, dass Allport mit seinen Ideen recht hatte.

Darüber freue gerade ich mich, denn mir fällt da ein gutes Beispiel für ein funktionierendes Umfeld nach Allports Theorie ein: Wikipedia! Listen wir einmal auf: Jeder kann sich freiwillig als Redakteur engagieren. Alle Redakteure sind gleichberechtigt. Sie setzen sich mit den anderen auseinander, um redaktionelle Entscheidungen zu treffen. Sie kooperieren, statt zu konkurrieren. Und sie verfolgen das gemeinsame Ziel, eine Enzyklopädie zu schreiben. Da liegt doch die Schlussfolgerung auf der Hand: Zum Wohle unserer gemeinsamen Zukunft sollte eigentlich jeder bei Wikipedia mitmachen. (Wer jetzt vermutet, dass ich die Gelegenheit nutze, um eine neue Generation von Wikipedia-Redakteuren zu rekrutieren, beweist genau den Scharfsinn, den wir brauchen.)

Es gibt noch viele weitere Möglichkeiten, Allports Erkenntnisse in die Praxis umzusetzen.

»Wir wollen die Leute nicht dazu bringen, ihre Meinung zu bestimmten Themen zu ändern«, sagt Gabriella Timmis. »Wir wollen sie ermuntern, ihre Meinung über den anderen zu ändern.« Damit beschreibt sie die Arbeit von »Braver Angels«, einer US-amerikanischen Organisation, die kleine, lokale Workshops veranstaltet, in denen Menschen mit gegensätzlichen politischen Ansichten zusammenkommen. Die Moderatoren dieser Treffen beginnen mit der Frage: »Warum sind Sie hier?« Und bekommen meist Antworten, die in etwa lauten: »Meine Familie und ich möchten uns hier ein Leben aufbauen, aber es gibt Schwierigkeiten. Wir müssen lernen, miteinander auszukommen.« Damit ist ein gemeinsames Ziel festgelegt.

Braver Angels ist eine Basisorganisation mit etwa 14000 Mitgliedern, die jeweils vor Ort Veranstaltungen organisieren. Wenn jemand mit einer neuen Idee kommt, probieren sie sie aus. »In Portland gibt es ein Café, in dem einmal im Monat ›Verständigung und Kuchen‹ angeboten wird«, berichtet Timmis. »Und kürzlich hat jemand vorgeschlagen, wir sollten ›Braver Dogs‹ ins Leben rufen, wo dann Hundebesitzer verschiedener politischer Lager zusammen Gassi gehen. Wir sind dran an der Idee.«

Timmis macht sich keine Illusionen. »Wir werden das Land nicht mit Workshops entpolarisieren.« Aber jedes Gespräch hilft. Und wenn genug Menschen genug Gespräche führen, summiert sich das.

DRITTENS: BEGEISTERN WIR UNS WIEDER FÜR TECHNIK

Ich wünschte, jeder könnte sich einen Nachmittag lang mit Audrey Tang unterhalten.

Tang ist Informatikerin, Hackerin, Anarchistin. Sie hat so viele Ideen für radikal andere und bessere Möglichkeiten zur Technologienutzung. Mit den Tech-Giganten, die unsere Daten sammeln und uns auf tausend verschiedene Arten manipulieren, um sich auf Kosten der Allgemeinheit zu bereichern, hat sie aber nichts am Hut. Tangs Ideen entspringen derselben Kultur, die Wikipedia hervorgebracht hat. Sie sind offen, frei, transparent, vertrauensvoll und vertrauenswürdig. Ihre Ideen könnten sogar alte, verkrustete Institutionen wie Regierungen und Aufsichtsbehörden verändern und sie effektiver und zuverlässiger für die Menschen machen, denen sie dienen. Wer sich mit Audrey Tang austauscht, kommt aus dem Staunen nicht mehr raus. Jedenfalls ging es mir so: Mir entfuhr ein »Wow« nach dem anderen.

Einer ihrer Vorschläge ist folgender: Man nehme eine öffentliche digitale Plattform, auf der sich Hunderte oder Tausende Menschen versammeln können, um wichtige politische Themen zu diskutieren. Dabei handelt es sich um etwas ganz anderes als eine altmodische »öffentliche Anhörung«, bei der lange, von den meisten Anwesenden ignorierte Reden gehalten werden, während alle nur darauf warten, dass sie auch noch drankommen und eine lange Rede halten können. Auch mit den unstrukturierten Sozialen Medien mit ihrem großen Chaos und ihren vielen Trolls wäre eine solche Initiative nicht vergleichbar. Stattdessen würde diese Plattform ihren Nutzern bestimmte Aussagen zu einem politischen Thema vorstellen, auf die diese mit einem Klick auf »Zustimmen«, »Ablehnen« oder »Weiter«

reagieren. Ganz unaufgeregt und geradeheraus. Dann analysiert ein Machine-Learning-Tool die Antworten, um die Nutzer entsprechend ihrer Überzeugungen in Cluster zu gruppieren, und liefert jedem eine Visualisierung dieser Cluster. Die Teilnehmenden werden im Anschluss aufgefordert, neue Aussagen zur Abstimmung vorzuschlagen, aus denen jene ausgewählt werden, die die verschiedenen Cluster am besten abdecken. Wiederholt man diesen Vorgang, entwickelt sich schließlich ein Konsens, der alle Standpunkte so weit wie möglich einbezieht, trotz der anfänglichen starken Polarisierung. Niemand kann sich ganz durchsetzen, aber die Beteiligten sind mit dem Ergebnis weitaus zufriedener als bei einer traditionellen Abstimmung mit nur einem Sieger.

Ich weiß, das alles klingt zu schön, um wahr zu sein.

Dennoch ist es keine idealistische Vision davon, wie es sein *könnte*. Im Jahr 2016 ernannte Taiwan Audrey Tang zur weltweit ersten »Ministerin für digitale Angelegenheiten«, ein Amt, das sie bis 2024 innehatte. Die Regierung testete ihre Ideen, und sie funktionierten. Ganz real.

In unserem Gespräch illustrierte Tang ihre Vorschläge für gruppenbasierte Diskussionen und Entscheidungsfindungen am Umgang mit Uber. Als die Fahrdienst-App vor gut einem Jahrzehnt in Taiwan auf den Markt kam, wurde sie wie in vielen anderen Ländern der Welt teils begeistert begrüßt, teils vehement abgelehnt. Manche lobten Uber als tolle Dienstleistung und Chance für Fahrer, andere befürchteten einen unfairen Wettbewerb und den Ruin des bestehenden, regulierten Taxigewerbes. Würde man eine Lösung finden, die alle zufriedenstellte? Mithilfe einer digitalen Plattform namens Polis entwickelte Tangs Ministerium »ein Set an Aussagen, das die zuvor sehr polarisierten Lager der Uber-Befürworter und Taxi-Anhänger zusammenbrachte«, erzählte sie mir. Auf der Grundlage dieser Konsensaufstellung führte man dann eine live gestreamte Diskussion mit allen Beteiligten. Beide Seiten erklärten sich einverstanden, dass deren Ergebnisse in die daraufhin ausgearbeiteten und verabschiedeten Vorschriften einfließen sollten. Und so wurde das taiwanesische Uber ein registrierter, regulierter Fahrdienst, ältere

Anbieter führten ebenfalls Apps ein, und es kam zu keiner Unterbietung der Preise. Das Ergebnis, so Tang, ist »eine Win-Win-Win-Situation, die von den Beteiligten richtig gut aufgenommen wurde«.

In den Jahren seit Tangs Versuch mit ihrer konsensorientierten Plattform hat die KI enorme Fortschritte gemacht, sodass es inzwischen noch ausgefeiltere Versionen der Plattform gibt: Hier kann die KI automatisch herausfinden, welche Ansichten die Gräben zwischen den Gruppen am besten überbrücken. Diese moderne Form der öffentlichen Anhörung könnte Regierungen – oder Unternehmen, NGOs und anderen Akteueren – ganz neue, revolutionäre Möglichkeiten an die Hand geben, wie sie verschiedene Interessengruppen zu Wort kommen lassen und das Gesagte zusammenfassen. Und das in jedem Maßstab, vom Dorf bis zum Staat.

Aber das ist nicht die einzige Innovation, die sich Audrey Tang überlegt hat. Sie hat noch viel mehr auf Lager. Wer durch die Erfahrungen des letzten Jahrzehnts in puncto Informationstechnologie einen gewissen Zynismus entwickelt hat, sollte unbedingt mit ihr reden. Und seine Begeisterung neu entfachen lassen.

Dabei bedarf es hier einer kleinen Korrektur, denn ich habe durchweg von Audrey Tangs Ideen gesprochen, und sie verdient dafür auch die größte Anerkennung. Doch folgt sie natürlich ihren eigenen Prinzipien, und wie sie selbst betonen würde, ist ihre Arbeit quelloffen und ihre Ideen stammen aus Communitys gleichgesinnter Hacker in Taiwan und auf der ganzen Welt. Das Buch, das sie über ihre Ideen und Erfahrungen geschrieben hat, nennt E. Glen Weyl, Audrey Tang und Community als Autoren – weil es im Open-Source-Stil wie Wikipedia geschrieben wurde und die »Community« Dutzende Mitwirkende aus der ganzen Welt umfasst. Der Text wird zudem ständig weiterentwickelt, ähnlich wie Wikipedia. Die neueste Version ist online verfügbar.[110]

VIERTENS: SCHENKEN WIR VERTRAUEN

Ohne ein hohes Maß an Vertrauen ist eine solche Zusammenarbeit nicht möglich. Deshalb gründet Tangs Arbeit auch nicht auf unseren technischen Möglichkeiten, so wichtig diese auch sind: Sie gründet auf Vertrauen. Tang verwies mich auf den alten chinesischen Philosophen Laotse: »Wer nicht genügend vertraut, wird kein Vertrauen finden.«[111] Im Umkehrschluss heißt das: »Wer Vertrauen schenkt, wird Vertrauen finden.«

Damit sind wir zurück bei meiner Regel #4, auf die Laotse offenbar schon vor 2500 Jahren gekommen ist. Open-Source-Software, Wikipedia und Tangs Ideen – sie alle basieren auf einem Vertrauensvorschuss. Verdeutlichen wir uns hierfür noch einmal, vor welchen Herausforderung Taiwan mit dem Auftauchen von Uber stand: Es gab zwei sich heftig bekämpfende Lager, die ein direktes Interesse an den zu treffenden Vorschriften hatten. Hinzu kam die breite Öffentlichkeit mit ihren vielschichtigen, ambivalenten Ansichten. Wie geht man mit einer solchen Ausgangslage um? Auf Tangs Initiative schuf Taiwan eine offene Plattform, lud alle ein, sich zu beteiligen, und machte diese Meinungsfindung zur Grundlage der Politikgestaltung. Es wurde vielleicht nicht laut ausgesprochen, aber im Grunde sagte Taiwans Regierung damit: »Wir vertrauen euch.«

Wie wir in Kapitel 4 gesehen haben, liegt in den Worten »Wir vertrauen euch« eine große Kraft. Ebenso viel Kraft liegt in den Worten »Wir vertrauen euch nicht«. Institutionen und Organisationen sagen ständig das eine oder das andere – ob sie sich dessen bewusst sind oder nicht.

Wenn Wikipedia seine Türen öffnet und sagt: »Bitte schließt euch uns an und werdet Redakteure!«, dann sagt sie damit: »Wir vertrauen euch.« Wikipedia schenkt Vertrauen. Und man erntet, was man sät.

Wenn Gerichte Geschworenenprozesse durchführen und eine Handvoll zufällig ausgewählter Personen über etwas so Schwerwiegendes wie eine Mordanklage entscheidet, dann sagt das Gericht damit: »Wir vertrauen euch.« Die meisten Menschen nehmen das sehr ernst. Sie erkennen ihre Verantwortung und wollen ihre Aufgabe gut machen. Deshalb funktionieren Geschworenengerichte im Allgemeinen recht gut.

Was aber ist mit der Gesundheitsbehörde dagegen, die sich Sorgen über einen Maskenmangel machte und der Öffentlichkeit riet, keine Masken zu kaufen, weil diese angeblich keinen Effekt hätten? Indirekt gab sie damit zu verstehen: »Wir sagen euch nicht die Wahrheit und bitten euch, keine Masken zu kaufen, um die Versorgung der Gesundheitsfachkräfte zu sichern, denn wir trauen euch nicht zu, das Richtige zu tun.« Als dieser Vertrauensmangel zutage trat, reagierten viele Menschen ihrerseits mit Misstrauen.

Mit der Ernennung von Audrey Tang zur Digitalministerin hat sich Taiwan diese Lehre zu eigen gemacht. Denn die von ihr initiierten Maßnahmen sagten: »Wir vertrauen euch.« Das war eine umso wichtigere Botschaft, da die Regierung eine Phase der Unruhen und des sinkenden Rückhalts in der Bevölkerung durchlaufen hatte. Ihre Zustimmungsrate war unter 10 Prozent gesunken, als sie den radikalen Schritt unternahm, Tang zur Ministerin zu ernennen. Und was geschah? Das Vertrauen der Bevölkerung nahm sprunghaft zu. Als Tang ihren Posten verließ, lag die Zustimmungsrate bei über 70 Prozent.[112] Das hat nicht nur, aber ganz sicher auch mit Vertrauen zu tun.

Und wie ist es mit der Demokratie selbst? Autoritäre Regierungen, die ihren Bürgern keine Wahlen erlauben oder Wahlen manipulieren, sagen damit: »Wir vertrauen euch nicht.« Demokratische Regierungen hingegen, die die Kontrolle in die Hände der Wähler legen, sagen: »Wir vertrauen euch.« Die Erkenntnis, dass Vertrauen und Demokratie stark miteinander korrelieren, wird niemanden verwundern: Mehr Demokratie bedeutet in der Regel mehr Vertrauen.[113]

Stärken wir also das Vertrauen, indem wir die Demokratie stärken.

In einer repräsentativen Demokratie werden die Bürger alle paar Jahre aufgefordert, Vertreter zu wählen. Darüber hinaus aber ist wenig Beteiligung gefragt. Die Arbeit erledigen die Abgeordneten. Vielleicht sollten wir das ändern.

Irland etwa hat erstaunliche Erfolge damit erzielt, zufällig ausgewählte Bürger in Bürgerversammlungen zusammenzubringen. Man sammelt dort Forschungsergebnisse, hört Experten an, führt Debatten und gibt Empfehlungen ab. So manches schwierige Thema, von der Verfassungsreform bis zur Abtreibung, ließ sich so besser bewältigen. Viele andere Länder, darunter Belgien, Deutschland, Island, die Niederlande, Finnland, Spanien und Frankreich haben in den letzten Jahren etwas Ähnliches versucht.[114]

Es gibt viele gute Gründe, solche Experimente in der Demokratie zu versuchen, doch gerade für unsere Zwecke sind sie von unschätzbarem Wert, denn sie ermuntern Menschen aus gegnerischen Lagern zum Austausch und zur Zusammenarbeit, während sie gleichzeitig eine Botschaft an die breite Öffentlichkeit senden: »Wir vertrauen euch.«

Das Beste aber ist vielleicht: Vertrauen schenken und damit eine positive Veränderung bewirken kann jeder. Man muss kein Unternehmenschef oder Regierungsbeamter sein. Man muss keinerlei Macht haben.

Alles, was man braucht, ist eine offene, neugierige und freundliche Einstellung. So wie Jo Cox sie hatte.

Reden wir miteinander. Fragen wir unsere Mitmenschen nach ihrer Meinung und nach den Gründen für diese Meinung. Wir sollten mehr daran interessiert sein, etwas Neues zu lernen, anstatt ein Urteil zu fällen.

Bieten wir an, gemeinsam an etwas zu arbeiten. Es spielt keine Rolle, was es ist. Ob nun ein Softwareprojekt oder der Bau einer Scheune. Oder die Verbesserung von Wikipedia. Durch ein solches Angebot vermitteln wir unserem Gegenüber implizit, aber unmissverständlich: Ich vertraue dir. Drei magische Worte.

Wir alle können und sollten vertrauen. Es mag ein kleiner Schritt sein, aber wenn Wikipedia der Welt eines gezeigt hat, dann, dass viele kleine Schritte von vielen offenen, neugierigen und freundlichen Menschen tatsächlich etwas bewirken können. Und schließlich zu etwas Großem und Wunderbarem werden.

Wagen wir wieder zu träumen.

In diesem Fazit habe ich mich auf die Vertrauenskrise konzentriert und darauf, wie wir uns gegen einen Trend wehren können, der uns an einen Ort führt, an dem wir nicht sein wollen. Wir können aber noch viel mehr tun, als nur das zu bewahren, was wir schätzen. Wir können kühne neue Dinge schaffen, die wir uns jetzt noch nicht einmal vorstellen können. So wie Dutzende, dann Hunderte, dann Tausende, dann Millionen Menschen die größte Enzyklopädie der Weltgeschichte geschaffen haben.

Oder den Subreddit »Change My View«, den fast vier Millionen Nutzer abonniert haben. Sie führen gute, konstruktive Debatten über jedes erdenkliche Thema. »Change My View« stellt alle Social-Media-Plattformen in den Schatten. Und angefangen hat das alles mit einem Teenager in den schottischen Highlands, der in der Schule Langeweile hatte.

Wer ist der nächste schottische Teenager? Wer hat eine Idee, die Menschen zusammenbringen und zu etwas Großartigem werden könnte?

Ich weiß es nicht. Aber ich weiß, dass es mehr als acht Milliarden Menschen auf der Welt gibt. Und jeder dieser Menschen ist eine Ideenfabrik. Ganz sicher gibt es da draußen einige weltbewegende Ideen, die in den Köpfen schlummern.

Sie könnten derjenige sein, der eine solche Idee hat. Schwer vorstellbar? Versuchen wir zum Abschluss ein kleines Gedankenexperiment.

Stellen wir uns eine Welt vor, in der mir die Idee für Wikipedia nie gekommen wäre. Vielleicht hätte ich einen Job gefunden, der mich auf Trab hält. Oder ich hätte im Lotto gewonnen und würde meine Tage mit Muschelsuchen auf Tahiti verbringen. Jedenfalls gäbe es kein Wikipedia und auch nichts Vergleichbares.

Und nun taucht hier und heute eine unbekannte Person auf und versucht, andere für ihr Projekt zu begeistern: »Wir gründen eine Online-Enzyklopädie, die jeder auf der Welt bearbeiten kann!« Was würden wohl die meisten Leute von dieser Idee halten? Sie würden sie als lächerlich abtun. Als Witz. Sie würden denken, dass so etwas unmöglich funktionieren kann.

Genau so haben die Leute 2001 reagiert, als einer unbekannten Person – mir – der Einfall kam, Wikipedia zu gründen. Tatsächlich herrscht heute ein weit größerer Zynismus gegenüber Informationstechnologie, sodass die Reaktion wahrscheinlich noch schlimmer ausfallen würde.

Aber wir wissen, dass diese Neinsager falsch liegen! Die Idee ist fantastisch!

Woher wir das wissen? Weil ich eben *nicht* im Lotto gewonnen, sondern Wikipedia ins Leben gerufen habe, und eine Handvoll Freiwillige mitgemacht und das Projekt auf den Weg gebracht haben. Und es hat die Welt verändert.

Sie und ich wissen, dass man etwas bewegen kann, weil ganz normale Menschen von einem völlig unbekannten Typen mit einer verrückten Idee hörten und dachten: »Klar, versuchen wir es doch mal.«

Also, wer da draußen hat noch so eine verrückte Idee?

Danksagung

Dieses Buch zu schreiben war eine Reise, die ich alleine nie geschafft hätte, und ich bin den vielen Menschen zutiefst dankbar, die diesen Weg mit mir gegangen sind. Zuallererst danke ich meinem Agenten **William Callahan,** der mich als Erster ermutigte, meine Ideen während der langen Zeit des COVID-Lockdowns zu Papier zu bringen. Von Anfang an glaubte William an dieses Projekt – als die Welt zu Hause eingesperrt war und ich nicht wusste, was ich mit meiner rastlosen Energie anfangen sollte. Sein behutsamer Anstoß, »Wie wäre es, das Buch jetzt zu schreiben?«, war genau die Ermutigung, die ich brauchte.

Ich bin auch **Laurie Erlam** zu großem Dank verpflichtet, weil sie im entscheidenden Moment eine wichtige Verbindung herstellte. Sie machte mich mit **David Drake** bekannt, dem Geschäftsführer der Crown Publishing Group, und das veränderte alles. Bei einem denkwürdigen Kaffee im Arts Club schlug David vor, ich sollte versuchen, das Projekt mit einer Reihe von Essays anzugehen. Davids weiser Vorschlag funktionierte – plötzlich fingen die Worte an zu fließen. Auch wenn das fertige Buch keine Essaysammlung wurde, löste sein Rat die Blockade in meinem Gehirn und half mir, meine Stimme zu finden. Dankbar bin ich auch **Paul Whitlatch** bei Crown für seinen verlegerischen Rat zu Beginn; Paul sah geduldig die Rohfassung von Kapiteln durch und gab mir Feedback, das den Text besser machte. Die enthusiastische **Alexis Kirschbaum** von Bloomsbury motivierte mich genau zum richtigen Zeitpunkt von jenseits des Teichs. Ihre

Begeisterung für dieses Buch war ansteckend – zu wissen, dass sie mich anfeuerte (und ungeduldig weitere Kapitel erwartete), gab mir an den Tagen voller Selbstzweifel neue Energie. Danke, Alexis, dass du von ganzem Herzen an dieses Projekt geglaubt und bis zur Publikation darüber gewacht hast.

Ein ganz besonderer Dank geht an **Dan Gardner,** meinen Schreibpartner und Spießgesellen während dieses ganzen Abenteuers. Bevor ich Dan anheuerte, hatte ich im Wesentlichen nur einen Stapel Geschichten und Beobachtungen ohne klare Struktur oder roten Faden. Dan stürzte sich mit mir in diesen chaotischen Haufen und sah irgendwie das darin versteckte zusammenhängende Buch. Er verstand meine Ideen auf einer tiefen Ebene – manchmal sogar besser, als ich sie selbst verstand – und half mir, all die einzelnen Anekdoten in ein zusammenhängendes Ganzes zu verwandeln. Dan hat eine bemerkenswerte Gabe, Ordnung ins Chaos zu bringen, und er half mir unermüdlich, aus meinem Gedankenwirrwarr ein lesbares Manuskript mit einem klaren Spannungsbogen zu machen (keine Kleinigkeit, wie er sicherlich bezeugen wird). Und nicht nur das. Als schüchterner Mensch hätte ich viele der Interviews und Gespräche, die dieses Buch bereichern, niemals geführt, wenn mich Dan nicht sanft aus meiner Komfortzone geschubst hätte. Er ermutigte mich dazu, mich an Menschen zu wenden, ihnen kritische Fragen zu stellen und ihre Stimmen mit einzubeziehen. Kurzum: Dan Gardner machte dieses Buch bedeutend besser, und ich bin zutiefst dankbar für seine Beteiligung und Freundschaft auf jedem Schritt des Weges.

Hinter den Kulissen hat mir dankenswerterweise ein Kreis von Freundinnen und Kollegen geholfen, die Ideen in diesem Buch zu durchdenken. **Andrea Weckerle, Andrea Forte, Orit Kopel** und **Giota Alevizou** haben mir für dieses Projekt ihre Zeit und Intelligenz zur Verfügung gestellt, was vielleicht nicht im Einzelnen im Buch ersichtlich ist, aber absolut essenziell war. Ob es ein Zoom-Call war, um Konzepte von Vertrauen im Internet zu diskutieren, eine E-Mail mit einem aufschlussreichen Artikel oder ein tiefsinniges Gespräch, das meine Annahmen infrage stellte – alle vier leisteten ihren Beitrag zum intellektuellen Fundament von *TRUST*. Andrea W., Andrea F.,

Orit und Giota: Danke, dass ihr geduldig zugehört habt, während ich von Vertrauen schwadronierte, dass ihr eure Sichtweisen eingebracht habt und dass ihr mir geholfen habt, meine Argumente stichhaltiger zu machen. Viele der Einsichten in diesem Buch sind durch euch präziser und differenzierter geworden, und ich hoffe, dass ihr etwas von eurem Einfluss auf diesen Seiten wiederfindet.

Ich möchte auch einigen Menschen Anerkennung zollen, deren Ideen und Kreativität mich inspiriert haben, schon lange bevor dieses Buch Gestalt annahm. **Larry Lessig** ist einer meiner persönlichen Helden; seine Pionierarbeit zu Creative Commons und die Freiheit des Internets säte schon vor über einem Jahrzehnt den Keim für meine Gedanken über Offenheit und Vertrauen. Larrys Vision einer Welt, in der Wissen frei geteilt wird, ist eine der philosophischen Grundlagen, die mich motiviert haben, mich überhaupt mit Vertrauen zu beschäftigen. **Cory Doctorow** verdient ebenfalls besondere Erwähnung für ein langes Wochenende, das er vor Jahren mit mir verbrachte und an dem wir verrückte Ideen für Bücher sammelten. Zu einer Zeit, als »das Buch« nur eine halb gare Vorstellung war, warf Cory zusammen mit mir enthusiastisch mit Ideen um sich und schwelgte in »was wäre, wenn« und »warum nicht«. Aus dem frei fließenden Gespräch an diesem Wochenende keimten Konzepte, die rückblickend dieses Projekt schon klar vorzeichneten. Danke, Cory, für diesen Schub an kreativer Energie und dafür, dass du mich überzeugt hast, dass ein Buch über Vertrauen nicht nur wichtig sein, sondern auch Spaß machen könnte.

Dieses Buch wäre auch nicht ohne die Leute entstanden, die den Rest meiner Welt am Laufen hielten, während ich ganz mit dem Schreiben beschäftigt war. Meinen herzlichen Dank an **Fin Apps** und **Simon Little,** die dafür sorgten, dass unser Projekt bei TrustCafe.io auch in meiner Abwesenheit gut weiterlief. Es gab Tage (und Wochen), an denen ich so ins Schreiben vertieft war, dass ich alles andere um mich herum vergaß. Während dieser Zeit übernahmen Fin und Simon stillschweigend bei TrustCafe.io die Führung. Sie erledigten die täglichen Aufgaben, lösten Probleme und stellten im Wesentlichen sicher, dass das Projekt bei meiner Rückkehr nicht in

Trümmern lag. Zu wissen, dass unsere vertrauensbildende Initiative in so guten Händen lag, verschaffte mir den inneren Frieden, mich ganz auf dieses Manuskript zu konzentrieren. Ich kann euch beiden nicht genug dafür danken, dass ihr den Betrieb aufrechterhalten und die Mission vorangetrieben habt, während ich nach den richtigen Worten suchte.

Zu guter Letzt geht meine tiefste Dankbarkeit an meine Familie. Meine Frau **Kate** war in diesem ganzen Prozess mein Fels in der Brandung. Sie ertrug es freudig (oder zumindest gnädig), wenn ich mich immer wieder zum Schreiben aufs Land zurückzog, auch wenn ich dadurch tagelang weg war und sie sich zu Hause allein um alles kümmern musste. Jedes Mal, wenn ich mich schuldig fühlte, weil ich mich in meine Schreibhöhle zurückzog, sagte sie zu mir: »Keine Sorge, wir kommen zurecht – mach weiter, du hast es fast geschafft.« Kate, deine Geduld und Liebe und dein unerschütterlicher Glaube an mich machten dieses Buch erst möglich. Danke, dass du mir den Raum zum Schreiben gegeben hast. Und meinen drei Mädchen – **Kira, Ada** und **Jemima** – danke ich dafür, dass ihr der Sonnenschein in meinem Leben seid. Auch wenn ihr dabei keine Mitsprache hattet, habt ihr alle einen Papa ertragen, der oft mit »dem Buch« beschäftigt und nicht so bei der Sache wie sonst war. Danke für eure Umarmungen, euren Humor und dafür, dass ihr mich jeden Tag daran erinnert, warum Vertrauen (und Neugier und Güte und Liebe) wahrhaft das Wichtigste auf der Welt ist. Euch drei aufwachsen und dazulernen zu sehen ist meine größte Freude, und jede Seite dieses Buches habe ich in der Hoffnung geschrieben, dass die Welt, in die ihr hineinwachst, eine vertrauensvollere sein wird.

An alle Menschen, die ich hier erwähnt habe (und zweifellos einige, die ich unbeabsichtigt vergessen habe): Ich bin euch zutiefst dankbar. *TRUST* ist genauso euer Werk wie meins. Danke, dass ihr mir geholfen habt, es zum Leben zu erwecken.

Anmerkungen

EINLEITUNG

1 So wurde es in der *Washington Post* am 6. August 2006 berichtet. Aber ganz so war es anscheinend nicht abgelaufen. Das ist ein schöner Hinweis darauf, dass es nicht leicht ist, stets die Wahrheit und nichts als die Wahrheit zu schreiben – was Wikipedias Job ist.
2 Judy Heim, *MIT Technology Review,* 4. September 2001.
3 Joseph Reagle, »The Many (Reported) Deaths of Wikipedia«, in: Joseph Reagle und Jackie Koerner (Hg.), *Wikipedia @20* (Boston: MIT Press, 2020). Selbstverständlich gibt es auch einen – natürlich – ausgezeichneten Artikel über das Wachstum von Wikipedia mit dem Titel »Size of Wikipedia«, https://en.wikipedia.org/wiki/Wikipedia:Size_of_Wikipedia.
4 Oliver Kamm, *The Week,* 4. Januar 2009.
5 Edwin Black, »Wikipedia – the Dumbing Down of World Knowledge«, History News Network, undatiert.
6 Robert McHenry, »The Faith-Based Encyclopedia«, Tech Central Station, 15. November 2004.
7 Katherine Q. Seelye, »A Little Sleuthing Unmasks Writer of Wikipedia Prank«, *New York Times,* 11. Dezember 2005.
8 »List of controversial issues« Wikipedia, https://en.wikipedia.org/wiki/Wikipedia:List_of_controversial_issues.
9 Eric Goldman, »Wikipedia Will Fail Within Five Years«, Technology & Marketing Law Blog, 5. Dezember 2005, https://blog.ericgoldman.org/archives/2005/12/wikipedia_will.htm.
10 Laut Angaben der Datenbank Newspapers.com ist die Zahl der Artikel, in denen in irgendeinem Zusammenhang über Wikipedia berichtet wurde, in der Zeit von 2007 bis 2023 um 75 Prozent zurückgegangen.

11 Chris Sacca interviewt in *This American Life,* 9. Juni 2014.

12 Kenneth J. Arrow, »Gifts and Exchanges«, *Philosophy and Public Affairs* 1, Nr. 4 (Sommer 1972): S. 343–362.

13 Zu diesem Thema gibt es eine vielfältige Forschungsliteratur. Für eine Zusammenfassung siehe: Our World In Data, https://ourworldindata.org/trust#what-is-the-relationship-between-trust-and-gdp.

14 Pew Research Center, *Public Trust in Government: 1958–2023*, 19. September 2023.

15 Megan Brenan, »Media Confidence in US Matches 2016 Record Low«, Gallup, 19. Oktober 2023.

16 United States General Social Survey. Daten abrufbar unter: https://gssdataexplorer.norc.org/variables/441/vshow.

17 Eine ausgezeichnete Zusammenstellung der Vertrauensdaten aus den USA und vielen anderen Ländern findet sich zusammen mit mehreren, leicht verständlichen interaktiven Charts auf https://ourworldindata.org/trust.

18 »Share of People Agreeing with the Statement ›Most People Can Be Trusted‹«, Our World in Data, https://ourworldindata.org/grapher/self-reported-trust-attitudes.

19 The Behavioural Insights Team, *The Quiet Boom of Trust Inside Britain,* 7. Juni 2023.

20 John Burn-Murdoch, »Britain Is Not America – and the Right Shouldn't Forget It«, *Financial Times,* 26. Mai 2023.

21 John Naughton, »In a Hysterical World, Wikipedia Is a Ray Of Light – and That's the Truth«, *The Guardian,* 2. September 2018.

22 Noam Cohen, »Conspiracy Videos? Fake News? Enter Wikipedia, the ›Good Cop‹ of the Internet«, *Washington Post,* 6. April 2018.

23 Alexis C. Madrigal, »Wikipedia, the Last Bastion of Shared Reality«, *The Atlantic,* 7. August 2018.

24 Peter Baker, »The Looming Contest Between Two Presidents and Two Americas«, *New York Times,* 25. Januar 2024.

KAPITEL 1: MACHEN SIE ES ZU EINER PERSÖNLICHEN SACHE

25 Frei führt ihre Bezeichnungen auf die drei Arten der Überzeugung von Aristoteles zurück: »Ethos« (Authentizität), »Pathos« (Empathie) und »Logos« (Logik).

26 Jean Lacouture, *De Gaulle: The Ruler 1945–1970* (New York: W. W. Norton, 1992), S. 375.

27 Siehe dazu die Wikipedia-Seite »Controversies surrounding Uber«, https://en.wikipedia.org/wiki/Controversies_surrounding_Uber.
28 Benjamin Edelman, »Uber Can't Be Fixed – It's Time for Regulators to Shut It Down«, *Harvard Business Review,* 21. Juni 2017.

KAPITEL 2: ES LIEGT IN UNSERER NATUR

29 Zu Einzelheiten und Diskussionen siehe den ausgezeichneten Wikipedia-Artikel »Gamergate« (Belästigungskampagne), Wikipedia, https://en.wikipedia.org/wiki/Gamergate.
30 Ebenda.
31 Lee Rainie, Scott Keeter und Andrew Perrin, »Trust and Distrust in America«, Pew Research Center, 22. Juli 2019.
32 E-Mail-Interview mit dem Autor, Februar 2024.
33 *Birmingham News,* 7. September 1904, S. 7.
34 *Montgomery Advertiser,* 9. September 1904, S. 1.
35 Eine Geschworenenjury diskutierte über zwanzig Personen, die nichts unternommen hatten, um den Lnychmord zu verhindern, darunter auch einige städtische Bedienstete. Keine dieser Anklagen führte zu einer Verurteilung. Später griff ein Richter eines Bundesgerichts den Fall unter Berufung auf den 14. Verfassungszusatz wieder auf, doch die Beschuldigten wandten sich schließlich an den Obersten Gerichtshof, der die Anklagen als verfassungswidrig einstufte. Die Mörder von Horace Maples kamen auf freien Fuß.

KAPITEL 3: »WIKIPEDIA IST EINE ENZYKLOPÄDIE!«

36 »Mental model«, Wikipedia, https://en.wikipedia.org/wiki/Mental_model.
37 Interview des Autors, 15. März 2024.
38 »Almost Wikipedia: What Eight Early Online Collaborative Encyclopedia Projects Reveal about the Mechanisms of Collective Action«, in: *Essays on Volunteer Mobilization in Peer Production,* Dissertation, Massachusetts Institute of Technology, 2013.
39 »Five pillars«, Wikipedia, https://en.wikipedia.org/wiki/Wikipedia:Five_pillars.
40 »Here to build an encyclopedia«, Wikipedia, https://en.wikipedia.org/wiki/Wikipedia:Here_to_build_an_encyclopedia.
41 »Joe Friday«, Wikipedia, https://en.wikipedia.org/wiki/Joe_Friday.
42 Interview des Autors, 22. März 2024.
43 *Harper's Magazine,* Februar 2024.

44 »Landship Committee«, Wikipedia, https://en.wikipedia.org/wiki/Landship_Committe. Siehe auch die Erläuterung des Imperial War Museum unter https://www.iwm.org.uk/history/how-britain-invented-the-tank-in-the-first-world-war.

KAPITEL 4: GEBEN, UM ZU BEKOMMEN

45 Emilie Griffin und Douglas V. Steere (Hg.), *Quaker Spirituality: Selected Writings* (San Francisco: HarperSanFrancisco, 2005), S. 39. Natürlich ist dies eine Vereinfachung. Viele andere Faktoren trugen ebenfalls zum Erfolg der Quäker-Geschäftsleute bei, insbesondere die starken sozialen Netzwerke, die sie bildeten. Quäker waren immer eine winzige Minderheit, aber sie unterstützten sich gegenseitig auf vielfältige Weise. Entscheidend war, dass diese Netzwerke zu informellen Hütern guter Geschäftspraktiken wurden. Ein Quäker, der log oder betrog, konnte den Ruf der gesamten Gemeinschaft schädigen. Wenn sich also jemand auf zwielichtige Geschäfte einließ, schritten seine Mitquäker ein und sprachen ein ernstes Wort mit ihm – ein Wort, das angesichts des hohen Wertes dieser Netzwerke viel Gewicht hatte. Darauf werde ich später in diesem Buch noch näher eingehen. Siehe zum Beispiel auch Andrew James Fincham, *The Origins of Quaker Commercial Success,* Doktorarbeit, University of Birmingham, Januar 2021.

46 Jacquelin C. Miller, »Franklin and Friends: Benjamin Franklin's Ties to Quakers and Quakerism«, *Pennsylvania History* 57, Nr. 4 (Oktober 1990).

47 Alice Schroeder, *The Snowball: Warren Buffett and the Business of Life* (New York: Bantam, 2009), deutsche Ausgabe: *Warren Buffett. Das Leben ist wie ein Schneeball* (München: Finanzbuchverlag, 2010).

48 Ben Ryder Howe, »How Costco Hacked the American Shopping Psyche«, *New York Times,* 20. August 2024.

49 Für nähere Informationen zu diesem Thema siehe Cialdini, Robert, *Influence: The Psychology of Persuasion* (New York: Harper Business, 2021), deutsche Ausgabe: *Influence. Wie man (andere) überzeugt* (Hamburg: HerperCollins 2023). Der Philosoph Philip Pettit verfasste ein ebenfalls einflussreiches Paper, in dem er die These aufstellte, dass die schlichte Logik einen Menschen, der Vertrauen erfährt, dazu veranlasst, dieses Vertrauen zu erwidern. Siehe Philip Petit, »The Cunning of Trust«, *Philosophy and Public Affairs 24*, Nr. 3 (Sommer 1995): S. 202–225.

50 Robert Axelrod, *The Evolution of Cooperation* (New York: Basic Books, 2021), deutsche Ausgabe: *Die Evolution der Kooperation* (München: Oldenbourg 2009).

KAPITEL 5: IHRE MUTTER HATTE RECHT

51 »Die blinden Männer und der Elefant«, Wikipedia, https://de.wikipedia.org/wiki/Die_blinden_M%C3%A4nner_und_der_Elefant.

52 Noam Cohen, »After Years of Abusive Emails, the Creator of Linux Steps Aside«, *The New Yorker*, 19. September 2018.

53 Scott Page, *The Diversity Bonus: How Great Teams Pay Off in the Knowledge Economy* (Princeton: Princeton University Press, 2019).

54 Noam Cohen, »After Years of Abusive Emails, the Creator of Linux Steps Aside«, *The New Yorker*, 19. September 2018.

55 Christine Porath und Christine Pearson, »The Price of Incivility«, *Harvard Business Review*, Januar–Februar 2013.

56 Siehe zum Beispiel Richard Boyd, »The Value of Civility?« *Urban Studies*, Mai 2006, S. 863–878.

57 Hier gibt es die ganzen glorreichen Details zu lesen: https://en.wikipedia.org/wiki/Wikipedia_Star_Trek_Into_Darkness_debate.

58 »Barnstar«, Wikipedia, https://en.wikipedia.org/wiki/Barnstar.

59 »Geozentrisches Weltbild«, Wikipedia, https://de.wikipedia.org/wiki/Geozentrisches_Weltbild.

60 »Argumentum ad hominem«, Wikipedia, https://de.wikipedia.org/wiki/Argumentum_ad_hominem.

61 Ian Leslie, *Conflicted: How Productive Disagreements Lead to Better Outcomes* (New York: HarperCollins, 2021).

62 Interview des Autors mit Ian Leslie am 5. März 2024.

63 Richard Dawkins, *The God Delusion* (New York: Bantam Books, 2006), S. 320 f., deutsche Ausgabe: *Der Gotteswahn* (Berlin: Ullstein, 2007), S. 468 f.

64 Stephen Breyer, »The Supreme Court I Served On Was Made Up of Friends«, *New York Times*, 3. April 2024.

65 Feng Shi, Misha Teplitskiy, Eamon Duede und James A. Evans, »The Wisdom of Polarized Crowds«, *Nature Human Behaviour* 3, Nr. 4 (2019): S. 329–336.

66 Kunhao Yang und Mengyuan Fu, »Polarized Collaboration Benefits Knowledge«, *Journal of Computational Social Science* (2024): S. 1–23.

67 »Abortion debate«, Wikipedia, https://en.wikipedia.org/wiki/Abortion_debate.

68 https://en.wikipedia.org/wiki/Virginia_Tech_shooting; Gerald Kane und Robert Fichman, »The Shoemaker's Children: Using Wikis for Information Systems Teaching, Research, and Publication«, *MIS Quarterly* (2009): S. 1–17.

69 Feng Shi, Misha Teplitskiy, Eamon Duede und James A. Evans, »The Wisdom of Polarized Crowds«, *Nature Human Behaviour* 3, Nr. 4 (2019): S. 329–336.

70 Aaron Halfaker, »Interpolating Quality Dynamics in Wikipedia and Demonstrating the Keilana Effect«, *OpenSym '17: Proceedings of the 13th International Symposium on Open Collaboration,* Nr. 19, S. 1–9, https://doi.org/10.1145/3125433.3125475.

KAPITEL 6: DIE TUGEND DER UNABHÄNGIGKEIT

71 Isaac Chotiner, »Marty Baron on *The Washington Post*'s ›Spineless‹ Endorsement Decision«, *The New Yorker,* 27. Oktober 2024.

72 21 Meinungskolumnisten der *Post,* »Post columnists respond«, *Washington Post,* 25. Oktober 2024.

73 Elahe Izadi, »After non-endorsement, 250 000 subscribers cancel *The Washington Post*«, *Washington Post,* 29. Oktober 2024.

74 William Lewis, »On political endorsement«, *Washington Post,* 25. Oktober 2024.

75 »Liste der Präsidenten der Vereinigten Staaten«, Wikipedia, https://de.wikipedia.org/wiki/Liste_der_Pr%C3%A4sidenten_der_Vereinigten_Staaten.

76 »Historical rankings of presidents of the United States«, Wikipedia, https://en.wikipedia.org/wiki/Historical_rankings_of_presidents_of_the_United_States.

77 Floyd Jiuyun Zhang, »Political endorsement by *Nature* and trust in scientific expertise during COVID-19«, *Nature Human Behaviour,* 20. März 2023.

78 Cory J. Clark, Calvin Isch und Azim Shariff, »Why Do Organizations Take Political Stances? A Review of Reasons and Risks«, *Social and Personality Psychology Compass,* 10. Juli 2024.

79 Daniel Victor, »Pepsi Pulls Ad Accused of Trivializing Black Lives Matter«, *New York Times,* 5. April 2017.

80 Jeffrey M. Jones, »U. S. Confidence in Higher Education Now Closely Divided«, Gallup, 8. Juli 2024.

81 Auf der Website der Foundation for Individual Rights in Education (FIRE) gibt es eine Liste von Universitäten, die sich zur institutionellen Neutralität verpflichtet haben: https://www.thefire.org/research-learn/adoptions-official-position-institutional-neutrality.

82 Genauer gesagt ist die Erde keine perfekte Kugel, was zu erwähnen faktenbesessene Wikipedia-Autoren von mir verlangen würden. Wiki-

pedia sagt: »Durch die Zentrifugalkraft der Erdrotation weist die Erde keine idealtypische Kugelform auf, sondern eine Abplattung. Bezogen auf das Referenzellipsoid des GRS 80D ist damit der Äquatorumfang in etwa 67 km länger als der Umfang über die beiden Pole.« https://de.wikipedia.org/wiki/Erde/Daten_und_Zahlen.

83 »Reliable sources«, Wikipedia, https://en.wikipedia.org/wiki/Wikipedia:Reliable_sources. Vgl. in der deutschen Version: https://de.wikipedia.org/wiki/Wikipedia:Belege.

KAPITEL 7: KLAR WIE GLAS

84 Terry O'Reilly, »Under the Influence«, CBC Radio, Staffel 7, Episode 18, 2018.

85 Terry O'Reilly, »Under the Influence«, CBC Radio, Staffel 4, Episode 3, 2015.

86 Adam Marcus und Ivan Oransky, »Is There a Retraction Problem? And, If So, What Can We Do About It?«, in: Kathleen Hall Jamieson, Dan Kaham und Dietram A. Scheufele (Hg.), *The Oxford Handbook of the Science of Science Communication* (New York: Oxford University Press, 2017), S. 119–126.

87 Robert Cialdini, *Pre-Suasion* (New York: Simon & Schuster, 2016), S. 179, deutsche Ausgabe: *Pre-Suasion. Wie Sie bereits vor der Verhandlung gewinnen.* (Frankfurt am Main: Campus, 2017), S. 207.

88 Das habe ich natürlich von einem Wikipedia-Artikel gelernt. »Trust, but verify«, Wikipedia, https://en.wikipedia.org/wiki/Trust,_but_verify.

89 »Kritik an Wikipedia«, Wikipedia, https://de.wikipedia.org/wiki/Kritik_an_Wikipedia.

90 »John Seigenthaler senior«, Wikipedia, https://de.wikipedia.org/wiki/John_Seigenthaler_senior sowie »Wikipedia Seigenthaler biography incident«, Wikipedia, https://en.wikipedia.org/wiki/Wikipedia_Seigenthaler_biography_incident.

91 »Violated: A Traveler's Lost Faith, a Difficult Lesson Learned«, *Around the World and Back Again,* 29. Juni 2011, https://ejroundtheworld.blogspot.com/2011/06/violated-travelers-lost-faith-difficult.html.

KAPITEL 8: UNTERM STRICH

92 Jim Giles, »Internet Encyclopaedias Go Head to Head«, *Nature,* 14. Dezember 2005. Auch »Supplementary information to accompany Nature news article ›Internet Encyclopaedias Go Head to Head‹«, *Nature* 438 (2005): S. 900 f.

93 »Fatally Flawed: Refuting the recent study on encyclopedic accuracy by the journal *Nature*«, März 2006. Verfügbar unter: https://corporate.britannica.com/britannica_nature_response.pdf. Und die Antwort von *Nature*: https://www.nature.com/nature/britannica/index.html.

94 »Reliability of Wikipedia«, Wikipedia, https://en.wikipedia.org/wiki/Reliability_of_Wikipedia.

95 »Does exactly what it says on the tin«, Wikipedia, https://en.wikipedia.org/wiki/Does_exactly_what_it_says_on_the_tin.

96 Alice Schroeder, *The Snowball: Warren Buffett and the Business of Life* (New York: Bantam, 2009), deutsche Ausgabe: *Das Leben ist wie ein Schneeball* (München: Finanzbuch Verlag, 2010).

97 »The Public and the Automatic Elevator«, William T. Huntsman, MBA thesis at the Drexel Institute of Technology, 13. Juni 1959. Vielen Dank an Dr. Lee Gray, Professor für Architekturgeschichte an der University of North Carolina, der sein umfangreiches Wissen über den Aufzug – einschließlich dieses lange verschollenen Juwels – geteilt hat.

KAPITEL 9: EINE OPTIMISTISCHERE ZUKUNFT

98 Ian Cobain, Nazia Parveen und Matthew Taylor, »The slow-burning hatred that led Thomas Mair to murder Jo Cox«, *The Guardian*, 23. November 2016.

99 David M. Bersoff, »Overcoming political polarization: strategies for diminishing intransigence and reducing intergroup animus«, *Behavioral Science & Policy* 9, Nr. 3 (2023). Die Daten für 2025 und die länderspezifischen Daten wurden von David Bersoff zur Verfügung gestellt.

100 Rob Picheta, »Britain wants to get close to Trump. Will Elon Musk stand in the way?«, CNN, 6. Januar 2025.

101 Peter Zimonjic, »Harassment of MPs spiked almost 800 % in 5 years, says House sergeant-at-arms«, CBC News, 28. Mai 2024.

102 Laura Santhanam, PBS News, 3. April 2024.

103 Natalie Daher, »41 % of young voters say UnitedHealthcare CEO killing ›acceptable‹«, Axios-Umfrage, 17. Dezember 2024.

104 Siehe etwa Scott Page, *The Difference: How the Power of Diversity Creates Better Groups, Firms, Schools, and Societies*, Princeton: Princeton University Press 2007.

105 »Big Yellow Taxi«, Songtext auf Joni Mitchells Website, https://jonimitchell.com/music/song.cfm?id=13.

106 Zeynep Tufekci, »An Object Lesson from Covid on How to Destroy Public Trust«, *New York Times*, 8. Juni 2024.

107 Hidden Tribes, https://hiddentribes.us.
108 Siehe »Defusing the History Wars«, More in Common, online unter www.moreincommon.com.
109 Zum Selbsttest: https://www.historyperceptiongap.us.
110 E. Glen Weyl, Audrey Tang, and Community, »Plurality: The Future of Collaborative Technology and Democracy«, online unter www.plurality.net.
111 Laotse, *Tao Te King*, Kapitel 17.
112 Polly Curtis, »How Taiwan bucked a global trend – and restored voters' trust in politics«, *The Guardian*, 22. Juli 2024.
113 Ronald Inglehart, »Trust, Well-Being and Democracy«, in: M. E. Warren (Hg.), *Democracy and Trust* (Cambridge, UK: Cambridge University Press, 1999), S. 88–120. Francis Fukuyama, *Trust: The Social Virtues and the Creation of Prosperity* (New York: Free Press, 1995), deutsche Ausgabe: *Der Konflikt der Kulturen. Wer gewinnt den Kampf um die wirtschaftliche Zukunft?* (München: Droemer Knaur, 1997).
114 Hélène Landemore, *Open Democracy* (Princeton: Princeton University Press, 2022).

Register

Y

Z